新时代下的中国金融使命

绿法（国际）联盟研究院 编著

中信出版集团 · 北京

图书在版编目（CIP）数据

新时代下的中国金融使命 / 绿法（国际）联盟研究院编著 . -- 北京：中信出版社，2018.6
（中国道路丛书）
ISBN 978-7-5086-8909-8

Ⅰ . ①新… Ⅱ . ①绿… Ⅲ . ①金融市场 – 研究 – 中国
Ⅳ . ① F832.5

中国版本图书馆 CIP 数据核字〔2018〕第 089073 号

新时代下的中国金融使命

编　　著：绿法（国际）联盟研究院
出版发行：中信出版集团股份有限公司
　　　　　（北京市朝阳区惠新东街甲 4 号富盛大厦 2 座　邮编　100029）
承 印 者：北京诚信伟业印刷有限公司

开　　本：787mm×1092mm　1/16　　印　　张：19　　字　　数：262 千字
版　　次：2018 年 6 月第 1 版　　印　　次：2018 年 6 月第 1 次印刷
广告经营许可证：京朝工商广字第 8087 号
书　　号：ISBN 978–7–5086–8909–8
定　　价：62.00 元

"中国道路"丛书学术委员会

"中国道路"丛书编委会

"中国道路"丛书总序言

中华人民共和国成立 60 多年以来，中国一直在探索自己的发展道路。特别是在改革开放 30 多年的实践中，努力寻求既发挥市场活力，又充分发挥社会主义优势的发展道路。

改革开放推动了中国的崛起。怎样将中国的发展经验进行系统梳理，构建中国特色的社会主义发展理论体系，让世界理解中国的发展模式？怎样正确总结改革与转型中的经验和教训？怎样正确判断和应对当代世界的诸多问题和未来的挑战，实现中华民族的伟大复兴？这都是对中国理论界的重大挑战。

为此，我们关注并支持有关中国发展道路的学术中一些有价值的前瞻性研究，并邀集各领域的专家学者，深入研究中国发展与改革中的重大问题。我们将组织编辑和出版反映与中国道路研究有关的成果，用中国理论阐释中国实践的系列丛书。

"中国道路"丛书的定位是：致力于推动中国特色社会主义道路、制度、模式的研究和理论创新，以此凝聚社会共识，弘扬社会主义核心价值观，促进立足中国实践、通达历史与现实、具有全球视野的中国学派的形成；鼓励和支持跨学科的研究和交流，加大对中国学者原创性理论的推动和传播。

"中国道路"丛书的宗旨是：坚持实事求是，践行中国道路，发展中国学派。

始终如一地坚持实事求是的认识论和方法论。总结中国经验、探讨中国模式，应注重从中国现实而不是从教条出发。正确认识中国的国情，正确认识中国的发展方向，都离不开实事求是的认识论和方法论。一切从实际出发，以实践作为检验真理的标准，通过实践推动认识的发展，这是中国共产党的世纪奋斗历程中反复证明了的正确认识路线。违背它就会受挫失败，遵循它就能攻坚克难。

毛泽东、邓小平是中国道路的探索者和中国学派的开创者，他们的理论创新始终立足于中国的实际，同时因应世界的变化。理论是行动的指南，他们从来不生搬硬套经典理论，而是在中国建设和改革的实践中丰富和发展社会主义理论。我们要继承和发扬这种精神，摒弃无所作为的思想，拒绝照抄照搬的教条主义，只有实践才是真知的源头。"中国道路"丛书将更加注重理论的实践性品格，体现理论与实际紧密结合的鲜明特点。

坚定不移地践行中国道路，也就是在中国共产党领导下的中国特色社会主义道路。我们在经济高速增长的同时，也遇到了来自各方面的理论挑战，例如将改革开放前后两个历史时期彼此割裂和截然对立的评价；例如极力推行西方所谓"普世价值"和新自由主义经济理论等错误思潮。道路问题是大是大非问题，我们的改革目标和道路是高度一致的，因而，要始终坚持正确的改革方向。历史和现实都告诉我们，只有社会主义才能救中国，只有社会主义才能发展中国。在百年兴衰、大国博弈的历史背景下，中国从积贫积弱的状态中奋然崛起，成为世界上举足轻重的大国，成就斐然，道路独特。既不走封闭僵化的老路，也不走改旗易帜的邪路，一定要走中国特色的社会主义正路，这是我们唯一正确的选择。

推动社会科学各领域中国学派的建立，应该成为致力于中国道路探讨的有识之士的宏大追求。正确认识历史，正确认识现实，积极促进中国学者原创性理论的研究，那些对西方理论和价值观原教旨式的顶礼膜拜的学风，应当受到鄙夷。古今中外的所有优秀文明成果，我们都应该兼收并蓄，但绝不可泥古不化、泥洋不化，而要在中国道路的实践中融会贯通。以实践创新推动理论创新，以理论创新引导实践创新，从内容到形式，从理论架构到话语体系，一以贯之地奉行这种学术新风。我们相信，通过艰苦探索、努力创新得来的丰硕成果，将会在世界话语体系的竞争中造就立足本土的中国学派。

"中国道路"丛书具有跨学科及综合性强的特点，内容覆盖面较宽，开放性、系统性、包容性较强。其分为学术、智库、纪实专访、实务、译丛等类型，每种类型又涵盖不同类别，例如在学术类中就涵盖文学、历史学、哲学、经济学、政治学、社会学、法学、战略学、传播学等领域。

这是一项需要进行长期努力的理论基础建设工作，这又是一项极其艰巨的系统工程。基础理论建设严重滞后，学术界理论创新观念不足等现状是制约因素之一。然而，当下中国的舆论场，存在思想乱象、理论乱象、舆论乱象，流行着种种不利于社会主义现代化事业和安定团结的错误思潮，迫切需要正面发声。

经过 60 多年的社会主义道路奠基和 30 多年的改革开放，我们积累了丰富的实践经验，迫切需要形成中国本土的理论创新和中国话语体系创新，这是树立道路自信、制度自信、理论自信、文化自信，在国际上争取话语权所必须面对的挑战。我们将与了解中国国情，认同中国改革开放发展道路，有担当精神的中国学派，共同推动这项富有战略意义的出版工程。

中信集团在中国改革开放和现代化建设中曾经发挥了独特的作用，它不仅勇于承担大型国有企业经济责任和社会责任，同时也勇于承担政治责任。它不仅是改革开放的先行者，同时也是中国道路的践行者。中信将以历史担当的使命感，来持续推动中国道路出版工程。

2014 年 8 月，中信集团成立了中信改革发展研究基金会，构建平台，凝聚力量，致力于推动中国改革发展问题的研究，并携手中信出版社共同进行"中国道路"丛书的顶层设计。

"中国道路"丛书的学术委员会和编辑委员会，由多学科多领域的专家组成。我们将进行长期的、系统性的工作，努力使"中国道路"丛书成为中国理论创新的孵化器，中国学派的探讨与交流平台，研究问题、建言献策的智库，传播思想、凝聚人心的讲坛。

孔丹

2015年10月25日

CONTENTS
|目 录|

第一部分

总　论

新时代下的中国金融使命

完善金融立法与强化金融监管

文/吴晓灵①

　　完善金融立法、强化金融监管是当前金融工作的重要任务。要按照风险和收益匹配的原则，确定金融产品的功能、法律关系和行为准则，以实现法律的相对稳定性和法律解释的灵活性。金融行为的监管，要以金融产品的法律属性与功能为基础；金融机构的监管包括对金融机构市场准入、风险控制、风险处置、市场退出等行为的监管。本文重点讨论了对财富管理市场的整理和完善金融立法的问题。

　　2017年的全国金融工作会议对我国金融工作给予了很高的评价，认为金融是国家重要的核心竞争力，金融安全是国家安全重要的组成部分，金融制度是社会经济发展重要的基础性制度。同时，这次金融工作会议提出了服务实体经济、防范金融风险、深化金融改革三项重要的任务，我认为，完善金融立法，强化协调和金融监管，是完成这三项任务的重要内容和抓手。

一、金融立法的思路和理念

　　有些人提出，我们的立法工作在实际的工作当中存在滞后性。为了

---

① 　吴晓灵，全国人大常委会委员、全国人大财经委副主任委员，清华大学五道口金融学院理事长兼院长，中国经济50人论坛学术委员会成员，原中国人民银行副行长，原国家外汇管理局局长。

更好地完成立法工作，使我国走向法制的轨道，我个人认为，立法上需要做两个方面的改进。第一个就是更加强调全国人大在立法工作中的主导地位。因为全国人大常委会的委员和各部门代表委员在某一方面的专业知识有限，所以可以在立法的过程当中，由全国人大常委会主导，同时邀请行政主管部门人员和业务专家、法律专家共同组成立法的小组、团体，这样既可以避免部门利益法制化，也有利于民主立法。实际上全国人民代表大会财政经济委员会在电子商务立法过程中就遵循了这一原则。第二个是我们应该加大法律修改的频度，不要每次都是对整部法律进行修改。其实，其他国家经常对法律进行修改，条款凡是条件成熟了就可以进行修改，这有利于法律及时跟进形势。在金融立法过程当中，除了及时修订相关法律之外，也可以把一些基础的理念、基础的思想通过法律固定下来，让它们有很大的包容性和扩展性，也是非常重要的。

我想简单就金融立法与监管讲讲我的想法。

首先，金融业是一个具有强外部性的行业，因此必须监管。监管的基本原则是将金融活动的负外部性限定在一定的范围内，以防止发生系统性风险。从这个角度出发，尽管有金融相关的立法，但是并不是所有的金融活动都一定要实行强监管。我们可以看到，美国的《证券法》在少数范围内是有一定豁免的。例如，面向合格投资人的一些证券活动可以豁免向 SEC（美国证券交易委员会）注册。我国的司法解释中，标的金额在 20 万 ~ 30 万元的民间借贷并没有纳入金融活动中，尽管此行为已经建立了资金池，但是由于它的负外部性较小，所以并不纳入强监管中。

其次，金融是人们对财产权的应用，要按照风险收益匹配的原则确定金融产品的功能、法律关系和行为准则。如果我们能够在基础性法律中对此进行确认，就可以实现法律的相对稳定性和法律解释的灵活性。

金融的本质是什么？综合世界的一些看法，我认为有三个方面：一是信用货币的创造，二是价值跨期转移的契约，三是时间错配的风险管控。信用货币的创造就是货币政策。所有的金融活动，不管是投资、融资还是支付，都有一个价值的延迟转移，都要缔结一种契约，这一契约非常重要；因为是价值的跨期转移，所以它有时间错配的风险，而最核心的是管控风险。

金融机构的基本功能有四项，一是金融机构（银行）创造信用货币的功能（债权关系），二是证券机构作为融资中介的功能（债权或股权），三是保险机构在大数法则下的经济补偿功能（互动关系），四是资产管理机构的资产管理功能（信托关系）。

这些功能是由金融机构和中介机构通过相关产品来实现的，它们所提供的产品有不同的法律关系，主要有以下四类：

第一类是债权债务关系。它的本质就是承诺保本付息、还本付息、投资人要承担债务人风险。不管产品有什么样的"花衣服"，只要具备了这些特征，就属于同一个种类的金融产品。由金融中介机构做出承诺、推出的产品是存款和贷款，而由非金融中介机构做出这样的承诺推出的产品就是债券和固定收益产品。

第二类是权益关系。其本质是收益权和管理权相结合，投资人要承担投资风险。只要具备了收益权和管理权的结合而且要承担投资风险的，都属于这种法律关系。它的表现形式是股票和各种权益凭证。

第三类是经济补偿关系。保险就是大数法则下的互动关系，投保人承担保险机构倒闭的风险。

第四类是信托关系。信托关系就是以受托人名义为委托人管理财产，收取管理费用，委托人享受收益承担风险的法律关系。

最后，金融立法就是要明确行为的准则、监管的边界以及市场准入与退出的条件和方法。相同法律关系的产品要按照同一规则运行，并按照同一标准监管，这是行为监管；而相对于机构而言，就是功能监管。有些人从保护消费者权益这一目的出发谈行为监管。而我认为，行为监管的基础是产品的法律属性与功能，机构和个人从事金融业务，或通过金融中介机构买卖、投资金融产品的时候，所有的行为都应该遵守一个规则。这个规则应该基于该金融机构的功能和这一金融产品的法律关系。所有人在金融交易活动中，都要按照这样的规则来行事，这就是行为监管。

机构监管，是对一个金融机构市场准入、风险控制、风险处置、市场退出等一系列行为的监管。而功能监管并不完全局限于监管当局颁发牌照的机构，即使有牌照的机构，当它运作了具有另外一个功能和另外一种法律关系的金融产品时，它必须获得监管当局的许可，这是功能监管。基于这一原则，功能监管就应该做到，对有牌照的机构要按照相应规则进行监管，对没有牌照的机构从事金融业务，更要监管。过去之所以出现金融监管混乱，是因为监管当局只管自己发了牌照的机构，而社会上很多没有经过许可就开展金融业务的机构，却没有受到监管。监管当局应遵守功能监管的原则，即谁从事了某监管机构的颁发牌照所对应的业务，无论其是否获得有效牌照，该监管机构都要监管。获得牌照的要严格监管，没有获得牌照的更要去监管——只有建立这样的监管理念，才能够让我们的监管具有全覆盖性。

二、从资管市场看金融立法的完善

资管市场是目前最重要的市场，但认识尚不统一。我认为这个问题非常重要。在这里我从资管的立场来谈立法的完善。

当前中国金融市场比较混乱，最乱的是财富管理市场。财富管理市场应该说是大资管市场中最重要的市场，但也是认识最不统一的市场。

我们现在资管规模有多大？我国是一个以间接金融为主的国家，2016年全年金融机构人民币贷款余额大约为106.6万亿元，而银行表内、表外的理财产品，还有信托公司的信托计划，再加上证券公司、基金管理公司的各项资管计划合起来大约有102.1万亿元。从金额上来说，这基本上和我们的人民币贷款余额相当。除掉当中的重复计算，有人估计我国资产管理产品规模是60万亿到70万亿元，可见规模之大。

在我国，社会财富、个人财富的积累促进了我国财富管理市场的发展。截至2016年底，单位的定期存款大约是30.8万亿元，按照瑞士信贷的测算，2016年中国的中产人数达1.09亿。在控制社会杠杆率和货币政策回归中性的背景下，财富管理市场的发展作用更加重大。盘活存量、增加直接投资数量是新形势下融资的方向，由专业机构进行集合融资更有利于提高投融资的效率。

当前资管市场争议最大的产品是银行理财产品。在102万亿元的资产管理产品当中，银行理财产品基本上占到了1/3，即约30万亿元。集合投资计划的本质特征包括：一是按照份额供给资金；二是由第三方进行管理，为委托人利益进行投资；三是投资人承担风险，享受收益；四是管理人收取管理费用，合伙型私募基金还可以按合同分享部分利润。这都是信托的管理特性，而且集合投资计划在世界各国均被认定为证券。

这些理财产品即集合投资计划之间有什么不同？我们区分金融产品主要是看投资的风险承担和收益的分配。银行存款的特征是由银行承担风险，投资人及存款人享受固定收益，因而保本保收益的银行理财产品均已由监管当局定性为结构性存款，要缴纳存款准备金，占用资本金。

银行发行不保本、不保收益的理财产品符合集合投资计划的所有特性，发行超过 2000 份以上的产品应该按照公募基金管理。现在银行发行的不保本的产品基本上有一个预期收益率。不保本又保预期收益是对市场规律的扭曲。我们应该统一认识、正本清源。

所谓"不保本又不保预期收益"，是指在银行购买理财产品时，都会填写或签一份风险承诺书。实际上，银行的理财产品也有出现亏损的时候，然而在老百姓心目中，它从来都不是自担风险的产品。当产品出现了亏损，银行为了自己的声誉，可以腾挪一下自己的利润，或者把好资产放到里面，保证了预期的收益。从投资者角度看，它作为一个信托产品，既然投资者承诺了承担本金的损失，也签订了风险承诺函，那么扣除了管理费用之后的所有收益都应该归投资者。但去银行买理财产品的投资者，在产品最后兑付时没有一个产品的收益率高出预期收益率，为什么？因为银行认为，银行对亏损的产品给予了补贴，盈利就自然应该归自己所有。实际上，即使银行宣称"不保本"的理财产品，也会因为利益的调剂而变成刚性兑付。所以对理财市场来说，这是理念上的一个极大误导，最终不可能让理财产品回归资产管理的本质，也不可能让市场培育起风险自担的文化。

对产品法律关系认识的不统一，是不公平竞争的根源。不同资管产品的不公平竞争，也源于各方对产品性质的不同认识。银行也觉得很委屈，既然都是资管产品，为什么银行资金不能够参与资本市场投资，不能投资股票和债券，必须绕道或通过通道投资。但是，证券公司在集合资管下，基金可以开户，现在经过协调集合的信托也可以开户了，唯有银行不可以。我想银行如果能够承认它是一个独立的实体，在经营一份财务上真正独立的集合计划，这种开户的问题是可以解决的。

在银行的资管计划中，大家对另外一个问题抱怨比较多，即同样具有公募基金属性，公募基金投资非标产品受到了很大的限制，但是理财计划投资非标产品却不受限制。银行理财计划之所以能够得到比公募基金更高的收益，主要是它投资了一些非标产品。非标产品主要是指银行自己的一些贷款产品，收益比较高。银行认为，如果按照公募基金管理就不能投资非标产品，那对于客户将是极大的损失；而基金认为，不能投资非标产品对它们不公平。怎么解决这个问题？我想应该通过法律的修订，把这些最基础的金融功能和法律关系界定下来，还有实践中为适应新情况尝试的一些做法也可以通过法律明确下来，这样对我国资管市场的稳健发展是有好处的，具体包括：

首先，要修改《证券法》。应该将集合投资计划明确列为证券类产品，扩大《证券法》的调整范围。国家已经看到资管市场的乱象并正在解决这一问题，但我认为，如果不明确它的法律关系及其金融产品的属性，仅制定统一的标准是不可能从根本上解决问题的。

什么叫证券？从文字上看很好界定，证就是证明，券就是一张纸。证券的定义代表着一定财产权益的可均分、可转让或可交易的凭证或投资合同。我认为按照这一定义去评估证券产品，包括美国《证券法》当中的那一系列的列举，基本上可以涵盖。不能分割的凭证比如房产证，它是一个凭证，但是它是不能够分割转让的，除非把它证券化，或者把房产的租金收益作为抵押发行证券，因为权益是可以证券化的。例如，房地产投资收益凭证（REITs）。如果我们不能够拓展证券的定义，现在很多权益的证券化都不可能取得合法的地位。中国那么多文交所、科交所、股交所，实质上就是相关权益的证券化。如果我们能够在这一问题上达成共识，就可以极大地增加财富的流动性及财富性收入。

证券监管的核心是信息的真实全面披露，是交易的公开、公平、公正，防止价格操纵和内幕交易。监管的边界就是公开发行和非公开发行，非公开发行面向特定对象或合格投资人，有 200 人的限制。当然这 200 人规模太小，随着金融秩序的稳健运行，以后可以逐渐扩大到 500 人、1000 人。但是如果连 200 人的界限都控制不好的话，急于扩大人数实际上会带来一定的混乱。

其次，有必要把基本的理念，就是把集合投资计划作为一个证券的调整范围明确下来。集合投资计划在世界各国均被认定为证券。这对于统一监管是非常有好处的。如果现在大家都承认基金是证券，为什么集合投资计划不能是证券？我认为应该承认。

除了《证券法》这个基础性的法律以外，特殊的法律就是《证券投资基金法》。我建议将该法律名字改为"投资基金法"。在 1999 年九届全国人大二次会议上，厉以宁教授牵头起草《投资基金法》，最后争论了 5 年也没有确定下来。那一届财经委为了完成立法任务，在前面增加了"证券"变成了《证券投资基金法》，实际上是把《证券投资条例》上升为了法律。当时的争论焦点是什么？主要是认为基金有各种各样的类型，《投资基金法》怎么能够涵盖这么多的基金？实际上，金融监管的重点是资金的来源，对投资的限制也取决于资金的来源。

监管金融活动的时候，最核心的原则是明确资金的来源。谁"玩"自己的钱给他自由，"玩"大客户的钱让他们承担风险，"玩"小客户的钱必须重点监管，因为它涉及公众的利益，会有搭便车的问题，因而必须由监管当局来监管。如果通过基金的方式向社会大众募集资金就是公募基金，其投资方向应通过法律给予一定的限制；如果是少数人的资金，则限制由合同约定。非公开募集的资金通过合同约定投向，不管是投资未上市的股权、债权，还是已上市的股权、债权，或者是另类投资如文物、红酒等其他投资产品，只要投资人相信资产管理人，愿意签订这样的合同，就是可以的。所以在立法上不必细分股权基金法、证券基金法、另类投资基金法，只要确定是公募还是私募，公募给予一定的约束，私募要严格规定合同要素。《证券投资基金法》第十章包含非公开募集内容，就约定了合同的要素。

另外，要拓宽公募基金的投资范围。银行理财产品适应了非合格投资人风险偏好较高的投资需求，就是它投资非标产品，但是产品一般以5万元为起点，实践证明风险还是可控的。我们应该通过修订基金法，适当扩大公募基金的投资范围，即在一定的比例内投资非标产品。非标产品有一个会计核算的问题，因为标准上市的产品可以根据市值评估，没有标准上市的产品需要确定估值方法，银行现在是按照历史成本法来估值。在拓宽了投资标的范围之后，可以适当提高投资人的门槛。

最后，要修改《信托法》，设专章规范营业信托，给予其法律地位，并明确信托财产登记制度，保证信托财产的独立性。我们现在只有信托的关系法，没有信托的经营法，而这种信托经营机构的立法分别在银监会①和证监会，这样管理很乱。在大资管时代，为了统一市场，我们应该在《信托法》当中对资产管理机构及信托经营给予法律上的明确。

---

① 2018年3月21日，中国银行业监督管理委员会（简称"银监会"）和中国保险监督管理委员会（简称"保监会"）经职责整合，合并组建中国银行保险监督管理委员会（简称"银保监会"）。为便于读者理解，除涉及改组后的金融监管体系外，本书延用改组前名称。——编者注

第二部分

金融与法律规制重构

新时代下的中国金融使命

治理金融乱象与强化科技金融监管法律

文/贺力平，赵　鹞①

进入 21 世纪第二个 10 年以来，中国金融业获得了长足发展。许多经济指标表明，中国金融业在多方面呈现出欣欣向荣的局面。从 2010 年到 2016 年末，年度人民币贷款余额从 47.9 万亿元增加到 106.6 万亿元，非金融企业境内股票融资额从 7786 亿元增加到 12416 亿元，企业债券发行额从 1.1 万亿元增加到 2.99 万亿元。此外，境内 A 股（人民币普通股）和 B 股（人民币特种股）市场的上市企业总数从 2063 个增加到 3052 个，股票市价总值从 26.5 万亿元扩大到 50.7 万亿元；公司信用类债券发行额从 1.68 万亿元增加到 3.17 万亿元。"社会融资规模"存量在 2017 年末已达到 174.7 万亿元。

中国金融业的活跃和发展，有力地支持了国内经济持续增长。自 2013 年以来，随着国内外经济环境的深刻变化，中国经济增长出现了一定程度的放缓。如果在此时期，企业融资环境也发生不利变动，那么，中国企业的后续发展将受到严重制约。事实上，近年来国内许多企业利用融资环境的改善极大地推动了技术创新，在日趋

---

① 贺力平，北京师范大学经济与工商管理学院国际金融研究所所长，中国经济 50 人论坛专家成员。赵鹞，北京师范大学经济与工商管理学院金融学专业博士研究生。

活跃的国内市场上不断推出新产品、新服务，"互联网＋"现在已成为国民经济各行各业升级换代的领航风向标，许多产业面貌发生了巨大改观。

金融业的活跃和企业领域的发展，除了得益于政策和制度层面改革和调整的支持，还得益于技术创新和社会智力进步的巨大推动。金融科技（Fintech）就是在这个背景下产生的新事物。如果说金融创新主要是指金融机构运用新技术手段不断推出新的金融产品设计和金融服务，金融科技则是指一大批新兴企业运用前沿技术尝试以新的方式推出新的金融产品和金融服务，并对现有金融产品和金融服务进行改进和更新。金融科技的典型事例是将金融产品设计和金融服务设计融入智能手机的运行平台，为更多的人创造出获得金融服务的机会和条件。

在国内金融业日趋活跃的大背景下，中国已成为企业创新的乐园，尤其在金融科技领域，中国已成为一定意义上的世界领跑者。一项来自《经济学人》的国际调查结果显示，2016 年，风险资本（VC）在中国金融科技领域中的投资总额超过了 70 亿美元，多于同期的美国（约 54 亿美元）。

不可否认的是，在金融科技大发展的背景下，金融乱象在中华大地上也重新出现了。在 20 世纪 80 年代，在中国经济体制改革的早期岁月，就出现过"乱集资""非法集资"等金融乱象。在 90 年代，也多次出现"高息揽存""企业三角债"等问题。2010 年以来，大量违法违规集资活动再次频现，违约事件层出不穷。一些企业和个人打着"互联网金融"、"科技金融"、"金融创新"和"普惠金融"等旗号大肆开展非规范融资和借贷活动，不仅未将资金输入实体经济，还让许多普通投资者蒙受重大财产损失。金融乱象已成为制约我国金融和经济持续稳健发展的一个重要问题。

新时代背景下的金融乱象有多方面的表现。中国工商银行董事长易会满于 2017 年 8 月 24 日在中国银行业发展论坛的演讲中指出，金融乱象的表现有：一是经济过度金融化，市场上出现了争先恐后办金融的现象，各类新金融、类金融、准金融机构无序发展、遍地开花，在繁荣背后存在着泡沫与风险；二是部分金融机构和一些交叉性金融领域创新过度、过快，带来产品多层嵌套、链条过长、期限过度错配、杠杆过高等问题，尤其是金融与互联网结合后使得交易形式更为复杂，不仅增加了风险隐蔽性和交叉传染的可能性，也加剧了金融系统"脱实向虚"的倾向；三是金融牌照的综合化与实质经营的综合化很难区分，多牌照的金融控股公司增加了分业监管难度，且由于监管标准存在差异，容易形成套利空间；四是影子银行体系异化，如个别货币市场基金产品功能异化，以公募基金之名，行银行功能之实等。

2017 年 7 月中旬召开的全国金融工作会议提出，金融工作要强化监管，提高防范化解金融风险能力。要以强化金融监管为重点，以防范系统性金融风险为底线，加快相关法律法规建设，完善金融机构法人治理结构，加强宏观审慎管理制度建设，加强功能监管，更加重视行为监管。此次全国金融工作会议还决定成立"国务院金融稳定发展委员会"。

治理金融乱象离不开金融监管发力。信息技术的发展，促使金融科技获得不可阻挡的发展力量，但同时也使得金融风险具有涵盖范围广、关联性强、传导扩散错综复杂等特点，这给监管体制与监管机制，尤其是现有监管法律法规等带来巨大挑战。国务院金融稳定发展委员会的成立，不仅可以弥补监管体制机制短板，而且有利于提高监管工作的专业性和针对性，防止监管资源的空耗和浪费，从而使金融风险信息的传达和监管干预流程更加顺畅。我们应以此为契机，全面落实依法治国，全面加强和改进现有金融监管法律法规的实施和建设，确保我国金融发展牢牢建立在服务实体经济发展基础之上，避免虚假繁荣。

2016 年 4 月，《国务院办公厅关于印发互联网金融风险专项整治工作实施方案的通知》下发，意味着全国范围内的互联网金融专项整治工作开始启动。整治范围涵盖网络借贷、股权众筹融资、互联网消费金融、互联网资产管理、非银行支付业务等方面。随着专项整治工作的深入开展，互联网金融监管各项配套制度不断完善，与此同时金融科技概念逐步兴起，众多互联网金融企业纷纷转型发展金融科技。相比于互联网金融的概念，金融科技更加强调运用新的技术对金融业务的辅助、支持和优化作用，代表着一种金融与科技的全方位融合或趋势，金融科技同样要遵守金融业务的内在规律、法律法规以及监管要求。按照巴塞尔银行监管委员会的说法，金融科技主要分为支付结算、存贷款与资本筹集、投资管理、市场设施四类，具体业态主要包括网络支付、网络借贷、智能投顾、区块链技术在金融领域应用等。由于金融科技存在跨界、去中心化等特点，跨监管领域可能因此产生。高度复杂的金融产品冲击现有的监管制度及体系，金融科技监管面临重要挑战。自 2017 年以来，全球监管机构高度重视对金融科技的监管，密切跟踪研究金融科技创新行为，倡导监管科技（RegTech）理念，强化监管科技的发展和应用。

2017 年金融科技监管特点总体表现为"重整治、强监管"，按照互联网金融风险专项整治工作实施方案的要求，完善金融科技监管制度。2017 年 5 月 15 日，中国人民银行成立了金融科技委员会，着力构建长期有效的金融科技监管构架，防范潜在金融风险，保障金融安全稳定。

在崇尚法治的今天，金融领域的法治建设同样至关重要。金融是现代经济的核心，也是一个国家国际竞争力的体现。24 小时不间断的实时交易，令金融市场瞬息万变。随着全球经济一体化不断向纵深发展，无论是一国货币政策的调整和规范，还是一国金融市场的创新、风险的传播，都会在金融领域产生全球化的波及效应。由此对一国金融市场和金融秩序产生的挑战和冲击，不言而喻。法律制度的健全，是一国金融业保持稳定、发挥作用的前提和基石。近年来，各国都在总结金融危机教训的基础上加大了金融立法和修法力度。我国金融行业要健康、迅速发展须重视金融立法工作，金融法律须与时俱进、开拓创新，立法和修法工作须具有一定的紧迫性和实效性。

本文首先简述金融监管与立法的关系，然后概述现行国内金融立法的几个不足之处，并在此基础上提出改进金融立法的建议，最后为结论与展望。

一、金融监管与立法的关系

金融是一个国家经济的核心，金融安全决定着一个国家社会经济能否长期、健康发展。从 2008 年爆发的美国次贷危机到 2011 年以希腊债务危机为主的欧洲主权债务危机，均凸显了金融监管立法对维护一个国家经济安全的重要作用。金融监管在本质上属于一种政府对金融机构的管制，是对金融交易活动的合法限制。当今世界金融危机发生的隐患巨大，尤其是欧债危机这一全球性金融风暴，波及范围广且破坏力大，直至今日尚未结束，这更加彰显了金融监管立法的重要性。凡是实行市场经济的国家，无不需要进行金融监管，这是凯恩斯主义在金融领域和法律领域的重要论点。

金融领域权利和义务关系的产生依赖于金融法律的调整，正是由于金融法律的调整才使货币信用金融关系上升到法律关系的范畴。一般来说，金融法律包括两类，一类是一国中央金融监管机构针对其监管部门的法律，另一类是该国金融机构从事金融业务时所要遵守的法律。我国《中国人民银行法》《商业银行法》《证券法》《保险法》中均有金融监管的相关规定。2003 年 12 月 27 日，第十届全国人民代表大会常务委员会第六次会议通过的《银行业监督管理法》是我国第一部专门性的金融监管法律。金融是指货币资金的融通，而金融法律是调整金融机构、规范金融市场、运用金融工具以及在金融管理活动过程中所发生的金融关系的法律规范的总称，是银行等信用机构和信用制度在法律上的体现和保障。

有一个较新的理论见解是，政府作为社会活动的管理者，越来越多地承担着风险分配的职责。过去，人们通常认为，政府是社会公平的维护者，政府总是力图通过各种手段（包括立法）来分配社会资源，实现社会公平。这种做法在实践中常常伴随诸多问题。而在那些一直奉行"自由主义"的国家，政府似乎也出现了"无所不在、无所不管"的趋势。有人曾感叹说，美利坚合众国已经"从一个充满先驱的国度演变成了一个充满原告的地方"①。社会领域和经济领域中的众多立法共同体现出一种责任的分配，即产品和服务的提供者与需求者或消费者在面对可能产生的后果时如何精确地确定各自的权利和义务，并在此基础上进入后续交换活动。

---

① ［美］戴维·莫斯. 别无他法——作为终极风险管理者的政府［M］. 何平，译. 北京：人民出版社，2014 年 8 月.

只有通过立法，社会活动的参与者才能清楚和准确地明了各自的权利和义务，并以规范和有效率的方式向社会提供必要的产品和服务，需求者或消费者也才能放心地以自有财富去交换所需要的产品和服务。金融是一个充满风险的领域，信息不对称问题大量存在，可靠的专业知识不可能在短时间内普及所有社会成员。道德风险问题也因此在金融领域中有了"肥沃的土壤"。有鉴于此，完善金融立法具有极度重要的意义。金融立法不仅为金融交易者提供了有关金融风险的合理分配原则，也为金融监管的监管行动提供了法律依据，防止金融监管本身失效。

二、我国现行金融监管法律的不足

（一）以文件代替法律，规制层级过低

以近几年盛行的互联网金融为例，在《关于促进互联网金融健康发展的指导意见》（以下简称《指导意见》）出台之前，除了网络支付业态监管规则较完善外，其他互联网金融业态特别是股权众筹方面的监管规则几乎是空白，相关业务一直处于"三无"状态，即无门槛、无标准、无监管的状态。而《指导意见》出台后，关于互联网金融的专门监管规定迟迟未能出台，对于相关平台准入、资金监管、业务管理、消费者权益保护、信息披露等一系列问题的规定也没有明确。相关业务只能援引民事、刑事法律规定，造成很多机构一旦违约即面临刑事法律制裁，使得整个行业面临较大的政策风险。

同时，由于法律定位不明、业务边界模糊、行业内对业务开展没有

达成统一的标准，监管长期缺位，存在"真空地带"，造成了P2P（个人对个人）网络借贷、股权众筹、虚拟货币和代币融资交易等业务存在鱼龙混杂、良莠不齐现象，部分平台直接涉嫌非法集资、设立资金池，严重侵害金融消费者的合法权益，无法实现市场出清，甚至出现了"劣币驱逐良币"的现象，也大大降低了政府监管的公信力。对于互联网支付行业，虽然监管制度比较齐备，但相关制度立法层级较低。我国《行政许可法》规定，设立行政许可的法律位阶必须在行政法规以上，而且《行政处罚法》规定，部门规章设定的行政处罚仅为警告和三万元以下的罚款。人民银行对于互联网支付行业的监管政策法律位阶仅仅为部门规章，因此在从业资格准入、高管任职资格、行政处罚标准方面均受制约，造成了违规成本过低，与行业收益不成比例；而在支付机构法律地位、支付机构破产的清偿次序、电子支付资金流转和权属界定、支付诈骗的司法处理、支付账户管理等方面也需要更高位阶的法律制度做出更明确和权威的界定。

（二）兜底条款难以应对金融（科技）创新

对于同一发展阶段上的不同经济体而言，立法滞后会使其在国际竞争中处于不利地位并付出高昂代价。金融业的创新会带来一定程度的监管弊端，有的时候企业不能积极运用法律手段去应对。举个例子，银行增设一些新岗位，出现了如风险总监、行长助理等职务，现有规则划定的高管人员范围不能将其包括在内，如何对其进行资格管理，监管部门和金融机构存在分歧。又如，一些地方性中小金融机构，为提高资产质量或资本充足率，与政府进行资产置换，或者接受政府的赠予，这样的置换与受赠是否在许可范围之内，审批条件如何设置，等等。监管部门在审批过程中普遍感到缺乏法律依据，依据现有法律制度有些事项难以确定。再如，由于市场发展需要，金融机构采取一些新的担保方式，而这些担保方式从未在法律中被确认，如学校收费权质押、水电收费权质押，如何看待其合规性、风险性等，需要法律给予进一步的确定。再比如关于金融控股公司、影子银行和现在乱象不断的互联网金融，都缺乏有效和完善的法律制度予以监管，仅仅依靠"其他情况"这样的兜底条款是不行的。

（三）管"生"不管"死"

对于陷入经营危机的金融机构，分业监管部门则以政府干预为基础的处理方式进行综合治理，即采取破产清算的方法启动必要的市场退出机制。比如，通常意义上的商业银行危机是指某银行不能履行到期债务，监管部门准备对其实施重组或清算这种情形，相比商业银行经济危机和财务危机而言，这种危机已经是十分严重的情形。造成银行经营危机的原因是多样性的，既有宏观经济环境方面的因素影响，又有商业银行自身经营方面的原因。我国有关金融机构的市场进入以及进入之后的机构合并有章可循，有大量的法律法规可以作为支撑，例如《中国人民银行法》和《商业银行法》都有详细规定。相比较而言，尽管《破产法》对金融机构的市场退出做出了规定，但是还需要进一步细化和完善。当前，我国金融机构普遍存在着未知风险问题，有的金融机构违规经营、资不抵债，有的甚至出现挤兑、破产倒闭的风险。如果关于市场退出的法律不能进一步完善，那么将会导致"多米诺骨牌效应"，严重危及一国经济安全和金融稳定。尤其是在金融机构退出的过程中，涉及债权人利益的保护问题和金融机构在市场退出之后的债权债务处理问题，我国在这些方面的立法相对比较薄弱。即使在互联网金融领域，比如互联网支付业务，支付机构法律地位不清，对于支付机构破产的清偿次序更是无法可依，对其只能采用行政命令手段进行债务重整。

（四）金融控股公司立法缺位

金融控股公司（FHC）是金融集团的主要形式。金融集团是指由处于共同控制之下的两个或者两个以上法律实体组成的、全部或主要提供金融服务的集团。它具有两大特征：一是由两个或者两个以上的法律实体组成，且这些实体处于集团的控制之下；二是其全部或主要的业务是提供金融服务，包括银行业务、证券业务、信托业务、保险业务等。金融控股公司的出现给传统的监管体制带来了巨大的冲击，同时也产生了一系列监管漏洞，使监管的有效性大打折扣。鉴于大型金融集团的倒闭将严重威胁国家乃至全球金融体系的安全，金融监管机构提出了四个基本原则：资本充足原则、适宜性原则、信息分享原则、协调员制度原则。金融集团联合论坛也针对金融集团的监管发布了一系列监管原则和方法，提出了具体的指导意见。结合金融集团联合论坛的文件和有关国家的监管经验，对金融控股公司的监管的主要内容应包括：金融控股公司治理结构监管、内部控制制度监控、市场准入监管、资本充足状况监管、对金融控股公司管理层的监管、强制性信息披露以及对风险集中的监管等。尽管金融控股公司在我国发展迅速，并且以互联网金融巨头的特殊形式存在，但是在我国现有的金融法律体系中还没有对金融控股公司进行专门的立法，关于金融控股公司的性质、地位、设立程序、业务范围、内部治理、监管机构均没有明确的法律规定。在"脱法"情况下，金融控股公司存在极大的运营风险。但是在我国，金融控股公司监管立法依然是空白的。

三、相关立法规制建议

(一) 统合金融监管法律体系

全球金融自由化惯性不减，面对金融业综合经营格局和金融企业经营形态多样化以及金融产品的日益抽象化、互联网化，为充分保护新型金融产品的消费者，确保金融市场的可信赖性和有效性，很多国家开始对金融监管和金融立法框架进行调整，金融监管规制统合呈现出不可逆转之势。尤其是自 2000 年以来，金融市场统合规制加快发展，英国、澳大利亚、德国、日本、韩国、新加坡、美国等国均对金融监管体制和金融立法进行了改革。在金融立法方面，这些国家对与金融市场有关的法律进行了整理和修订，不同程度地将具有投资属性的金融产品及服务整合在一部法律中予以规定，如表 1 所示。

表 1　主要国家金融监管立法改革一览

国家	主要改革
英国	20 世纪 80 年代中期第一次金融大变革：1986 年《金融服务法》建立了以自律管理为基础，由英国贸工部、证券和投资局、自律组织三级管理机构组成监管体系。 21 世纪初第二次金融大变革：2000 年《金融服务与市场法》涵盖证券市场、期货市场、货币市场和外汇市场，将"投资商品"定义为"存款、保险合同、集合投资计划份额、期权、期货以及预付款合同等"；首次采用（金融）"消费者"概念，将存款人、保险合同相对人、投资人等所有参与金融活动的个人都囊括在"消费者"范围之内，建立"金融巡视员服务制度"，设立"投资者赔偿基金"
澳大利亚	2001 年，《金融服务改革法案》确立了适用于所有金融服务的统一的许可证制度、金融交易制度和清算机构的准入制度以及信息披露制度，对所有金融产品实行统一监管

（续表）

国家	主要改革
德国	2004，年通过《投资者保护改善法》对《证券交易法》进行修改，导入新的"金融商品"概念，对"有价证券、金融市场商品以及衍生品交易等"做出了界定，并通过修改《招股说明书法》导入投资份额的概念，将隐名合伙份额等纳入信息披露的对象
日本	对金融商品进行横向规制的金融体系改革始于 1996 年桥本龙太郎首相推出的"金融大爆炸"。 2006 年，《金融商品交易法》"吸收合并"了《金融期货交易法》《关于有价证券投资顾问业管制的法律》等法律，彻底修改《证券交易法》，将"证券"的定义扩展为"金融商品"的概念，统一规范传统有价证券、衍生产品、外汇交易、投资信托、证券化产品、产品基金等金融商品。《金融商品交易法》构筑了从销售、建议到资产管理再到投资咨询横向的、全方位的行业规制和行为规制的基本框架，从以往的纵向行业监管法转变为以保护投资者为目的的横向金融法
韩国	2007 年，《资本市场统合法》（又称《关于资本市场和金融投资业的法律》）整合了与资本市场有关的 15 部法律中的 6 部，导入抽象的概括性的"金融投资商品"定义，将《证券交易法》、《期货交易法》及《间接投资资产运用法》等资本市场相关法律统一起来；强化对引诱投资的行为的规制
新加坡	重新制定《证券及期货法》（SFA），将原有的《证券业法》、《期货交易法》、《交易所法》以及《公司法》部分条文并入这部全新的法律中
美国	2008 年，《现代化金融监管架构蓝皮书》将多头分业监管架构整合为混业综合监管架构，授予美联储综合监管金融机构的权力，旨在建立基于市场稳定性、审慎性、商业行为三大监管目标的最优化监管架构

资料来源：杨聘. 统合规制视角下的金融立法［J］. 中国金融，2017(9).

（二）加紧出台市场退出法律细则

市场退出监管是指金融监管当局对金融机构退出金融业、破产倒闭或兼并、合并和变更等实施监管。《中国人民银行法》规定，中国人民银行按照有关程序有权审批金融机构的设立、变更、终止及其业务范围。金融业的特点决定了金融机构不能擅自变更、停业、关闭或者合并，而必须经中国人民银行批准。尽管中国人民银行制定了有关机构退出的法律，但是在细节上还应该设定更为严密的法律框架。这一制度框架应详细列出金融机构破产后的接管条件、处理程序以及退出市场后对权利人的救助制度等。以存款保险为例，目前我国初步建立了存款保险制度，但在刚性兑付和预算软约束下，相关操作牵一发而动全身，尚未形成具体操作细则。

更为基础的是，我国支付系统法律体系建设严重欠缺。在支付系统运行管理方面，我国现行法律对参与者的准入退出规则约束层级低，给防范参与者信用风险带来很大困难。目前的做法是人民银行对参与者不足支付的部分提供高额罚息贷款，参与者一旦破产会使人民银行遭受损失。根据我国《破产法》及有关司法解释，金融机构破产时严格执行"零点法则"，该法则会破坏支付指令的不可撤销性，导致支付系统出现更多潜在风险，影响参与者平稳退出支付系统与支付市场。可见，加紧对支付结算最终性的法律确认是十分必要的。

（三）着重完善金融科技大发展背景下的强制性信息披露

在金融科技日益发达的今天，信息不对称更是导致代理问题、机会主义和道德风险的共同起因。由于信息不对称，互联网交易中的信息优势方掌握更为全面的数据，运用大数据技术使得自己往往较信息劣势方享有优先行动的主动权，进而更易引发道德风险问题。这也是我国互联网金融犯罪现象主要集中于网贷市场、众筹平台、虚拟货币市场的重要原因，投资人面临的现实问题是难以识别真假互联网金融信息以及难以辨别真假产品。实践中，出现了 e 租宝、"中晋系"涉嫌非法集资诈骗犯罪、互联网金融企业"跑路"、个别平台打着互联网金融旗号实施诈骗等现象。

有研究认为，现行法律针对金融科技领域因信息不对称而引发的信用风险，更倾向于认定交易的非法性；现行金融法规主要规范市场主体变相吸收公众存款和擅自发行股票的行为，在防止融资欺诈等方面的作用仍非常薄弱；另外，互联网金融市场主体以刚性兑付和担保来替代信息披露，这样就出现了监管主体去刚性兑付及市场主体不断创造新的刚性兑付和担保方式的恶性循环。管制型立法与法律漏洞加剧了信息不对称，甚至纵容了融资者和中介机构利用非对称性信息将风险转嫁给投资者。可以看出，一方面，我国金融科技（互联网金融）信息披露制度起步较晚，基础薄弱。另一方面，相关法律规范的效力层级较低，大部分属于部门规章或规范性文件，并且，法律规范的内容也并不完善，特别是对于互联网金融中介机构和第三方平台的信息披露要求缺乏法律强制性和统一标准，对各领域信息披露标准和详略程度的要求也不尽相同。因此，建议在统合规制的框架下加强相关机构强制性信息披露，实行较高的惩罚额度，保证惩罚概率，有效阻吓信息披露义务人，降低其出现信息披露违规行为的概率，从而为金融科技条件下的信息披露行为的监管提供强大法律保障。

（四）完善金融监管与行业自律的制度衔接

一个国家要长期安定，需要各行各业保持长期有序并稳固的发展；一个企业要基业长青，就需要在组织管理系统内部实施有效控制，也就是说需要内控机制。只有对金融机构实施金融监管，金融机构采取内控自律，并使两者相互结合，才能有效防范不可预测的金融系统风险。推动行业自律，首先，要转变自律监管观念，树立监管的权威。推动金融行业自律最重要的作用就是防止政府过度地把权力延伸到自治领域，这一点就需要行业协会的自我管理。从政府角度来看，也要积极改变以往对金融机构的态度，积极转变思路，确认金融机构独立的法律地位并保障其应有的权利能力、行为能力和责任能力，树立其权威性。其次，要积极立法明确自律监管组织的法律地位和监管能力，使其从政府监管下的被动者变为自我运作的主体，确认金融机构的主体地位，这需要政府从立法方面进行保障。最后，政府要积极放权、授权给行业自律组织，提高行业协会的自律监管权，并且不断完善行业制定自律规则的内容框架，其中包含金融科技行业从业人员资格管理的规则，这样就会厘定行业自律管理的范围，给予其明确的自我管理空间。从监管者角度来看，要充分尊重行业协会的自治地位和独立人格，对行业协会应该是指导而不是行政命令，提升行业协会的主体地位，使其通过协调、沟通、合作来促进监管和立法框架的生成。

四、结论与展望

金融科技是大势所趋，既是机遇又是挑战。我国金融监管立法亟须从单一的机构监管转向功能监管与行为监管并重，相关工作任重道远，总体来说包括以下两个方面：

第一，转变立法观念。在过去，一个突出的政策观念是通过金融领域的发展来推动国有企业的扩张，这虽然是一个良好的愿望，但并不是一个平衡的观念。平衡的观念是，一方面要促进企业部门的调整改造，获得源源不断的融资来源；另一方面也要让投资者获得正当的回报，坚持贯彻收益和风险对等的原则，同时让投资者享有充分的知情权。从立法者角度来讲，要转变基本的观念，把市场看作交易双方的竞技平台，法律要维护交易双方的利益，要维护交易的公平合理性，如此，市场才能持续不断发展。

第二，司法要跟上。在当前的金融监管实践中，主要的监管者就是专业化的监管机构，专业化的监管机构在防范金融风险方面确实发挥了重要作用。但是这还远远不够。在金融投资领域，除了有金融风险问题，还存在如何应对市场公平和保护消费者或投资者的问题，现已大量出现消费者和中小投资者投诉无门的无奈现象。专业化金融监管机构似乎并不承担回应消费者投诉的职责，它们似乎也并没有把维护市场公平置于优先位置。从维护市场公平交易角度来看，我们还需要法律界的监管，特别是检察院系统对金融的监管。

我国金融市场的立法概况与完善建议

文/刘光超[1]

时至今日，我国经济已由高速增长阶段转向高质量发展阶段，正处在转变发展方式、优化经济结构、转换增长动力的转型期，建设现代化经济体系是跨越关口实现我国发展战略目标的迫切要求。中国的金融立法规制随着金融市场的迅猛发展以及创新业态的不断出现，面临着紧迫的立法监管体系升级与完善以及系统性金融风险防范的保障需要。针对目前资本市场运作中出现的影子银行、互联网金融、交叉性金融风险等新现象、新问题及立法管制的趋势，本文进行展开分析并提出建议。

一、近年来金融市场立法概况

经过近几十年的发展，我国金融法律体系从无到有，逐渐成熟，在相当大的程度上满足了转轨时期我国金融体系的发展需要。目前，我国已经建立了以人民银行、证监会及银保监会"一行两会"为监控主管机构的分业监管组织体系，对银行及信托公司、保险公司、证券公司、

---

[1]　刘光超，绿法（国际）联盟理事长，北京市道可特律师事务所创始合伙人、主任，中国经济
　　50人论坛企业家理事。

公募基金、私募基金、小额贷款公司、金融控股公司等非银行金融机构以及新兴的互联网金融企业实施了相对完善的法律监控管理。

可以说，从 1978 年到 20 世纪 90 年代初期，金融业经历了一个金融机构数量从少到多的快速发展过程。在改革开放初期，金融法治建设基本处于空白，金融监管主要依托的是中央银行的行政体系管理，即依靠行政手段实施监管。

自实施改革开放以后，我国加快金融体制改革，开始尝试建立一个更加市场化的金融体系，具体措施包括促使四大专业银行向商业银行转型、发展证券市场和保险市场、建立分业监管体制等。经过多年的发展，无论是金融组织、金融市场，还是金融监管体制，都发生了巨大变化。1995 年《中国人民银行法》、《商业银行法》和《保险法》颁布实施，此后我国又相继颁布并实施了《证券法》《信托法》《银行业监督管理法》《证券投资基金法》等重要的金融法律，以及与其配套实施的行政法规、司法解释、部门规章、规范性文件等规制文件，初步形成了我国的金融法律框架。这些金融法规在很大程度上满足了处于特殊历史时期的中国金融市场的发展需要，也反映出法律移植与国家强制双重指引下的中国特色金融市场的形成过程。

目前在银行、证券、保险、信托、基金等领域，我国均颁布了相应的法律、法规和规范性文件。但随着近年来监管限制带来套利，民间资金需求增大，银行利率降低，资金持有人寻求更高利益回报以及金融创新产品的大量涌现，金融发展中产生了影子银行。新兴而迅猛发展的互联网金融对传统金融业务产生冲击，交叉性金融业务模式滋生并兴起，资本市场中出现大量衍生金融产品，引起业内专家和主管机构对新兴金融市场立法监管方向和技术性问题的关注和思考，中国的金融法治监管仍存在疏漏，特别是随着经济发展方式的转变和金融改革的深化，一个更加高效、安全和稳健的金融体系亟待建立，经济发展需要更加健全、更具适应性的金融法律体系。

二、中国金融市场立法现状分析及完善建议

纵观中国金融市场现状，笔者认为，其呈现以下几个主要特点：影子银行潜藏危机，互联网金融异军突起，金融"脱实向虚"，市场交叉性监管现象有待理顺，高杠杆经济热隐患浮现，等等。笔者就其中一些主要问题进行了梳理分析，并试图对立法监管制度提出完善建议。

（一）影子银行现象带来种种风险和弊端

1. 影子银行的形式

对于影子银行，目前学者和业界人士提出了不同的概念，大多数学者将其称为影子银行体系或者影子银行系统，还有的学者将其称为准银行体系（near banking system）、平行银行系统（parallel banking system）、平行体系（parallel system）等，虽然称谓不同，但是大多都是从实际出发界定影子银行的含义、范围、风险等。根据国际金融稳定理事会（Financial Stability Board，FSB）给出的定义，所谓"影子银行"是指游离于银行监管体系之外、可能引发系统性风险和监管套利等问题的信用中介体系（包括各类相关机构和业务活动）。

目前我国尚未有关于"影子银行"的正式法律界定。2013 年《国务院办公厅关于加强影子银行监管有关问题的通知》对影子银行做出如下描述："一些传统银行体系之外的信用中介机构和业务（以下统称影子银行）……我国影子银行主要包括三类：一是不持有金融牌照、完全无监管的信用中介机构，包括新型网络金融公司、第三方理财机构

等。二是不持有金融牌照、存在监管不足的信用中介机构，包括融资性担保公司、小额贷款公司等。三是机构持有金融牌照但存在监管不足或规避监管的业务，包括货币市场基金、资产证券化、部分理财业务等。"在国际市场，业内人士通常认为影子银行包括投资银行、对冲基金、货币市场基金、债券公司、保险公司、结构投资载体（SIV）等非银行金融机构。随着研究的深入，虽然非银行金融机构仍然是影子银行的核心组成部分，但是外延越来越宽，包含：投资银行、特殊目的载体（SPV）、货币市场共同基金（MMMF）、结构投资载体、对冲基金、资产管理公司、私募股权基金等非银行金融机构，以及资产支持证券（ABS）、担保债务凭证（CDO）、信用违约互换（CDS）、资产支持商业票据（ABCP）等金融工具和产品。在我国，影子银行主要呈现的形式往往并非某种机构类型，而是以企业产品形式推出。

2. 影子银行的特点

（1）创新性。我国影子银行最早出现于 2008 年金融危机爆发时期。近年来由于民间资本充足，银行存款利率降低，理财产品又不足以吸纳全部民间资本，中小企业等经济实体又存在大量资金需求并易陷入融资困境，促使金融创新产品呈爆发式增长。例如，网络零售中介淘宝带动的电子支付产品支付宝，因民间资金需求不断增长而带动的各种资产证券化产品，还有很多形式灵活的网络众筹、P2P 等具有融资功能又非传统银行或金融机构采用的业务模式。很多业务依托互联网工具，效率高，且金融脱媒较为普遍，大量产品的运作构成行政监控体系外的资本运作，存在监管缺失现象。和传统银行一样，这些业务具有融资、信用担保、流动性转换等功能，但它们本身没有金融业务组织形态。它们不是银行，却和银行有相同的功能。在金融服务不能满足实体发展的情况下，实体企业客户无法直接从银行获得资金，所以影子银行就应运而生，成为又一种资金融通渠道。

（2）隐秘性。目前国内的影子银行并非是有多少独立的组织机构，往往更多体现的是一种规避监管的属性。很多业务形式由于具有创新性，不在原有规定监管范围内，资金流向隐秘。有的机构不归银监会和人民银行管理，但是其创新的衍生产品却带有融资、担保等银行业务性质，所以在监管职能划分中出现了空白地带。例如，前几年提及的"银信合作"，银行通过信托理财产品的方式隐秘地为企业提供贷款。以房地产行业为例，其运作模式为：某房地产公司开发项目资金短缺，银行因监管等政策原因贷款额受限而不能直接向其贷款，转而通过信托公司介入，以房地产公司待开发项目为抵押，设计基于该项目现金流的理财产品，并委托银行代销，由投资者购买，房地产公司获得项目资金，项目开发完毕并销售，房地产公司支付给银行托管费，信托公司收取服务费以及投资者收益。具体来说，通过银信合作，银行可以不采用所吸收的存款向外发放贷款，而是通过发行信托理财产品募集资金并为企业提供贷款。

还有阿里巴巴的很多战略业务、实施模式都不符合现有金融体系框架的规范结构。如支付宝在初始阶段可以设定较高利率，比银行的理财产品更具吸引力，却不在银行体系的监督之下，也不属于普通金融政策的管理对象，这对金融监管当局来说是一个新的难题。

需要指出的是，《中国银行业监督管理委员会 2012 年报》首次明确影子银行的业务："银监会所监管的六类非银行金融机构及其业务、商业银行理财等表外业务不属于影子银行。"

（3）复杂性。首先，从产品形式上表现为复杂多样性，不仅包括传统银行机构一些理财性产品，以及一些银信结合、银保结合的计划性产品等，还包括很多民间非银行机构推出的一些小额贷、P2P 平台产品、民间众筹、资产支持证券、担保债务凭证、信用违约互换、资产支持商业票据等金融工具及产品。其次，从资金流转结构上来说，往往涉及诸多金融机构及民间资本，主体呈现复杂多样性，资金流转具有关联性。

3. 影子银行风险

影子银行可能引发多种风险甚至引发系统性风险，其引发因素主要包括期限错配、流动性转换、信用转换和高杠杆。笔者认为，其中的资金流动性风险、信用风险和传染性风险需引起监管机构和投资者的重视。首先，因影子银行产品期限不匹配，现金流稳定性差、资金链弱，所以其业务流动性风险很高；其次，一旦影子银行产品发展势头良好，可能会使市场投资者出现对传统金融机构能力的质疑，假如影子银行出现资金链断裂，可能冲击市场信心，甚至对国家金融机构和企业信用形成威胁；再次，影子银行和传统银行的关联性较强，而且隐秘性较高，结构复杂，特别是在资金趋紧的情况下，主要服务于中小企业的影子银行将面临较高的信贷风险，很有可能出现资金链断裂等情况，引发系统性金融风险。

4. 立法监管梳理与建议

很长时间以来，影子银行业务实施及参与主体与监管部门之间犹如一场业务创新与监管博弈的"猫鼠游戏"。在博弈初期阶段即 2008—2010 年，银信合作，银行发行理财产品募资、信贷出表，影子银行初具规模；在博弈第二阶段即 2011—2013 年，由于监管政策限制了银信合作的渠道，银信合作单一通道模式向银银、银证等多通道合作模式转化；在博弈第三阶段即 2014—2017 年，银银、银证均被监管政策约束，银基接力，银银同业业务变异，多通道合作模式下套利链条拉长，影子银行继续狂飙突进。

站在监管套利的角度，在每一个阶段，银行都寻求与监管阻力最小的通道（机构、中介）合作，通过理财产品或同业负债（含同业存单）等方式募集资金，借助通道将信贷资产转移出表，投资受监管限制的行业企业以及权益类、非标准化债权等资产，由此带来相关通道业务及机构的爆发式扩张。由于国内金融体制与环境制约，很多影子银行业务主要依附于银行而存在，成为银行的影子。国内影子银行资金主要来源于银行表外理财产品和银行（同业）负债，资金主要流向房地产、地方政府融资平台、高污染行业、高能耗行业、产能过剩行业及资金短缺的中小企业等实体经济领域以及股票、债券、非标准化债权等资产。自 2015 年以来，随着实体经济回报率下降，很多影子银行资金流向房地产业，或滞留在金融体系内通过加杠杆、期限错配、信用下沉等方式进行套利，形成了"同业存单—同业理财—委外投资"套利链条。究其成因，我们可以用以下方式寻求影子银行的立法监管突破之道：

（1）调整金融降杠杆政策套餐。由于很多影子银行资金层层信用沉降，每层都有杠杆收益空间，高杠杆成为引发系统性风险的重要因素。未来金融降杠杆的政策套餐应从原有的"紧货币＋严监管＋弱改革"转向"宽货币＋严监管＋强改革"模式。以美国为例，在金融去杠杆时期即 2009—2014 年，美联储一直在实行零利率和量化宽松政策，但是加强了对房地产业和商业银行的监管，实施沃尔克法则并控制杠杆率，因此金融去杠杆获得成效，房地产金融泡沫没有过度膨胀，私人部门资产负债表得到修复，经济步入可持续复苏轨道。而在金融改革与实体改革相匹配的情况下，通过审慎监管影子银行有望使其转向资产证券化等新兴业务领域，从而引导影子银行以规范、专业的资产证券化服务来盘活存量信贷资金，进而提升资金融通效率，为实体经济带来新的活力。

（2）立法政策导向宜引导资金脱虚向实，服务实体经济。对影子银行的监管除了防范风险的基本目标外，还宜在立法政策推出方面引导影子银行充分发挥服务实体经济的功能。通过立法政策环节推动资本服务实体经济，这样可以更好地实现金融降杠杆、引导资金脱虚向实，有助于控制影子银行的无序扩张。目前，金融加杠杆的底层资产主要流向房地产业和地方融资平台。国有企业、地方融资平台等借助隐性背书和刚性兑付加杠杆占用了过多资源，而民营企业及制造业、生产性服务业等产业部门资本投入逐年萎缩。因此，我国在规范金融秩序的同时，亟须推动财税、国企等相关领域的政策制度改革，并跟中央信用剥离，打破刚性兑付。通过推动国企、财税等软约束领域的改革，打破刚性兑付，大规模减税，放松服务业管制，并加强金融监管协调，提升实体经济回报率，使金融系统中空转的资金回流实体经济。

（3）在对影子银行的立法监管上，还应注重统一监管标准、统一同类产品杠杆率，遏制并消除套利空间，打破地方金融通行的刚性兑付，构建资管业务平等准入政策，消除多层嵌套的寻租空间，遏制通道业务，努力实施穿透性监管等策略，实现对影子银行的严格监管。

（二）互联网金融带来金融领域变革与冲击

近年来，在技术进步、金融深化、客户群体变化等一系列因素的综合影响下，中国的互联网金融得到了快速发展，在促进普惠金融发展、提升金融服务质量和效率、满足多元化投融资需求等方面发挥了积极作用，展现出了很大的市场空间和发展潜力。互联网金融在为金融业发展注入活力的同时，也为我国金融管理带来了新的挑战，其在快速发展过程中也暴露出一些问题和风险隐患。

1. 对互联网金融的界定

互联网金融是传统金融行业与互联网相结合的新兴领域。互联网金融与传统金融相比，不仅仅在于金融业务所采用的媒介不同，还在于前者参与者通过互联网，使得传统金融业务透明度更高、参与度更强、协作性更好、中间成本更低、操作更便捷。

互联网金融在政府正式文件中的界定最早出现于人民银行等十个部门联合发布的《关于促进互联网金融健康发展的指导意见》，它是指传统金融机构与互联网企业利用互联网技术和信息通信技术实现资金融通、支付、投资和信息中介服务的新型金融业务模式。此解释定性了互联网金融以互联网技术平台为依托，不失金融本质的业务平台工具的创新特质。

2. 目前我国互联网金融的特点

当前，互联网金融业务在短时间内获得迅猛增长，成为中国经济发展中令人瞩目的焦点，笔者认为，主要是由于中国互联网金融发展呈现出以下几个方面的特点：

（1）投入成本低。在互联网金融模式下，资金供求双方可以通过网络平台自行完成信息甄别、匹配、定价和交易，摆脱了传统中介，没有交易成本，免除了垄断利润带来的负担。一方面，金融机构可以避免开设营业网点的资金投入和运营成本；另一方面，消费者可以在开放透明的平台上快速找到适合自己的金融产品，降低了信息不对称程度，更省时、省力。

（2）业务覆盖面广。在互联网金融模式下，交易双方可以打破时间和地域的限制，各自在互联网上寻找需要的金融资源，交易更直接，基础更广泛。此外，互联网金融领域的客户以小微企业为主，覆盖了部分传统金融业的金融服务盲区，有利于提升资源配置效率，促进实体经济发展。

（3）运作效率高。互联网金融业务主要由计算机处理，操作流程完全标准化，解决了客户排队等候的问题，业务处理速度快，用户体验更好。例如，阿里小贷依托电商积累的信用数据库，经过数据挖掘和分析，引入风险分析和资信调查模型，商户从申请贷款到获得贷款只需要几秒钟，日均可以完成贷款 1 万笔，成为真正的"信贷工厂"。

（4）业务模式多。具体来说，互联网支付发展迅速，商业银行占据主体地位，非银行支付呈现出笔数多、单笔交易额较小等特点。在 P2P 网贷行业整合、退出现象明显的情势下，运营平台数量虽有所下降，成交量与参与人数却在稳步增长。互联网保险业务扩张较快，创新较为活跃，业务渗透率不断提高。互联网基金销售稳步增长，业务集中在互联网货币基金销售。互联网消费金融参与主体多元，发展快速，以小额、短期的贷款业务为主。互联网股权融资发展相对滞后，股权众筹融资监管规则尚未出台，实际开展互联网非公开股权融资业务的平台较少。

（5）发展速度快。依托于大数据和电子商务的发展，互联网金融得到了快速增长。以余额宝为例，余额宝上线 18 天，累计用户数达到 250 多万个，累计转入资金达到 66 亿元。天弘基金曾依托余额宝成为规模最大的公募基金。

但恰恰由于互联网金融的发展快速，覆盖范围广泛，业务模式繁多等特点，其暴露的问题也随之呈现，引起了监管者的关注。

首先，风控管理是薄弱环节。一是风控弱。互联网金融还没有接入人民银行征信系统，也不存在信用信息共享机制，不具备类似银行的风控、合规和清收机制，容易发生各类风险问题，市场上已有众贷网、网赢天下等 P2P 网贷平台宣布破产或停止服务。二是监管弱。目前互联网金融在中国处于起步阶段，还没有监管和法律约束，缺乏准入门槛和行业规范，整个行业面临诸多政策和法律风险。

其次，现存及潜在风险大。一是信用风险大。现阶段中国信用体系尚不完善，互联网金融的相关法律还有待配套，互联网金融违约成本较低，容易诱发恶意骗贷、卷款跑路等风险问题。特别是 P2P 网贷平台由于准入门槛低，缺乏监管，成为不法分子从事非法集资和诈骗等犯罪活动的温床。自 2016 年以来，淘金贷、优易网、安泰卓越等 P2P 网贷平台先后曝出"跑路"事件。二是网络安全风险大。因互联网存在安全问题，故而网络金融犯罪问题不容忽视。一旦遭遇黑客攻击，互联网金融的正常运作会受到影响，危及消费者的资金安全和个人信息安全。因此对互联网金融需要加强立法监管，针对重点行业薄弱环节执行政策良性引导，更为要紧的是避免引发系统性风险带来的冲击。

3. 互联网金融法律规制现状

（1）互联网金融市场的重要风险根源——信息不对称。

笔者认为，导致互联网金融风险性危机的一个主要原因在于交易各方之间的信息不对称问题。目前，中国互联网金融主要存在第三方支付、P2P 和股权众筹三种代表性业态。P2P 是一种撮合借贷双方达成债权债务协议的线上服务。股权众筹是个人企业家或企业团体借助互联网吸引个人资金实现企业创意的行为。中国股权众筹是由以小微企业为主的筹资者、提供融资平台的集资门户和投资者共同构成的小额公众型集资体系，尚处于起步阶段。借助互联网与移动终端的发展，第三方支付作为中介机构，在收、付款人之间提供网络支付等服务，具有传输交易信息和降低交易成本的功能，也对互联网金融的风险敞口产生影响。

由于互联网金融是因应市场主体投融资需求、内生于市场机制的金融创新，所以无法把它直接归类到民间借贷、资产证券化、公募基金、私募基金或货币市场基金等产品或工具的制度范畴中。然而，在我国管制型立法格局下，互联网金融市场实际上体现为市场主体对原有法律解决信息不对称问题和信用风险问题思路的规避。尽管互联网金融践行金融脱媒，有可能实现市场条件下自发而有效的信息配置，但仍会出现严重的信息不对称问题。

我国现行金融领域立法针对互联网金融信用风险防范提供的法律框架可以概括为以下几个方向：第一，在民间借贷领域，以《刑法》中的非法吸收公众存款罪来震慑防范因借贷主体间信息不对称而产生的信用风险；第二，在证券发行领域，有《公司法》《证券法》《刑法》中的非法集资罪规定及最高人民法院的司法解释等法律规范，以擅自公开发行证券罪来震慑防范证券发行主体与投资者之间由于信息不对称而产生的信用风险；第三，在支付清算领域，中国人民银行出台的《非金融机构支付服务管理办法》等规则，挤压第三方机构的生存空间，限制竞争，降低货币流动性，也降低了信息流动速度和市场透明度。可见，现行立法为了剔除涉众型民间融资和第三方支付机构的金融服务产生的信用风险，更倾向于认定交易的非法性。这种监管态势不但给市场主体以套利的空间，而且将信息不对称问题暂时留给了市场，纵容了融资者和中介机构利用非对称性信息将信用风险转嫁给投资者。目前市场主体尚能自发提供或获得真实信息，可能是由于信息弱势方因是资金的提供方故而具有一定规则设定权，也可能是由于完全竞争市场对提供虚假信息的信息优势方的驱逐效应。但如果让信息优势方享有信息披露的主动权，往往会加剧信息不对称。笔者认为，在没有合理的制度约束和利益激励的情况下，信息优势方披露真实信息具有一定偶然性，其披露虚假信息的可能性更大，如此会加大投资者投资风险，对后期市场稳定和投资者对市场的信心构成极大的潜在危机。

由于我国管制型立法并未赋予信息弱势方即投资者以 P2P、股权众筹和第三方支付等交易规则的设定权，因此，信息优势方即融资者和平台往往通过其他方式来传递信用信号，即一些所谓的增信措施，包括融资者和平台通过抵押、保证金、信用违约保险和回购等方式，来改变投资者畏惧信用风险而持币观望的状态。然而，以刚性兑付和担保来替代信息披露，不但加剧了信息供给的不足，而且还将诱导市场主体更依赖信息之外的投资保障手段，进而出现监管机构坚持去刚性兑付而市场主体却不断创造新的刚性兑付和担保方式的恶性循环局面。

（2）进行有效的信用风险规避的设想。

第一，完善互联网金融平台市场准入机制。笔者认为，完善互联网金融市场应明确准入制度，基于互联网金融具有信用风险高且系统性风险敞口较为集中的特点，平台可设定最低注册资本金和风险资本金（即应急资本）计提标准以防范和应对风险。作为风险防范和应对机制，风险资本金的提取，应考虑与平台总体融资规模和杠杆率相匹配，以便防范平台杠杆率畸高和解决融资者违约率显著提高等问题。风险资本金可被转换为普通股，平台须允许投资者对普通股分红或将其转移至投资者风险保障金账户。风险资本金与风险预警系统的结合，可为互联网金融安全、信用风险规避、系统性风险防范和投资者保护提供制度基础，信息工具在其中起着风险揭示的基本作用。

第二，对融资者设定准入条件并进行资产分类。基于融资市场纷繁复杂，融资者作为信息优势方，应至少在征信系统中没有污点记录，

P2P 平台进行资产证券化交易可以先由具有证券化经营资质的金融机构，分拆资产、形成资金池和组织回购。股权众筹作为公众小额集资工具，其准入应秉承便利融资、促进竞争及保护投资者的原则，采取小额豁免机制。符合纯信息中介 P2P 结构、具有风险控制和资产管理能力的中介组织，在证券业协会注册并经证监会审查合格后，即可成为合法股权众筹平台。

证监会和证券业协会应对平台大数据系统和风险评价体系等进行审核，以保证投资额度、资金分流状况及证券资本结构等信息公开、透明。

第三，运用大数据、信用风险预警及信息披露等工具。互联网金融一大显著特色就在于其可以借助大数据建立征信系统，防范信息不对称风险。可以说互联网金融大数据系统是一个庞大的交易型征信体系，建议以商业机构建立的大数据为基础，同时将通过互联网平台及线下调查的信息、运用数据挖掘技术获取的数据信息做出的资信分析、供应链数据、成本效益风险数据、运营风险数据、客户信用评估数据等相关信息一并纳入互联网金融征信体系数据库，逐步完善互联网金融征信体系，以降低信息不对称及规避信用风险。

从政策规制角度看，考虑到 P2P、股权众筹和第三方支付机构均应具有较强的信息收集与处理能力，因此应对投融资者进行实名认证并审核用户信息；应审核融资计划的合法性和融资计划书的完备性；在业务执行中，互联网金融运营平台应具有对交易双方监督合规执行、信息披露与传递等职能，比如，若融资方或融资计划发生重大变化，中介机构要督促融资方通知投资者，还应对融资方和投资者的信息及融资记录予以妥善保管。除把大数据作为信息工具，增加投资者理性，为自律组织和监管机构提供公开信息外，互联网金融运营机构还需向监管机构披露与融资风险相关的信息。P2P 平台应向自律组织和监管机构提交借款人的相关信息，作为信息披露的资料；实施资产证券化交易的 P2P 平台及融资者，应借鉴金融债券等资产支持证券目前的信息披露模式；股权众筹在发起、交易和退市时，应履行《证券法》和《证券投资基金法》的信息披露规则；私募型股权众筹应发布融资计划书，并充分揭示投资风险，披露募资不足时或超额募资时的处理办法及其他重大信息，披露企业的经营管理、财务和资金使用情况等关键信息，并应及时披露其他会影响投资者权益的信息。

（三）交叉性金融风险与监管防范建议

1. 跨市场跨行业的交叉性金融风险的表现

随着我国银行、证券和保险业务创新步伐的加快，一些跨越货币市场、资本市场、保险市场等多个市场和银行、证券、保险、信托等多个行业的金融产品不断推出，带来了跨市场、跨行业的交叉性金融风险。

目前，跨市场、跨行业的交叉性金融风险通常呈现以下特点：

（1）代理与合作性工具在混业经营过程中融合程度尚浅，在进行跨市场资金运作中的风险传递不明显。该类业务借助银行的网络优势进行一般性的业务合作，由于市场交叉有限，资金的风险传递性并不明显。

（2）大部分渗透性交叉工具产品设计有缺陷，对可能出现的市场变化估计不足。渗透性工具产品功能延伸和机构参与广泛，容易使风险随资金在不同市场间的流动而传递。例如，按照规定公司委托银行的理财业务只能代理，不能进行风险共担，但证券公司为了做大规模，通常变相做出保底承诺，将风险控制放在次优位置，造成理财资金成本与收益严重不对称，使银行在代理中承担了巨额风险。

（3）银行业务运作机构通道相互交叉，复杂风险日益显著。由于受到原有银行间交易和交易所交易规则的约束，银行理财产品和部分银行不具备合格投资者资格。此外，银行理财产品缺乏明确的法律主体地位，无法以理财名义办理抵质押手续，因此同业投资、理财业务运作中的一些交易环节必须借助其他机构作为通道来完成。特别是2012年证监会、保监会出台的"资管新政"，促成了各类新型合作模式对传统银信合作模式的替代，逐步形成了银证、银保、银基、银证信、银基信交叉合作及各种"收益权"转让，并附加保证担保、权利质押、回购条款、分级设计等的特殊结构。如此复杂的交易结构，虽然实现了法律关系的合规，但是衍生出更多的资金通道和过桥环节。这些为规避监管而进行的跨业合作形成了复杂的风险传递链条，不但增加了资金运行环节，推高了融资成本，而且容易造成各参与机构权责不清，风险发生后互相推诿的现象。此外，结构复杂的产品很难做到充分的信息披露，交易各方均不对相关资产采取相应的风险缓释措施。

（4）风险传递性日渐增加。自2015年以来，银行开始更多地参与资本市场竞争，交叉性金融产品从过去的跨行业合作逐渐向跨市场投资发展，由此风险也呈现出从不同机构间的交叉传递向不同市场间的交叉传递发展的趋势。一是债券市场、股票市场的风险在逐渐向银行体系传递；二是银行结构化分级产品对资本市场形成加杠杆效应，增加了市场融资成本和市场风险；三是价格风险、流动性风险和信用风险相互交叉转换。例如，股票型交叉性金融产品中近40%投资于定向增发、大股东增持、员工持股计划和股票质押融资，其投向的退出方式基本选择为在限售锁定期后通过证券交易市场售出股票。那么，能否实现安全退出获取本金和预期收益，既取决于增发认购价格与市场价格之间的价差，也取决于上市公司基本面是否与股票的理性估值相匹配。以股票质押融资为导向的交叉性金融产品虽然实质上是资金融出业务，主要面临融资者的信用风险，但因以上市公司股权为质押，融资者信用风险可能转换为标的股票的市场风险。

2. 交叉性金融风险管理中亟待解决的问题

在交叉性金融风险管理中同样也存在一些问题亟待解决。

（1）分业监管带来对交叉性金融风险的监管漏洞。此监管漏洞产生的主要原因是分业监管形成监管信息交流障碍，难以统一协调行动；此外，分业监管带来交叉性金融业务监管真空。由于监管机构各自监管的目的、标准、流程与方法等存在差异，因此对各监管对象的准入标准、风险识别方式和风险管理手段等也就相差甚远。由于监管机构各自为政，因此难以形成对交叉性金融工具监管的合力。

（2）金融业务创新迅速使立法规制显得相对滞后。一直以来，由于监管机构与资本市场运营主体进行着监管与规避的较量，运营主体总会针对立法规制推出规避式创新模式。同时，监管立法步伐的相对滞后，不能有效控制现有金融风险，也制约了金融创新。

（3）各方对风险的认识和外部控制能力不足，缺乏系统性的风险防范与控制措施。由于受市场分割和分业经营体制的影响，各方在对跨市场、跨行业的交叉性金融业务的风险防范上缺乏经验和认识。从经营角度看，对于风险的认识和控制仅停留在业务操作和开办层面，虽然有具体的业务开办规程，但较少有明确、统一的风险控制标准。站在监管角度看，对风险的评价几乎完全取决于金融企业自身，无法通过指标量化风险，监管部门对风险识别能力不足，导致监管有效性难以发挥。

3. 防范交叉性金融风险的建议

（1）打破分业监管限制，突破部门监管障碍。在过去分业监管体系下，"一行三会"的监管模式均体现为"机构监管"，即"一行三会"仅各自监管自己审批的机构，这一方面导致"父爱主义"，对于自己审批的机构过度溺爱，另一方面导致市场分割、监管真空、监管套利。如果突破以往部门监管的限制，改监管模式为"功能监管、行为监管"，意味着"一行三会"的监管对象必将出现交叉，因为金融机构确实已经在混业经营。这意味着，"行业保护""监管真空""监管套利"等一直存在的监管问题有可能得到根本改善。

（2）健全金融法制体系，强化市场准入机制。一方面，要出台金融创新指引类的指导性文件，对混业经营的组织形式、不同市场上的资金分配比例、市场操作规则、融资方式、主要人员的配备等在配套的法律法规上做出明确规定，从法律上规范市场参与主体的经营行为。另一方面，要严把市场准入关，新业务品种进入市场前，金融监管部门要对金融机构从业人员和关键人员的从业资格进行审核，制定量化准入指标和信息披露机制，对极易引发大规模金融风险、尚未建立风险控制机制的新业务，则不予批准进入。

（3）建立金融风险自偿体系，平衡市场责任。首先，要建立风险补偿机制，对金融机构的自有资本逐步按照《巴塞尔新资本协议》的要求进行考核，计提各种风险准备金，提高拨备覆盖率，使金融机构自有资本不仅能补偿信用风险，而且能补偿市场风险和操作风险发生时所带来的损失。其次，针对汇率或利率波动较大的证券类投融资工具或高风险的衍生型金融工具，金融机构应通过期货、期权等投资组合或套期保值工具规避市场风险。

（4）构建有效的外部监管体系，增强监管作用。第一，针对现有的业务品种进行严格规范清理，跨市场金融工具的使用和开发，需要向人民银行和各监管部门备案，以密切关注跨市场金融工具的风险状况和发展趋势，防范其在发展过程中游离于法律政策的规范之外。第二，建立金融监管协调机制，监管机构加强协作、配合，落实信息共享机制，实施对交叉性金融工具的有效监管。第三，制订覆盖各金融监管业务范围和监管当局的、协调一致的金融风险处置应急预案，建立规范完整的评估、识别、确认、告知和风险补偿等处置程序。

（5）健全内部控制体系，突出自律约束。第一，建立落实"三分离制度"，即实现管理与操作分离，高级管理人员不能从事具体业务操作；银行与客户分离，客户经理不能代客户办理业务；程序设计与业务操作分离，程序设计人员不能从事业务操作。第二，要完善稽核监督，建立有效的内部风险级次评估机制。内部审计部门应当全面负责对信用风险、操作风险、市场风险和流动性风险的防范，健全职能部门间分工明确的风险管理责任体系，确保跨市场业务在可控原则下进行。

（6）构建跨市场金融风险监测预警指标体系，实施系统约束。由各级人民银行牵头，在各监管机构的配合下，建立区域监控、预警指标体系；建立跨市场金融工具品种、交易量、交易频率、交易资金流量、交易资金流向等监控指标，全面反映跨市场金融工具的应用情况，及时对各种市场风险暴露进行计量和评估，提高系统性金融风险预测、监控能力。

三、结语

党的十九大报告提出，要加快完善社会主义市场经济体制，具体到金融资本市场方面，就是要"深化投融资体制改革，发挥投资对优化供给结构的关键性作用……深化金融体制改革，增强金融服务实体经济能力，提高直接融资比重，促进多层次资本市场健康发展。健全货币政策和宏观审慎政策双支柱调控框架，深化利率和汇率市场化改革。健全金融监管体系，守住不发生系统性金融风险的底线"。我们相信，只有不断地关注金融市场的时势变化，掌握经济发展脉搏，有的放矢地科学规划，才能在鼓励新经济创新模式发展的同时，实现中国经济的关键性突破与平稳过渡，保障国民经济稳定繁荣。

第三部分

金融监管的关键：风险与秩序

新时代下的中国金融使命

避免监管空白，落实"所有金融业务都纳入监管"

文／李祝用[①]

2017 年 10 月 18 日，习近平总书记在党的十九大报告中提出："健全金融监管体系，守住不发生系统性金融风险的底线。"[②] 这是中共中央在最高层次、最重要的报告中关于金融监管的最新要求，尽管只有一句话，却有非常丰富的内涵。这也是当前中共中央关于金融监管要求进一步的高度概括，与之前中共中央的要求一脉相承。健全金融监管体系包括很多方面，其中就有避免监管空白的问题。2017 年 4 月 25 日，习近平总书记在主持中共中央政治局就维护国家金融安全进行第四十次集体学习时要求，"补齐监管短板，避免监管空白"。[③] 2017 年 7 月 14 日至 15 日，第五次全国金融工作会议在北京召开。会上，习近平总书记强调，"要加强金融监管协调、补齐监管短板"；李克强总理指出，"所有金融业务都要纳入监管，及时有效识别和化解风险"。[④] 总书记和总

① 李祝用，中国人民保险集团股份有限公司法律部总监，中国保险行业协会法律专业委员会主任委员，中国保险资产管理行业协会法律合规专业委员会常务副主任委员。
② 习近平. 决胜全面建成小康社会 夺取新时代中国特色社会主义伟大胜利——在中国共产党第十九次全国代表大会上的报告［M］. 北京：人民出版社，2017 年 10 月.
③ 新华社. 习近平主持中共中央政治局第四十次集体学习［EB/OL］.(2017-04-26)［2017-09-10］. http://www.gov.cn/xin wen/2017-04-26/content_ 5189103.htm.
④ 新华社. 习近平：深化金融改革促进经济和金融良性循环健康发展［EB/OL］.(2017-07-15)［2017-09-10］. http://www.xinhuanet.com/fortune/2017-07/15/c_ 1121324747.htm

理关于金融监管要求的每一句话，都有丰富的内涵，都是一项重要工作，都要抓好落实。以下我们讨论如何落实"避免监管空白""所有金融业务都要纳入监管"等问题。

一、将所有金融业务都纳入监管的重要性和紧迫性

在第五次全国金融工作会议新闻通稿中，"风险"被提到 28 次，"监管"被提及 22 次，比"发展""改革"次数都要多。这能反映出此次会议的主基调，也非常能说明问题。防控风险、强化监管是金融工作中需要把握的重要原则和基本任务。其中，非常重要、非常迫切的一项工作就是要避免监管空白，将所有金融业务都纳入监管。

近年来，的确有一些应作为金融业务纳入监管的经营活动没有纳入监管，存在监管空白，引发了非常严重的后果。比如，大街小巷中常见的投资理财、小额借贷融资，互联网上常见的理财产品、P2P 平台、众筹平台等，实际上从事的是金融业务，但这些经营活动或产品没有纳入监管，从事这些业务的公司只进行了工商登记，形成金融监管空白。公众对这些公司及其产品的合法性难以辨别，更容易滋生非法集资等犯罪行为。而正规的金融业务，比如投资理财型人寿保险产品，要有巨额现金出资作为注册资本，经过严格审批，设立寿险公司，而寿险公司销售的投资理财产品须经过审批或报备，并且日常还受到偿付能力监管、市场行为监管等。由此可以看出，前者存在大量风险敞口，甚至是"裸奔"的原始状态，而后者被严格监管，风险得到了很好的防范，二者的风险程度不可同日而语。

上述监管空白的存在，导致了一系列风险事件的发生，对社会经济造成了严重的损害。近年来，P2P 平台老板跑路、非法集资事件频频见

诸报端，投资者权益受到严重侵害，几乎都得不到足额赔付，有的甚至血本无归。乱办金融，导致乱象丛生。这些所谓的投资理财、借贷融资产品，一方面，因为承诺的收益率高，吸收了社会大量资金，劣币驱逐良币，影响了合法正规的金融发展，扰乱了金融市场，影响经济稳定；另一方面，由于风控措施不到位甚至缺失导致出现非法集资等犯罪行为，造成投资者资金损失，引发群体性事件，影响社会稳定。北京市社会科学院、社会科学文献出版社于 2017 年 7 月共同发布《北京社会治理发展报告（2016～2017）》蓝皮书。该报告指出北京市非法集资犯罪案件发案量呈现井喷式增长，以检察院审查起诉受案数量为例，2014年北京全年受案量比 2013 年上升约 85%，2015 年同比上升约 49%，2016 年 1 至 11 月受案量比 2015 年全年受案量上升了约 101.77%。典型案例就是不久前宣判的 e 租宝案件。经法院审理查明，被告单位安徽钰诚控股集团、钰诚国际控股集团有限公司于 2014 年 6 月至 2015 年 12月，在不具有银行业金融机构资质的情况下，通过 e 租宝、芝麻金融两家互联网金融平台发布虚假的融资租赁债权项目及个人债权项目，将其包装成若干理财产品进行销售，并以承诺还本付息为诱饵对社会公开宣传，向社会公众非法吸纳巨额资金。其中，一些集资款被用于返还集资本息、收购线下销售公司、平台运营支出等，还有的集资款被用于违法犯罪活动或被挥霍，造成大量集资款损失。据检察机关先前披露的材料显示，2014 年 6 月至 2015 年 12 月，e 租宝借助互联网平台非法吸收115 万余人公众资金，累计达 762 亿余元，扣除重复投资部分后非法吸收资金共计 598 亿余元。至案发，集资款未兑付共计 380 亿余元。这个案件后果极其严重，影响极其恶劣。而这仅仅是一例而已。

现在说到金融监管存在的问题时，大家常常会提到监管重复（交叉）、监管套利以及监管空白等。我们认为，监管空白比监管重复风险和危害要大得多。一般来说，监管重复（交叉）会增加监管成本，影响金融活力，并引发监管套利，但从另一面来看，相关金融活动毕竟是处于监管之下，而且可能是多重监管，风险是受到管控的。而在监管空白存在的情形下，风险是不受管控的，风险是否存在、风险有多大都不得而知，更无防范措施可言，风险是完全暴露的。相比较而言，监管空白显然导致风险更大，危害更大，更可怕，更需要尽快避免。

根据以上分析，避免监管空白，将所有金融业务都纳入监管具有非常重要的意义，而且也非常迫切。

二、金融监管空白产生的原因

金融监管空白的产生，有监管总是落后金融创新等客观原因，也有监管理论、理念落后，监管体制机制存在缺陷等主观原因。坚持问题导向，必须先找出问题产生的原因，才能有针对性地采取措施。

首先，立法一般总是落后于社会实践这一规律同样适用于金融立法及其实施，包括金融监管。金融监管一般也总是会落后于金融创新。纵观金融业发展历史，我们不难发现，监管机构监管规则的创设及监管实施常常落后于金融创新以及市场环境的变化。"创新—监管—再创新—再监管"是最常见的金融发展轨迹。创新一方面反映出监管的不足，另一方面也将推动监管逐步完善。客观地说，金融创新很可能是对现有的法律法规及监管规定的突破。在监管框架范围内，可以创新，但更多创新是不在这个框架范围内的。随着金融市场的不断发展，一方面，新的金融主体、金融产品、金融业态出现，由于监管主体不明，监管机构无法实施监管，导致监管空白；另一方面，即使监管主体明确，由于金融创新业务出现时，监管规则尚未制定，也会在一段时间内存在一定范围的监管空白。另外，由于机构监管的存在，在银行、证券、保险的业务交叉领域的创新，因为不属于批准设立某金融机构的监管机构的监管范围，也可导致该创新业务在一段时间内的监管空白。近年来由于金融创新非常活跃，监管领域呈现空白不断增多的趋势。由于上述原因，监管空白既表现为监管主体不明、监管规则缺失，还表现为监管主体明确但监管规则尚未及时出台。当前亟须规范的是前者。例如，在交易所内进行的金融衍生品交易，一般由证监会监管，而对在场外进行的金融衍生品交易，央行和证监会都无明确的监管责任，因此场外交易成为监管的真空地带。目前，有关监管主体已明确了股权众筹、P2P 以及 ICO（首次代币发行，已被叫停）等的监管规则。

其次，我国还属于新兴市场国家，依然处于社会主义初级阶段，市场经济还不发达，法治也不完善。我国目前经济和法治所处的阶段、面临的现状，在金融领域就体现为金融市场发育不成熟，监管不完善。在这种情况下，相较于欧美发达国家，我国金融市场成长发育的空间更大，创新的空间也更大，新的金融机构、金融产品、金融业务活动必然不断产生。特别是在一些领域，例如互联网金融，我国的创新发展超越了欧美发达国家。但这客观上也在一定程度上加剧了金融监管滞后，导致监管空白。

再次，现有的分业监管和机构监管的金融监管理论、理念和监管体制容易导致监管空白。分业监管与分业经营相对应，而统一监管与综合经营相对应。进入 21 世纪后，我国金融综合经营探索不断深入，银行、证券、保险机构之间的横向业务合作、股权交叉投资和业务交叉经营越来越多，金融机构的业务范围和风险暴露已经跨越了原有的范围和领域。分业监管体制很难适应这种综合经营的现状和趋势，比如目前大量存在的金融控股集团，旗下业务涉及多个金融业务领域，任何一家监管机构都难以全面监管，容易出现监管空白。再如，保险机构创新开办某项资产管理业务，从机构监管的角度看，应由保险监管机构监管，但由于是新业务，监管规则尚未来得及制定，而证券监管机构对此类资产管理业务虽有监管规则，但由于保险机构不在其监管范围内，也无法进行监管。这种情况也会产生监管空白。同时，我国采取机构监管的模式，谁批准设立的金融机构谁监管，不是自己批准设立的就无权监管。例如，很多所谓的投资公司、财富管理公司、互联网平台，并非任何监管机构批准设立，它们所销售的理财产品，监管机构就难以实施监管，导致出现监管空白。

最后，监管的主动性、协调性不够，这也是监管空白产生的原因之一。在目前的监管体制下，要做到在监管实践中监管机构之间相互协调配合，主动补台，避免监管空白，是非常困难的。2017 年 7 月召开的金融工作会议提出要加强监管协调，正是说明这方面存在问题。除了中央监管机构层面，在中央和地方金融监管机构之间职责划分不够明确，也会造成监管的不协调，例如，对某个业务领域或某种业务活动，监管机构都以为是他方的职责，都不实施监管，这也会形成一定的监管空白。

三、避免监管空白的建议

避免监管空白，将所有金融业务都纳入监管是一个非常复杂的问题，需要从理论到实践，从立法到具体监管体制都进行非常大的改革才有可能解决，可以说是一个系统工程。这里只是提出一些初步的看法。

第一，进一步完善、升级金融监管理论、理念，加强功能监管。功能监管的概念最早源自美国经济学家罗伯特·C. 默顿（Robert C. Merton）于 1993 年发表的论文《功能视角下的金融体系运营与监管》。默顿提出，尽管金融体系随时间的推进和空间的不同而形态各异并不断变化，但其具备的经济功能基本稳定。在持续的金融创新中，金融机构提供的金融产品与服务的范围实际上是不断变化的，金融机构与金融市场的边界也是不断变化的，传统的机构监管者就会不断面临严峻的监管重叠和监管空白的挑战。因此，默顿认为机构监管转向功能监管将是不可避免的趋势，他主张对发挥同一金融功能的不同金融机构所开展的类似业务与金融活动进行大体相同的监管。① 自此，功能监管的概念开始得到学术界和业界的关注。

与机构监管相比，功能监管是一种横向的监管，是在综合经营环境中，对不同类型金融机构开展的功能相同业务进行标准统一的监管。有人认为，功能监管的主要着眼点是防范监管套利。我们认为，实施功能监管，有助于避免监管空白。一方面，在金融交叉领域的创新业务，不管由何种金融机构开展，只要具备某种功能，就确定由监管该种功能业务的监管机构进行相应监管。比如，信托机构创新开发了某种资管产品，而该种资管产品从其功能看属于证券监管机构监管范围，那么它就应由证券监管机构根据现有证券投资监管规则进行监管，从而可以避免因监管规则缺失而形成的监管空白。另一方面，从功能监管的基本理念出发，对功能监管的外延应当予以扩展，非金融机构或者类金融机构开展的具有金融功能的业务也应由金融监管机构监管，既包括根据有关监管规则将其纳入监管范围，也包括予以取缔、禁止等。也就是说，从功能监管的理论和理念出发，科学设定金融监管的边界，有助于避免监管空白。功能监管的理论、理念可以弥

---

① 王兆星. 机构监管与功能监管的变革——银行监管改革探索之七[J]. 中国金融，2015(3).

补机构监管的前述不足。必须说明的是，强化功能监管并非提倡由其很快取代机构监管，相反，在当前及未来相当长的一段时间内，我国机构监管仍将是主流，功能监管只是补充。

第二，从法律或监管层面界定的金融业务都要纳入监管。如何识别出需要金融监管的业务和金融监管主体、划定金融监管范围是世界性的难题。目前，我国法律法规及监管规定中并没有对"金融业务"进行明确的界定。要对"金融业务"一下子进行明确界定，虽然不容易，但国内外也有一些可借鉴的做法。

在我国，《国民经济行业分类》（GB/T 4754—2017）用列举的方式明确了与"金融业务"相近的"金融业"的范围。除金融监管机构提供的服务外，"金融业"包括：

货币金融服务：（1）货币银行服务：商业银行服务、政策性银行服务、信用合作社服务、农村资金互助社服务、其他货币银行服务；（2）非货币银行服务：融资租赁服务、财务公司服务、典当服务、汽车金融公司服务、小额贷款公司服务、消费金融公司服务、网络借贷服务、银行理财服务。

资本市场服务：（1）证券市场服务：证券市场管理服务、证券经纪交易服务；（2）公开募集证券投资基金服务；（3）非公开募集证券投资基金服务：创业投资基金服务、天使投资服务、其他非公开募集证券投资基金服务；（4）期货市场服务：期货市场管理服务、其他期货市场服务；（5）证券期货监管服务；（6）资本投资服务；（7）其他资本市场服务（投资咨询、财务咨询、资信评级等）。

保险业：（1）人身保险：人寿保险、年金保险、健康保险、意外伤害保险；（2）财产保险；（3）再保险；（4）商业养老金；（5）保险中介服务：保险经纪服务、保险代理服务、保险公估服务；（6）保险资产管理；（7）其他保险活动：风险和损失评估、其他保险活动（救助管理、保险精算等）。

其他金融业：（1）金融信托与管理服务：信托公司服务、其他金融信托与管理服务；（2）控股公司服务；（3）非金融机构支付服务；（4）金融信息服务；（5）金融资产管理服务；（6）其他未列明金融业：货币经纪公司服务、其他未包括金融业（保理服务）。

这里列举的金融业内容可以说已相当完备，连典当服务、保理服务都包含在内，有很好的参考价值。但不足之处也是很明显的，首先，它难以涵盖互联网金融等新的金融业态；其次，按照分业经营的理念列举，既有遗漏也有交叉重复；最后，分类标准比较粗线条，有的从业务的角度，有的从机构的角度，逻辑上存在缺陷。

另一个可以借鉴的是《服务贸易总协定》（GATS）中有关金融服务的附件对"金融服务"的界定："指一成员金融服务提供者提供的任何金融性质的服务。金融服务包括所有保险及其相关服务，以及所有银行和其他金融服务（保险除外）。"金融服务包括：直接保险，再保险和转分保，保险中介，保险附属服务，接受公众存款和其他应偿还基金，所有类型的贷款，财务租赁，所有支付和货币转移服务，担保和承诺，交易市场、公开市场或场外交易市场的自行交易或代客交易，参与各类证券的发行，货币经纪，资产管理，金融资产的结算和清算服务，金融信息的提供和交换、金融数据处理，金融咨询、中介和其他附属金融服务等16项活动。这里对金融服务知识做了简单的解释，不是严谨的定义，含义不是很明确，所列举的16项具体的金融业务虽然比较多，但还是不够全面。其中，金融信息的提供和交换、金融数据处理等对于界定互联网金融很有参考价值。

美国和英国在立法上对金融业务的界定，也很有参考价值。美国于

1999 年出台的《金融服务现代化法案》（GLBA）第 103 条在解释何为"本质上具有金融性的业务"时，指明了需要考虑的 4 个因素：

（1）GLBA 的规范目的。

（2）银行控股公司参与竞争的市场发生的变化或可以合理预见的变化。

（3）提供金融服务所使用的科技发生的变化或可以合理预见的变化。

（4）该业务对于银行控股公司及其关联公司在竞争力、安全和效率及使用新兴科技手段的意义等。

另外，GLBA 还列举了 8 组应当被认为"本质上具有金融性的业务"，具体包括：

（1）借贷、兑换、转让、向他人投资金钱或有价证券，或提升金钱或有价证券的受保障性。

（2）为利益减少、伤害、损失、疾病、失能或死亡提供保险、担保或补偿，或者提供或发行年金，且不论是作为实际权利义务人、中介还是经纪进行前述行为。

（3）提供财务、投资或经济建议服务，包括为投资公司提供建议。

（4）发行或销售代表某些利益的工具。

（5）承销、交易或为有价证券做市。

（6）开展被联邦储备委员会以命令或规章认定与银行业紧密相连，或者与管理和控制银行具有合适联系的活动。

（7）在美国开展以下活动：①银行控股公司可在美国境外开展的活动。②被联邦储备委员会认定为与在海外开展的银行业务或其他金融活动相关的常见活动。

（8）直接或间接收购或控制特定相关开展了本质上具有金融性业

务的实体的行为。

英国于 2000 年出台的《金融服务与市场法》（FSMA）第 22 条规定，"受监管的行为"是指以经营方式进行的并且满足以下条件的行为：（1）与被明确的投资品种类相关联；（2）与任意种类财产相关联，如果该种类财产被明确适用本条规定。其中，"投资品"包括所有财产权利或权益。"被明确"是指被财政部以法令的形式明确。

另外，FSMA 的附件 2 对"受监管的行为"做出进一步规定，具体包括：

（1）进行投资品交易：买卖、认购或承销投资品，或者要约或同意进行前述活动，无论是以本人名义还是以代理人的名义；如果投资品是保险合同，则包括履行保险合同的行为。

（2）安排投资品交易：进行或提出或接受使他人买卖、认购或承销特定投资品的安排，进行或提出或接受使他人得以安排进行买卖、认购或承销投资品的安排。

（3）吸收存款。

（4）保管及管理资产：保管及管理他人由投资品构成或包括投资品在内的资产；安排他人资产的保管及管理，或者要约或同意进行安排。

（5）投资品管理：在以下情形下管理他人资产，或提出要约或承诺管理他人资产的行为：资产由投资品构成或包括投资品在内，或者管理事项的安排导致管理人（或发出要约或承诺进行管理的人）可以使其管理的资产由投资品构成或包括投资品在内。

（6）投资建议：向他人提供或提出要约或承诺提供买卖、认购、承销投资品方面的建议，行使因某投资品而拥有的购买、处置、承销或转换权利。

（7）建立集合投资计划：设立、运营或清算一个集合投资计划，包括作为单位信托受托人及非单位信托集合投资计划的托管人以及根据第262条规定成立的组织的单一管理人等。

借鉴以上国家的法律、国际组织的文件，我们认为，要界定金融业务的范围，可以采用本质定性和业务类别列举相结合的方式。金融业务列举，非常明确，便于监管层操作实施，但是难以包括所有业务类型，特别是随着金融创新的发展，不断产生新的业务类型，这就需要从本质上定性。从本质上定性，理论上可以参考前述默顿的金融功能理论，在决定内容表述上可以参考美国GLBA"本质上具有金融性的业务"以及英国FSMA"受监管的行为"的界定。这里虽然很难给出一个明确且完美的有关"金融业务"的界定，但是这种解决问题的思路，还是很有价值的。

举个实际操作中的例子，关于互联网保险监管问题，《中国保监会关于整治机动车辆保险市场乱象的通知》（保监财险〔2017〕174号）规定："财产保险公司可以委托第三方网络平台提供网页链接服务，但不得委托或允许不具备保险中介合法资格的第三方网络平台在其网页上开展保费试算、报价比价、业务推介、资金支付等保险销售活动。"从此规定看，保费试算、报价比价、业务推介、资金支付属于保险销售活动，即属于保险业务范畴，这就是从金融功能的实质出发，识别出某些活动属于需要监管的范畴，如果按照现有监管规则需要持牌机构经营，那么仅仅办理工商登记的互联网公司作为非持牌机构是不得经营的。这就很好地划定了互联网平台从事保险有关经营活动的界限，可以作为判断互联网平台是否从事了金融业务从而是否要采取监管措施的参考。

第三，加强金融监管协调，补齐监管短板。第五次全国金融工作会议决定，设立国务院金融稳定发展委员会，强化人民银行宏观审慎管理和系统性风险防范职责。金融稳定发展委员会办公室设在人民银行。据媒体报道，原中国人民银行行长周小川曾在华盛顿的演讲中透露，金融稳定发展委员会将重点关注影子银行、资产管理行业、互联网金融和金融控股公司。这四个领域都是容易产生监管空白的领域。银监会表示："坚决服从国务院金融稳定发展委员会的领导，主动配合人民银行履行宏观审慎管理职责，加强与其他金融监管部门、国家部委和地方政府的监管协作。"证监会、保监会也已经表态自觉服从金融稳定发展委员会的领导，加强协调配合，填补监管真空，防止监管套利，形成监管合力。相较之前的金融监管协调部际联席会议制度，我们有理由期待下一步金融监管协调的权威性和主动性将进一步加强，将有效填补监管空白。今后，通过监测机制，如果发现某业务属于金融业务，而又不在中央监管机构中任何一个机构的监管范围内，金融稳定发展委员会就可以根据业务功能协调、决定由谁负责监管。对于有金融功能但未经审批并由非金融机构经营的业务活动，可以予以取缔或叫停。例如，2017 年 9 月，《中国人民银行 中央网信办 工业与信息化部 工商总局 银监会 保监会关于防范代币发行融资风险的公告》发布，针对国内通过发行代币形式包括首次代币发行进行融资的活动大量涌现，投机炒作盛行，涉嫌从事非法金融活动，明确提出代币发行融资本质上是一种未经批准非法公开融资的行为，涉嫌非法发售代币票券、非法发行证券以及非法集资、金融诈骗、传销等违法犯罪活动，并要求自公告发布之日起，各类代币发行融资活动应当立即停止。这就是加强监管协调、避免监管空白的一个有力的例证。

中央金融监管机构和地方政府要加强协调配合，在坚持金融管理主要是中央事权的前提下，按照中央统一规则，强化属地风险处置责任。金融监管机构还要按照全国金融工作会议的要求，健全风险监测预警和早期干预机制，加强金融基础设施的统筹监管和互联互通，推进金融业综合统计和监管信息共享。这些重要举措对于避免监管空白以及防范监管空白引发的风险都具有重要的意义。

第四，梳理规范各种市场准入的监管手段、方式，对不同金融业务依据其特性由不同的监管机构采用不同的监管手段、方式，更好地实现将所有金融业务都纳入监管。目前关于金融机构、金融产品的监管，包括审批、许可、备案、注册、登记等多种方式①，有的是由监管机构负责，有的是由行业协会负责。有的业务从功能性质上看属金融类，却由非金融监管机构监管。在由金融监管机构负责的情形中，有的是由中央金融监管机构总部负责，有的是由中央金融监管机构在各地方的分支或派出机构负责，有的是由地方金融监管机构负责，有的则是由中央推出统一的政策、规则而由地方具体执行。可以说，监管主体、监管手段、方式多种多样，没有统一的规范和标准，亟须规范。

在证券行业，证券公司子公司的设立由证监会批准，证券公司的私募投资基金管理子公司下设特殊目的机构的，向证券业协会备案；基金管理公司子公司的设立由证监会批准，基金管理公司的私募股权投资基金管理子公司下设特殊目的机构的，向证监会派出机构备案，子公司及

---

① 审批、备案、核准、注册等监管方式在法律上是有严格区别的，互联网上有人做了如下通俗的解释："审批制：我说不行就不行，行也不行；核准制：材料都弄齐了给我看看就行；备案制：跟我说一声有这回事儿就行；注册制：您来了，吃点啥要点啥我这就给您记上。"就法律层面而言，也有以下通俗解释："根据审核的严格程度来区分，审批制＞核准制＞备案制＞注册制；根据责任的承担和追究来区分，审批制：谁批准的谁负责，批错了挨板子，出了事情担责任；核准制：准是准了，形式要件都符合，实质风险不负责；备案制：事后才知道的，当然不担风险，但是账给记上了，有案可查有数可考；注册制：微博会员推广啦。"另外，登记制是一种极常见的类别，应属于形式审查，所以登记和备案的含义是比较接近的。但是登记的事项通常是公开可检索的，比如公司登记、不动产登记等，因此有一些法律事项只有完成登记才能够发生法律效力，而备案通常和事项本身是否有效没关系。注册一般是指申请人要取得某种特定资质，或者加入某种特定行业组织需要进行注册，所以：审批、备案、核准三种方式通常表现为和政府机关打交道，注册则通常表现为和行业协会一类的机构打交道。

特殊目的产品在基金业协会备案；期货公司子公司的设立无须证监会事先批准，而须在期货业协会登记备案，期货公司及其子公司设立的资管计划在基金业协会备案。在融资租赁业，金融租赁公司由银监会负责审批并发放金融租赁经营许可证；而在融资租赁企业中，外商投资融资租赁公司由商务部负责审批，内资试点融资租赁公司由商务部和国税总局联合审批。二者都具有融资功能，因为名称不同，就由不同监管机构监管，并适用不同的监管规则。在其他行业，典当公司，由商务部批准并颁发《典当经营许可证》；保理公司由商务部负责全国商业保理行业管理工作，地市级及以上地方人民政府商务主管部门负责所辖行政区域内商业保理企业监督管理工作；金融资产交易所，凡新设交易所的，除经国务院或国务院金融管理部门批准的以外，必须报省级人民政府批准，省级人民政府批准前，应取得部际联席会议的书面反馈意见。典当和保理都是具有金融功能的业务，但不受金融监管机构监管。从事保险、信贷、黄金等金融产品交易的交易场所，必须经国务院相关金融管理部门批准设立。

从这些具体机构的监管现状可以看出，监管主体和监管方式比较混乱，有的应该受到严格监管的主体和业务，可能只受到宽松的甚至形同虚设的监管，这实际上也是一种监管空白，对金融业监管进行梳理、规范是很有必要的，要统一标准，要明确哪些金融机构、金融产品是要审批的，哪些是备案即可，哪些是注册即可；是由中央还是地方监管机构负责还是由行业协会负责，也都要予以明确。只有这样才能实现监管的规范运作，真正实现将所有金融业务纳入监管，并且得到应有的、适当的监管，才能实现监管的规范运作。

第五，及时总结自贸试验区避免金融监管空白的经验并在全国推广。2016 年 7 月，上海市发布《发挥上海自贸试验区制度创新优势开展综合监管试点探索功能监管实施细则》（沪府办发〔2016〕26号）（以下简称《实施细则》），探索将所有的金融服务业均纳入监管，实现金融监管的全覆盖。

根据《实施细则》，上海市推进金融综合监管试点的任务之一是强化行业、属地管理职责，重点加强对处于监管空白、交叉地带的机构和行为的监管，实现机构、人员、业务、风险全覆盖。其中，就实现金融监管全面覆盖而言，《实施细则》提出三个方面的措施。一是全面覆盖经营机构。要编制"分业监管机构清单"和"重点监测金融行为清单"，明确相应的监管或主管部门。分业监管机构清单涵盖由中央监管机构及其派驻机构负责准入和日常管理的各类持牌金融机构，以及由市政府有关部门和区（县）政府负责管理的类金融机构；重点监测金融行为清单包括P2P网络借贷、股权众筹融资、私募股权投资或私募证券投资、通过互联网开展资产管理和跨界从事金融业务等活动、以投资理财名义从事金融活动、非融资性担保以及其他疑似金融活动。二是全面覆盖金融产品。主要措施包括：规范金融产品设计、宣传、营销行为，加强金融广告信息监测和自动预警，对接广告监测、网络舆情监测、城市网格化综合管理、金融风险舆情监测等各类信息，支持行业协会建立理财产品登记和信息披露制度，重点推进互联网金融产品信息披露平台建设，完善产品信息披露和风险提示制度等。三是全面理顺监管分工。《实施细则》提出以合同法律关系和产品属性为基础明确管理部门，统筹配置监管资源，强化综合监管和功能监管。对需要经过市场准入许可的行业领域，由相关监管或主管部门负责日常监管；对无须市场准入许可，但有明确监管或主管部门指导、规范和促进的行业领域，由相关监管或主管部门牵头负责日常管理；对没有明确监管或主管部门的行业领域，与金融功能有一定关联、难以直接定性的经营活动，根据业务实质认定业务属性，由联席会议明确相关工作牵头部门。

这些探索金融监管全覆盖，将所有金融业务都纳入监管、避免监管空白的措施，设计是非常科学的，符合先进的监管理念和监管实际需要，也完全契合全国金融工作会议精神，可以在进一步实践的基础上，形成经验，完善制度，并在全国推广。

四、平衡金融监管与金融创新的关系

还有一个值得关注的问题，若将所有的金融业务都纳入监管，会不会遏制金融创新，使金融业失去发展活力。中国互联网金融的发展就非常具有典型意义。互联网金融不断开拓创新所取得的成就，的确与监管的包容有很大的关系。如果在互联网金融出现伊始金融监管非常严苛死板，可能也就没有今天的支付宝等成功的金融业态了。但是互联网金融乱象丛生也是不争的事实，政府正在加大力度规范整治。如何才能避免出现金融监管的"一管就死，一放就乱"的怪圈？这里就要科学平衡金融创新与金融监管之间的关系。

近期以来，大家热议的监管沙箱①较好地处理了金融创新和金融监管之间的关系，值得我们借鉴。英国金融行为监管局（Financial Conduct Authority，FCA）在国际上率先提出"监管沙箱"项目，并于2016 年 5 月 9 日开始实施。这种做法随后被新加坡、马来西亚、澳大利亚等国家和中国香港借鉴。监管沙箱本质上是一种金融创新的测试

---

① 沙箱（Sandbox）原本是一个计算机用语，是指通过限制应用程序的代码访问权限，为一些来源不可信、具备破坏力或无法判定程序意图的程序提供试验环境。在沙箱中进行的测试，多是在真实的数据环境中进行的，但因为有预设的安全隔离措施，并不会对真实系统和数据带来影响。

机制、消费者保护机制和激励机制，目的在于科学平衡金融创新和金融监管之间的关系。其具体流程总体上可分为申请、评估和测试三步，运作核心包括两个方面：在既有的监管框架下降低测试门槛；同时，确保创新测试带来的风险不会从企业传导至消费者。[①] 创新失败在所难免，监管沙箱不在于防止失败发生，而在于在鼓励创新的同时为消费者提供适当的保护。即便失败，由于控制在一定范围内，也不会发生不可控的风险。另外，测试过程可以指导哪些监管规定已经不合时宜、需要进行调整以及如何进行调整、如何制定新的监管规则，建立监管者与创新者之间良好的互动机制。英国监管沙箱做法的适用对象包括：（1）目前未被许可但期望获得许可的企业；（2）已经被许可但拟提供未经测试的产品或服务的企业；（3）辅助金融服务机构的科技企业。目前，从被 FCA 授权进入监管沙箱测试的企业范围来看，主要是以大数据、区块链和分布式记账技术等为支持的新设金融科技创新企业，由此可以反观出监管沙箱对创新企业的真正支持。FCA 通过监管沙箱接触金融创新的前沿，在风险可控的前提下，允许金融创新试运营，完成产品、服务测试，调整完善风险识别以及监管规则，从而实现金融创新和监管的有效平衡。

我国如何借鉴"监管沙箱"模式经验，创建符合中国实际的金融创新监管机制，平衡好金融创新与金融监管之间的关系，使二者相得益彰？自 2017 年以来，相继有北京、江西等一些地方宣布启动"监管沙箱"模式的试验。且不论地方政府在金融监管方面的权限大小，即便要解决中国金融创新与金融监管之间的矛盾，也不一定要抛弃既有的中

---

① 李敏. 监管沙箱制度及其实践探析从 FCA 的监管方式说起［EB/OL］.（2017-07-31）［2017-10-19］. http：//www.sohu.com/a/161243739_ 465463.

国本土资源——"试点"模式而去引进甚至照搬"监管沙箱"的模式。我们建议，在坚持我国既有的"试点"模式基础上，借鉴"监管沙箱"好的做法，建立有中国特色的"金融创新试点"模式。

　　我国的"试点"模式可以分为试点项目和试验区以及二者结合等形式，已经有了较长历史，积累了一定的经验。近年来，我国在金融业也有不少试点。在试点项目方面，例如，2013 年，中国保监会批复深圳、云南为我国巨灾保险首批试点地区，一年之后宁波加入试点；2017 年，财政部在粮食主产省开展农业大灾保险试点。在试验区方面，例如，2012 年 3 月 28 日，国务院决定设立温州市金融综合改革试验区；再如，2015 年 12 月，国务院常务会议决定建设浙江省台州市小微企业金融服务改革创新试验区，在吉林省开展农村金融综合改革试验，支持广东、天津、福建自由贸易试验区分别以深化粤港澳合作、发展融资租赁、推进金融合作为重点，在扩大人民币跨境使用、资本项目可兑换、跨境投融资等方面开展金融开放创新试点；2016 年经国务院批准，宁波成为首个国家保险创新综合试验区。前述上海自贸试验区开展综合监管试点，探索功能监管，也是金融创新与监管试点的重要举措。还有人民银行、农业部等部委以及地方政府批准的各种金融试点，等等。

　　英国和澳大利亚等发达国家，由于其经济发展和法治化水平相对较高，所以在平衡金融创新与金融监管之间的关系时，监管者更注重形式上的合法性，即监管者首要考虑如何在现有的法律框架下和自身职权范围内实现对金融科技创新这一新兴事物的有效监管。[①] 但是在

---

① 李敏. 监管沙箱制度及其实践探析从 FCA 的监管方式说起［EB/OL］.（2017-07-31）［2017-10-19］. http：//www. sohu. com/a/161243739_ 465463.

我国，情形可能截然不同，试点的合法性经常遭受诟病，这主要源于在我国经济转型大背景下，对结果正当的追求超越了对形式合法的遵循。试点往往在某种程度上超出常规合法性秩序，它与形式合法性、实质合法性之间都存在一定张力。就合法性基础而言，它往往是相对模糊的，而且往往在形式合法性方面显得较为薄弱。[①] 近年来，随着依法治国的推进，这种情况已经有了较大的变化，如关于自贸试验区，2013 年 12 月，《全国人民代表大会常务委员会关于授权国务院在中国（上海）自由贸易试验区暂时调整有关法律规定的行政审批的决定》和《国务院关于在中国（上海）自由贸易试验区内暂时调整有关行政法规和国务院文件规定的行政审批或者准入特别管理措施的决定》（国发〔2013〕51 号）发布。但是，总体而言，我国金融创新试点的法治建设还存在很多的不足，基本立法缺失、很多试点合法性经不起质疑，试点的准入条件、试点的流程规范、试点结果评估与推广特别是试点中消费者权益保护和金融风险防控等都不明确。由于立法上存在这些不足，我们看到金融创新试点在实践中也产生了不少问题，例如，设立试点的决策机构各异甚至存在越权，试点区域或项目的设立比较随意，开展试点过程中监管不到位，试点效果缺乏科学严格的评估，效果达不到预期，等等。

针对我国金融创新试点存在的问题，借鉴英国等国家和地区"监管沙箱"模式的经验，我们建议完善我国金融创新试点，可以考虑制定《金融创新试点条例》或《金融创新试点法》，使金融创新试点有法可依。在此基础上，有关金融监管机构再制定具体的执行细则。第一，授权国务院或监管机构有权决定在其选定的金融创新试点的一定时间、

---

① 苏宇. 略论"试点"的合法性基础[J]. 政治与法律，2010(2).

空间范围内，某些法律法规、监管规定豁免或调整适用；第二，规定申请开展试点的机构要提供确保参与试点的消费者或客户利益不受损害的保障措施及有关风险的防控措施；第三，明确试点的新主体、新产品和服务、新商业模式等的准入条件以及监管机构审批的程序；第四，规定试点测试的操作流程和规范以及相应的监管措施；第五，规定试点总结评估的要求，根据试点结果，提出推广或不予推广试点以及修改或完善监管规则的建议。

将所有金融业务都纳入监管，避免监管空白，虽是关键一步，但只是万里长征的第一步，规范金融业务、防范金融风险永远在路上。

从私募监管新规看金融监管的趋势和重点

文/乔兆姝[①]

2017 年 7 月 14 日至 15 日，第五次全国金融工作会议在北京召开，习近平总书记与李克强总理以及多个国家部委负责人出席会议，会议围绕服务实体经济、防控金融风险、深化金融改革三项任务对全国金融工作做了一次全面的部署，势必会对未来很长一段时期我国金融行业发展产生重大影响。

此次全国金融工作会议对金融业自身、金融业服务对象、金融业服务环境等相关风险因素进行了透彻的分析和阐述，并分别针对金融业、地方政府财政、国有企业、房地产业等重要领域提出了改革措施，重点是要突出防范系统性金融风险、统筹金融监管和政策协调、继续推进金融改革开放。为新形势下我国金融的稳定发展，奠定了坚实的基石。根据此次会议的精神，在今后的金融发展与监管工作中，应当坚持把握好以下四个基本原则：

第一，回归本源，服从服务于经济社会发展。金融业要把为实体经济服务作为出发点和落脚点，全面提升服务效率和水平，把更多金融资

---

① 乔兆姝，北京市道可特律师事务所高级合伙人，北京市朝阳区律师协会金融证券业务研究会委员。

源配置到经济社会发展的重点领域和薄弱环节，更好地满足人民群众和实体经济多样化的金融需求。

第二，优化结构，完善金融市场、金融机构、金融产品体系。要坚持质量优先，引导金融业发展同经济社会发展相协调，促进融资便利化、降低实体经济融资成本、提高资源配置效率、保障风险可控。

第三，强化监管，提高防范与化解金融风险的能力。要以强化金融监管为重点，以防范系统性金融风险为底线，加快相关法律法规建设，完善金融机构法人治理结构，加强宏观审慎管理制度建设，加强功能监管，更加重视行为监管。

第四，市场导向，发挥市场在金融资源配置中的决定性作用。坚持社会主义市场经济改革方向，处理好政府和市场的关系，完善市场约束机制，提高金融资源配置效率。加强和改善政府宏观调控，健全市场规则，强化纪律性。

值得一提的是，这次会议明确将金融地位提升到了前所未有的新高度，指出金融安全关系到国家安全的整体战略实施，因而防范与化解金融风险是此次会议召开的基本出发点。根据对此次金融工作会议新闻通稿的词频统计，风险和监管是最为高频的词语，分别出现了28次和22次，可见防风险与强监管将成为未来金融工作的核心内容。此外，此次会议明确指出"防止发生系统性金融风险是金融工作的永恒主题"。

在这样的背景下，私募基金行业亦紧跟金融业整体发展态势和监管趋势。自2016年以来，针对私募基金、私募基金管理人、私募基金投资者、私募基金投资环境等多个方面不断完善，细化监管制度和监管手段，逐步夯实和推进金融工作会议的主旨和精神，完善私募基金行业监管体系和风险防范系统。本文将从私募基金行业近期出台的穿透式监管、细化投资者适当性制度、降低金融杠杆、打破刚性兑付等方面对金融监管趋势和重点进行论述和分析。

一、完善穿透式监管制度，弥补分业监管不足

近年来，一些具有典型跨市场、跨行业特征的新业务模式在私募基金领域屡见不鲜，这些业务模式往往交易结构复杂、交易链条较长、信息不透明。虽然它们从分行业、分阶段角度看，似乎并无明显违规之处且风险可控，但从资金来源和最终投向来看，则明显突破了市场准入、投资范围、资本约束、杠杆限制、投资者适当性等方面的监管要求，极易引发跨行业、跨市场风险传递。对于这些问题，穿透式监管制度在一定程度上发挥了重要作用，下面将以中国证券投资基金业协会（以下简称"基金业协会"）对私募资产管理计划投资房地产开发企业及项目的穿透式监管为例，对私募基金领域穿透式监管制度的现状和监管趋势进行分析和论述。

（一）穿透式监管概述

一般来说，穿透式监管包含两个方面的内容：一是往底层资产方向穿透识别最终的资产类别是否符合特定资产管理的监管规定，其风险是否经过适当评估；二是往最终客户方向穿透识别最终收益承担者，防止风险承担和资产类别错配或防止私募产品公众化。穿透式监管的本质是透过金融产品的表面形态，摸清金融业务和行为的实质，将资金来源、中间环节与最终投向穿透连接起来，按照实质重于形式的原则甄别金融业务和行为的性质，根据产品功能、业务性质和法律属性明确监管主体和适用规则，从而对金融机构的业务和行为实施全流程监督和管理。

穿透式监管主要是为了防止高风险产品向低风险承受能力的客户错误销售，同时防止金融机构通过结构设计规避监管，并从宏观审慎角度防止因为监管盲区发生系统性危机。此外，我国的穿透式监管往往还有其他目的：方便执行部分产业政策，如对房地产的调控；实现宏观目标，如对地方政府融资的限制。

总体而言，私募基金领域的穿透式监管主要遵循以下几个原则：第一，只对依据法律规定登记为非法人形式的单位投资者穿透核查最终投资人是否为合格投资者，此类情形不包括公司以及其他登记证明显示为独立法人的单位；第二，全面考察直接投资人的最终出资人，一直穷尽到最终出资人为自然人或公司等法人抑或法定的特殊合格投资者为止；第三，对于已备案的合伙型基金和契约型基金，不再穿透核查和合并计算。因为穿透式监管规则的目的在于防止管理人通过设置多层结构规避合格投资者限制，而经备案的基金之合格投资者已符合合格投资者规定，所以不存在规避的情形。

（二）穿透式监管相关法律规定和实务操作

关于私募基金穿透式监管的相关法律规定散见于证监会、基金业协会等监督管理机构单独或联合发布的规范性法律文件，如证监会于2014年10月13日发布的《私募投资基金监督管理暂行办法》（证监会令〔105〕号）、证监会于2016年7月14日发布的《证券期货经营机构私募资产管理业务运作管理暂行规定》、证监会证券基金机构监管部于2016年10月发布的《〈证券期货经营机构私募资产管理业务运作管理暂行规定〉相关问题解答》、基金业协会于2017年2月发布的《证券期货经营机构私募资产管理计划备案管理规范第4号——私募资产管理计划投资房地产开发企业、项目》（以下简称"4号文件"）等，这些文件共同构成了私募基金穿透式监管法律规则体系。以下以 4 号文件为例，对基金业协会对私募资产管理计划投资房地产开发企业及项目的穿透式监管进行分析和探讨。

2017 年 2 月，基金业协会发布 4 号文件，该文件全面禁止私募资产管理计划通过任何债权方式投资于 16 个热点城市普通住宅项目，具体包括委托贷款、嵌套投资信托计划及其他金融产品、受让信托受益权及其他资产收（受）益权、名股实债等方式。对于非热点城市，4 号文件禁止私募资产管理计划向房企提供用于支付土地价款或补充流动性的资金，但不限制其项目融资。

同时，4 号文件还专门规定了穿透式监管问题，要求资产管理人应当依据勤勉尽责的受托义务要求，履行向下穿透审查义务，即向底层资产进行穿透审查，以确定受托资金的最终投资方向是否符合规范。

这样的设置主要是考虑到现今相当比例金融资产投入房地产及其相关领域的现状，房地产开发贷款、个人住房按揭贷款和其他以房地产为抵押物的贷款是与地产直接相关的三类金融资产。近一段时间以来，我国住房市场的主要矛盾集中在总量上，随着住房市场供求总量趋于平衡，结构性问题逐步凸显。面对冷热失调、结构失衡的复杂局面，更要防止过多的资金进入房地产市场，对房地产价格产生推波助澜的不利作用。

4 号文件出台后，私募资产管理计划投资房地产项目由于合规性的问题基本处于停滞状态，目前有所探讨的变通方式主要有以下两种：

第一种：由私募资产管理计划对房地产开发企业、项目进行股权投资，在资金端安排增信措施，即对私募资产管理计划进行结构化安排，劣后级投资人为优先级投资人提供差额补足或者远期回购、收益优先分配等安排。

　　该种方案利用了《证券期货经营机构私募资产管理业务运作管理暂行规定》（以下简称《暂行规定》，其适用范围为"证券期货经营机构，具体指证监会监管下的三大类机构：证券公司及其子公司，基金管理公司及其子公司，期货公司及期货子公司"）。和4号文件适用范围的差异，即《暂行规定》禁止结构化私募资产管理计划进行保本保收益安排，要求优先级份额持有人和劣后级份额持有人"利益共享、风险共担"，但对于私募基金而言，仅私募证券投资基金需要参照《暂行规定》执行，而4号文件将适用范围拓展到所有类型的私募投资基金。因此，在该方案中，虽然私募股权投资基金要符合4号文件有关投资房地产企业、项目的规定，但是劣后级投资人为优先级投资人提供的回购、差额补足结构化安排则可不受《暂行规定》的约束。

　　第二种：由私募资产管理计划对房地产开发企业、项目进行股权投资，在项目端安排增信措施：诸如安排第三方就项目的开发、建设与房地产企业签订合同，当项目出现亏损、无法收回投资或者项目可向投资人分配的收益不足以支付本金及预期收益等情形时，由第三方向房地产企业提供资金、受让项目等，以确保房地产企业有足够的资金向股东（投资人）进行分配。

　　以上两种思路本质上都是私募资产管理计划对房地产开发企业、项目进行真实的股权投资，然后通过安排增信措施以保障投资本金及收益的安全。但是，目前仅停留在理论探讨层面，我们还未了解到在基金业协会备案成功的案例，所以监管层是否认可上述模式有待检验。

　　（三）穿透式监管面临的问题和完善之路

　　穿透式监管所对应的现状是金融行业的分业监管，银监体系、证监体系和保监体系此前对资管产品的规定和监管要求各不相同，监管机构之间存在一系列的监管割裂问题，资产管理机构则利用这一现状，通过跨监管层层嵌套的方式，实现产品表面合规或者规避监管的目的。另外，分业监管以机构监管为主，且只监管有牌照的机构，结果导致大量的无牌照但实际从事金融类业务的机构成了监管盲区。

以私募基金参与上市公司股票定向发行为例，《私募投资基金监督管理暂行办法》第十三条中提及的穿透豁免条款不适用于上市公司定增，也就是说，如果是上市公司定增，即便是在基金业协会备案的产品同样需要穿透识别合格投资者人数，最终合并计算是否超过200人，且这里定增的穿透不区分一年期还是三年期。监管层面在定增穿透至何种程度的口径并不统一，至少在穿透至有限公司后还是否需要继续穿透存在一定的差异，而口径的不一致，将直接导致定向增发能否继续进行。

另外，穿透式监管在具体执行中非常艰难，多数情况下需要依靠监管机构现场检查才能穿透，极其耗费监管机构有限的人力资源。此外，穿透式监管意味着否定了投资标的基本的风险隔离效果和管理者的主动管理能力，尤其是于2016年发布的《中国银监会关于进一步加强信用风险管理的通知》有关穿透特定目的载体进行授信的提法，不区分公募和私募，不区分非标和债券等资产，违背了资产管理和信托的本意。

值得庆幸的是，在此次全国金融工作会议上，各部委负责人已全面而深刻地认识到了分业监管存在的不足和劣势，并提出设立国务院金融稳定发展委员会，从全新的高度对各方监管机构进行统一和协调，各监管机构开始尝试对复杂的金融产品（包括金融机构和非金融机构发行的）嵌套进行拆包，并开始尝试做一些协调和配合工作。

二、细化投资者适当性制度，推进专业化监管

私募基金募集的最基本要求就是把合适的产品卖给合格的投资者，各方监管机构陆续出台的一系列监管要求和规则都在强调投资者适当性管理原则，足见投资者适当性制度在私募基金监管体系中的重要地位。

（一）投资者适当性制度概述

所谓"投资者适当性"，是指机构在销售产品或者提供服务的过程中，根据投资者的风险承受能力，向其销售不同风险等级的产品或者服务，把合适的产品或者服务卖给合适的投资者。它贯穿了整个私募基金的募集过程，关系到整个私募基金的募集合规性，其对于投资者、募集机构、私募基金而言，不仅是义务，更是私募基金运作中的原则。

（二）投资者适当性制度相关法律规则

目前，我国已经在银行理财、信托、证券、基金等多个金融产品市场初步建立起了投资者适当性规则体系，出台了相应的制度要求。具体而言，在私募基金领域，2016 年发布的《私募投资基金募集行为管理办法》已在募集环节投资者适当性方面提出了相应要求；而后发布的《证券期货投资者适当性管理办法》（以下简称《管理办法》）及《基金募集机构投资者适当性管理实施指引（试行）》（以下简称《实施指引》）更是对合格投资者的分类、分级等方面提出了具体的要求，从而引导经营机构提高对投资者保护的主动性和自觉性。

鉴于资本市场上的广大投资者在投资专业知识、风险识别和承担

能力等方面存在差异，为向投资者尤其是中小投资者提供更有针对性的保护措施，《管理办法》将投资者分为普通投资者和专业投资者，一方面，明确普通投资者在信息告知、风险警示、适当性匹配等方面享有特别保护；另一方面，具体列明了专业投资者的范围，包括经有关金融监管部门批准设立的金融机构及其面向投资者发行的理财产品，社会保障基金、企业基金等养老基金，慈善基金等社会公益基金，合格境外机构投资者（QFII），人民币合格境外机构投资者（RQFII）以及符合相关条件的法人或其他组织、自然人。同时，《管理办法》还规定普通投资者与专业投资者在一定条件下可以互相转化，即专业投资者可在书面告知经营机构后选择成为普通投资者并享受普通投资者的特别保护，符合条件的普通投资者可书面申请并在经营机构同意后转化为专业投资者。

在保障投资者合法权益的同时，《管理办法》还明确了投资者的义务和责任，以使投资者的风险意识逐步得到提高。一方面，投资者在购买产品或者接受服务时应当配合提供相关信息，并确保所提供的信息真实、准确、完整，否则应当依法承担相应法律责任；当所提供的信息发生重要变化、可能影响其分类时，投资者应当及时告知经营机构。另一方面，投资者应在了解产品或者服务的信息、听取经营机构适当性意见的基础上，根据自身能力审慎决策，独立承担投资风险，即"买者自负"。

此外，《管理办法》明确了有关适当性纠纷的处理及法律责任的承担。一是规定经营机构应当妥善处理与适当性相关的纠纷；二是经营机构履行适当性义务存在过错并造成投资者损失的，应当依法承担相应法律责任；三是当经营机构或相关人员违反适当性义务规定时，他们将被采取监督管理措施或受到行政处罚。

　　后续出台的《实施指引》适用范围涵盖了公募基金［不含上市型开放式基金（LOF）、交易型开放式指数基金（ETF）等场内品种］、私募基金、券商资管计划、基金专户、基金子公司专项计划、期货资管等多类产品，其已经包含了证监会下辖的全口径公私募基金和资产管理业务。同时，为了实现"将适当的产品卖给合格的投资者"的目标，承担适当性管理责任的主体被确定为基金募集机构，而投资者、基金产品也将根据各自的具体情况进行五档分级。

　　此外，《实施指引》还明确规定了基金募集机构在向投资者销售基金产品或者服务时的禁止行为。这些禁止行为包括：向不符合准入要求的投资者销售基金产品或者服务；向投资者就不确定的事项提供确定性的判断；向普通投资者主动推介风险等级高于其风险承受能力的基金产品或者服务；向普通投资者主动推介不符合其投资目标的基金产品或者服务；向风险承受能力最低类别的普通投资者销售风险等级高于其风险承受能力的基金产品或者服务等。

　　从上述私募基金领域投资者适当性规定的逐步完善，我们可以看到：第一，投资者适当性其实并非侧重于规定募集机构或投资者实体性义务，其更体现为程序性义务，以保护投资者的权利为出发点，促进募集机构充分衡量投资者与私募基金之间的风险等级匹配，保证"投资者能够获得其所需，募集机构了解其客户"的最终目标实现。第二，募集机构基于对投资者进行分类，对不同投资者进行差异化保护，履行不同的投资者适当性义务。对普通投资者采取倾向性保护措施，以保障识别能力和承受能力较弱者的合法利益。第三，投资者适当性是发生于投资者与募集机构（经营机构）之间的，二者在该等法律关系上是平等的财产关系，是募集机构为投资者履行义务之意，而管理之职责，更多在于监管机构，监管机构将维护市场秩序和交易安全作为管理目标。

三、加强金融风险管控，控制杠杆水平

进入 2016 年之后，监管机构对金融风险的关注越来越多。其背景主要是自 2014 年以来，大资管兴起，银行理财、券商资管、基金专户和子公司管理规模爆发式增长，而加杠杆以及产品嵌套等现象在泛资管领域非常普遍。众所周知，结构化产品的高杠杆对于基础资产的价值波动非常敏感，一旦基础资产发生因违约而导致债券价格大幅下挫，不仅劣后级投资者将会损失惨重，优先级投资者也有可能因为资管账户无法及时平仓而未能实现预期固定收益。可见，加杠杆将加剧金融风险的传递性以及系统脆弱性。因此，加强流动性风险管控，控制杠杆水平成为目前金融监管的当务之急。

（一）金融杠杆概述

金融与杠杆相伴相生。对金融机构来说，它的利润多少主要取决于两个因素，一个是负债端成本与资产端收益之间的利差，另一个是资产规模。在一个非垄断市场，金融机构要靠提升利差扩大利润几乎是不可能的。为赚取尽可能多的利润，金融机构就要想办法扩大资产规模，靠规模取胜。但是要扩大资产规模，得先有资金，这就要加杠杆，以少量资金为支点来撬动更大规模的他有资金来为我所用。不同的投资行为，加杠杆的方式有所不同。例如，对于股票，其加杠杆主要是通过配资的方式或结构化产品的方式实现；对于债券类资产，其加杠杆是通过回购的方式实现。实际上，金融机构加杠杆过程是信用扩张过程，同时也是货币投放过程。

（二）私募基金去杠杆相关法律规定及监管现状

为了防范高杠杆引发相关金融风险，防止资金"脱实向虚"，自2016年以来监管机构统一行动，针对多领域出台了多项监管措施，私募基金行业也在其中。基金业协会曾于2015年3月发布并实施《证券期货经营机构落实资产管理业务"八条底线"禁止行为细则》（以下简称"旧八条细则"）。自旧八条细则发布以来，证券期货经营机构私募资产管理业务得到一定程度的规范。但是，在2015年股市异常波动期间，证券期货经营机构私募资产管理业务暴露出业务违规等诸多问题。例如，高杠杆的股票型结构化资产管理计划对市场形成助涨助跌的较大扰动；又如，违规开展配资，为违法证券期货业务活动提供便利；等等。为使证券期货经营机构私募资产管理业务规范发展，进一步提高证券期货经营机构私募资产管理业务的规范化运作水平，2016年7月，证监会发布了《证券期货经营机构私募资产管理业务运作管理暂行规定》（以下简称"新八条细则"），适用对象为证券期货经营机构[①]。由于在基金业协会登记的私募证券投资基金管理人数量迅速增加，管理规模增长较快，为防范业务风险，避免监管套利，新八条细则也将私募证券投资基金管理人纳入调整范围，但不适用于私募股权投资基金、创业投资基金。

新八条细则强调，资产管理计划应当遵守利益共享、风险共担、风险与收益相匹配的基本原则，严格控制杠杆风险，不得直接或间接对结构化资产管理计划优先级份额认购者提供保本、保收益安排。此前，旧

[①]　证券期货经营机构是指证券公司、基金管理公司、期货公司及其依法设立的从事私募资产管理业务的子公司。

八条细则对结构化资产管理计划杠杆倍数做了最高不得超过 10 倍的限制，在一定时期内起到了一定的风险防控作用。但 2015 年的股市异常波动表明，相当数量投资于股票市场的结构化资产管理计划已经异化为"类借贷"产品，部分高杠杆的结构化资产管理计划对股票市场的扰动较大，为严格控制杠杆风险并加强规范，新八条细则从以下几个方面对结构化资产管理计划提出了要求。

第一，对结构化资产管理计划提出了严格的要求，禁止违背"利益共享，风险共担"原则对结构化资产管理计划优先级份额认购者提供保本、保收益安排，并列举了不得对优先级份额认购者保证收益的具体情形，例如，在合同中约定计提优先级份额收益、提前终止罚息、劣后级或第三方机构差额补足优先级收益、计提风险保证金补足优先级收益等情形。

第二，依据投资范围及投资比例将结构化资产管理计划分为股票类、固定收益类、混合类和其他类，根据不同类别产品的市场风险波动程度相应设定不同的杠杆倍数上限，分别从产品端杠杆和投资端杠杆都进行了限制。在结构化产品端方面，风险较高的股票类、混合类结构化资产管理计划的杠杆倍数上限由 10 倍下调至 1 倍，固定收益类结构化资产管理计划的杠杆倍数不超过 3 倍，其他类结构化资产管理计划的杠杆倍数不超过 2 倍；在投资端方面，结构化资产管理计划的融资杠杆率上限维持在 140%，将非结构化集合（即"一对多"）资产管理计划的融资杠杆率上限维持在 200%，全面防控杠杆。

第三，将杠杆倍数计算公式调整为"优先级份额/劣后级份额"，使之更加简洁、明了，也与市场通行做法保持一致。为严控杠杆风险，新八条细则明确，中间级份额在计算杠杆倍数时计入优先级份额，让中间级、夹层资金等无处可逃。

第四，增加了结构化资产管理计划信息披露内容，要求对结构化设计及相应风险情况、收益分配情况、风控措施等信息进行披露。同时，要求结构化资产管理计划名称中必须包含"结构化"或"分级"字样，以充分揭示结构化资产管理计划的风险属性。

第五，严格防范结构化资产管理计划嵌套投资风险，禁止结构化资产管理计划产品向下嵌套投资其他结构化金融产品的劣后级份额。

从操作实务来看，按照《证券期货经营机构私募资产管理计划备案管理规范第3号——结构化资产管理计划》（以下简称"3号规范"）的规定，私募证券投资基金（投资标的只要涉及股票）从设立到运作应严格执行1:1的杠杆标准；固定收益类私募基金，杠杆标准为3:1，其他类型私募证券基金的杠杆标准为2:1，且均应穿透核查。私募股权投资基金不受3号规范的限制，但是如果杠杆率过高，基金业协会通常要求其说明情况，如是否有保本保收益安排、高杠杆率的原因等，并要求投资人签字确认。

（三）金融去杠杆任重道远

第五次全国金融工作会议强调，防止发生系统性金融风险是金融工作的永恒主题。自党的十八大以来，防控金融风险的重要性、守住不发生系统性风险的底线被反复提及。"防风险""去杠杆"等关键词，频繁出现在第五次全国金融工作会议等国家级别的会议和场合。新八条细则及3号规范，就是监管层为了防止高杠杆的结构化资产管理计划对资本市场形成助涨助跌的扰动以及防范金融风险出台的金融去杠杆系列政策；从中长期来看，这些规则的出台有助于预防未来再次出现疯狂加杠杆的行为，也体现了整个金融领域去杠杆的监管方向。

杠杆操作等被限制，有利于泛资产管理机构回归资产管理本源，提升投研能力，也有利于实现产品信息的透明化与业务风险的隔离，降低特殊时点的流动性冲击风险，提升监管的有效性；同时，也将导致原来靠杠杆追求高收益的模式难以延续，迫使资产管理机构做好资产配置，通过增强自身的投资管理、研究以及项目选取和把控能力，把握投资机会以提高产品回报。中国的债务问题已经成为引起业界和监管层高度警惕的有可能引起中国系统性风险的"灰犀牛"[①]。可以预见的是，今后一段时间内，"去杠杆"依然是金融工作的重中之重，通过加强金融监管层面的协调，把当前过高的杠杆率降下来，抑制资产泡沫，主动防范与化解金融风险，从而守住不发生系统性风险的底线。这也意味着短期内货币政策难再宽松，资产去杠杆将延续。

四、加强"非标"业务管理，防范影子银行风险

自 2008 年全球金融危机爆发以来，各国都认为开展贷款业务的基金具有"影子银行"的性质，存在潜在的金融风险，需要予以重视和规范。与国际情况相比，中国的基金虽然不允许直接开展贷款业务，但是一些资产管理计划和私募基金通过投资非标准化债权变相开展贷款业务，规模远远超过国际平均水平，风险不容忽视。为防止发生系统性金融风险，加强"非标"业务的管理，防范影子银行风险，将成为今后金融监管工作的重点之一。

（一）非标债权概述

非标债权是非标准化债权的简称，与标准债权相对应。标准债权主

---

① "灰犀牛"用于比喻大概率且影响巨大的潜在危机，出自《灰犀牛：如何应对大概率危机》，由中信出版社于 2017 年 2 月出版，作者是米歇尔·渥克，译者是王丽云。

要是指经过增信、打包、证券化处理之后，能够在交易场所进行交易的债权，如公司债、企业债、资产证券化产品、次级债等。非标债权则是与标准债权相对应的债权类型，其特点是每一笔债权与其基础法律关系相对应，比较个性化，且难以在市场中以标准化证券的方式进行交易。

对于非标债权，目前相关法律法规并未进行统一界定，可参照《中国银监会关于规范商业银行理财业务投资运作有关问题的通知》（银监发〔2013〕8 号）的规定："非标准化债权资产是指未在银行间市场及证券交易所市场交易的债权性资产，包括但不限于信贷资产、信托贷款、委托债权、承兑汇票、信用证、应收账款、各类受（收）益权、带回购条款的股权性融资等。"

（二）私募基金投资非标债权相关法律规定及监管现状

自 2006 年《合伙企业法》修订后，私募基金在国内取得了飞速的发展。除私募创业、股权投资基金、私募证券投资基金之外，市场上还存在大量其他类私募基金，如债权型基金。自 2010 年房地产调控开始，债权型基金即成为资金市场上弥补房地产及其他受调控领域银行信贷资金不足的重要渠道。债权型基金的主要投资方式包括：

（1）以银行委托贷款方式向需求方投入资金；

（2）基金作为单一委托人的信托贷款模式；

（3）基金作为债权受让人，收购其他机构合法形成的债权；

（4）基金作为收益权的受让方，收购资产管理公司的不良债权；

（5）以明股实债的方式进行固定收益投资。

从近几年私募基金投资实务来看，监管层一直不鼓励私募基金从事债权及其他非标类资产投资，主要表现在以下五个方面：

第一，银监会于 2018 年 1 月 5 日发布的《商业银行委托贷款管理办法》明确提出，商业银行不得接受委托人的具有特定用途的各类专项基金（国务院有关部门另有规定的除外）发放委托贷款。

第二，基金业协会于 2016 年 9 月 8 日发布的《有关私募投资基金"业务类型/基金类型"和"产品类型"的说明》将"债权基金"从原有的基金类型中删除。

第三，证监会于 2016 年 12 月发布的《证券期货投资者适当性管理办法》将从事债权及其他非标类资产投资在基金领域的适用范围明确为证券投资基金和股权投资基金（包括创业投资基金），基金业协会后续发布的《基金募集机构投资者适当性管理实施指引（试行）》有关适用范围部分也未出现"其他投资基金"。

第四，基金业协会于 2017 年 2 月出台《证券期货经营机构私募资产管理计划备案管理规范第 4 号——私募资产管理计划投资房地产开发企业、项目》，禁止私募资产管理计划通过委托贷款、明股实债等方式（可以概括为非标投资）投资 16 个热点城市的普通住宅项目。

第五，国务院于 2017 年 8 月公布的《私募投资基金管理暂行条例（征求意见稿）》规定了私募基金财产的投资范围包括"证券及其衍生品种、有限责任公司股权、基金份额，以及国务院证券监督管理机构规定的其他投资品种"，未包括债权基金。其相较于《私募投资基金监督管理暂行办法》规定的"私募基金财产的投资包括买卖股票、股权、债券、期货、期权、基金份额及投资合同约定的其他投资标的"，在一定程度上缩小了私募基金投资对象范围。

此外，从其他类私募基金管理人登记备案情况来看，由于基金业协会在 2017 年大幅提高了其他类私募管理人的审核门槛，相关数据显示，2017 年 8 月和 9 月一共只新增了 13 家其他类私募基金管理人备案。

监管部门之所以不鼓励私募基金投资非标债权，是因为债权意味着刚性兑付，更容易触及保底保收益的监管红线。理论上，私募基金或各种资产管理计划本质上是遵循信托原则，私募基金管理人不为基金的兑付承担责任，而仅承担审慎、忠实的管理责任。但债权类私募基金通过募集民间资金，开展贷款或类似于贷款的其他债权投资业务，在某种程度上绕过了银行的信贷规模管制和风险资本比例管制，这是监管层对非标债权投资采取谨慎态度的原因之一。此外，投资债权及其他非标类资产也与私募基金的行业特征和市场本位不符，不利于私募管理机构管理能力的提高。

（三）全方位加强"非标"业务管理

整个金融监管部门对于非标债权投资的限制，与影子银行不无关系。所谓影子银行，是指脱离监管体系、与传统的接受中央银行监管的商业银行系统相对应的金融机构。如果将传统商业银行的存贷款业务作为银行业的正统，那么影子银行则可视为一种具有银行业特点但没有纳入银行业风险管理的金融形态。2010 年前后，在房地产调控与地方融资平台调控的过程中，商业银行信贷资金进入非标债权投资领域受到限制，影子银行则以另外一种方式弥补了资金短缺，自此影子银行在我国金融市场得到了快速发展。银行理财资金通过银信合作、银基合作、银证合作等方式，以表外资产方式进行运作，这是影子银行的主要构成形式。债权型私募基金是影子银行的另一种通道和表现方式，一方面，部分银行资金间接借助"通道"进入私募基金；另一方面，私募基金与第三方财富管理机构合作，形成了另外一种形式的影子银行体系。

从目前金融监管动向来看，除私募基金投资非标债权不被鼓励外，金融监管机构也一直高度关注商业银行理财资金投资非标债权，并先后出台了多个规范文件，其中包括《中国银行业监督管理委员会办公厅关于规范同业代付业务管理的通知》（银监办发〔2012〕237号）、《中国银监会关于规范商业银行理财业务投资运作有关问题的通知》（银监发〔2013〕8号），以及《关于规范金融机构同业业务的通知》（银发〔2014〕127号）、《中国银监会办公厅关于规范银行业金融机构信贷资产收益权转让业务的通知》（银监办发〔2016〕82号）等。2016年7月，银监会又发布了《商业银行理财业务监督管理办法（征求意见稿）》，该文件进一步规定了商业银行理财资金投资非标债权，仅能对接信托通道，不允许对接资产管理计划，不允许多层嵌套。该征求意见稿也表明了监管层对于银行理财资金投资非标债权的态度。此外，银监会还强化了对银行"非标"业务的监管，将银行表外理财产品纳入广义信贷范围，引导银行加强对表外业务风险的管理，控制并逐步缩减"非标"投资规模，加强投前尽职调查、风险审查和投后风险管理，规范银行信贷资产及其收益权转让业务。

2018年4月28日，中国人民银行、中国银行保险监督管理委员会、中国证券监督管理委员会、国家外汇管理局联合发布《关于规范金融机构资产管理业务的指导意见》（以下简称《意见》），再次强调了要限制非标准化债权资产投资。《意见》规定，"资管产品投资非标应当遵守金融监督管理部门有关限额管理、流动性管理等监管标准，并且严格期限匹配"。另外，金融机构不得为资产管理产品投资的非标准化债权类资产或者股权类资产提供任何直接或间接、显性或隐性的担保、回购等代为承担风险的承诺。从这一监管动向来看，未来可能会统一口径，按照银保监会对银行理财业务的非标口径执行，并且严格控制资产管理计划投资非标债权的规模，只有经评估信用风险通知控制能力合格的机构才能投资非标债权。

五、引导资产管理业务回归本源，有序打破刚性兑付

我国资产管理行业为吸引投资者素有"刚性兑付"之传统。刚性兑付不但使风险在金融体系内累积，也抬高了无风险收益率水平，扭曲了资金价格，影响了金融市场的资源配置效率，加剧了道德风险。引导资产管理业务回归"受人之托、代人理财"的本源，有序打破刚性兑付，树立风险自担的投资文化，刻不容缓。

（一）刚性兑付概述

刚性兑付是指当理财资金出现风险、产品可能违约或达不到预期收益时，作为发行方或渠道方的机构等为了维护自身声誉，利用各种方式实现对投资者偿付本金和收益的承诺，即想尽一切办法"兜底"。

从法律关系角度来看，资产管理业务实质是信托关系或委托代理关系，但也有部分业务的法律关系不清晰，实质是债权债务关系，存在隐性刚性兑付。例如，部分资产管理产品以自有资金或资金池资金确保预期收益，无法与自身的资产负债业务充分隔离。

（二）私募基金禁止保本保收益相关法律规定及监管现状

对于私募基金来说，现行有效的相关行政规章及行业自律规则均强调不得保本保收益。例如，中国证监会发布的《私募投资基金监督管理暂行办法》第十五条规定，私募基金管理人、私募基金销售机构不得向投资者承诺投资本金不受损失或者承诺最低收益；再如，基金业协会发布的《私募投资基金募集行为管理办法》第二十二条第（三）项规定，募集机构及其从业人员推介私募基金时，禁止以任何方式承诺投

资者资金不受损失，或者以任何方式承诺投资者最低收益，包括宣传预期收益、预计收益、预测投资业绩等。2016 年 10 月，基金业协会下发 3 号规范，明确"利益共享、风险共担、风险与收益相匹配"是指在结构化资产管理计划产生投资收益或出现投资亏损时，所有投资者均应当享受收益或者承担亏损，但优先级投资者与劣后级投资者可以在合同中合理约定享受收益和承担亏损的比例，且该比例应当平等适用于享受收益和承担亏损两种情况。这意味着优先级投资者也要承担亏损。需要注意的是，3 号规范主要适用于证券期货经营机构，私募证券投资基金管理人参照适用，私募股权基金和其他类型的基金管理人不受其限制。

从这些规定来看，私募基金募资的基本原则是"利益共享，风险共担"，监管层认为宣传预期收益、向投资者承诺最低收益等实质上违背了"风险共担"的原则。但是，由于上述规定效力层级有限，在实践中，仍无法对私募基金在募集资金的过程中"暗示刚性兑付、虚假推介、承诺最低收益"等情况进行有效监管。部分私募机构管理的私募基金还存在承诺保本保收益的情形，如在合同中约定保本条款或者私下签订保本协议、采取关联机构承诺担保、回购等条款变相承诺保本保收益。

国务院于 2017 年 8 月公布的《私募投资基金管理暂行条例（征求意见稿）》以国家行政法规高度，再次强调了"私募基金管理人、私募基金销售机构不得向投资者承诺资本金不受损失或者承诺最低收益"。该征求意见稿生效后，将是私募基金领域关于不得承诺收益或者承诺资本金不受损失的最高效力等级的规定。

此征求意见稿将不得承诺保本保收益的规定上升到国务院行政法规的高度，具有一定的实践指导意义。如果私募基金相关协议中做出了保本保收益的安排，在《暂行办法》实施的年代，仅是违反行政规章，并不必然导致条款无效，但在征求意见稿正式生效后，保底条款将可能因违反行政法规而导致无效的风险加大。此征求意见稿更体现了国务院及金融监管部门引导资产管理业务回归本源、打破刚性兑付的监管决心。

（三）引导资产管理业务回归本源

从前述监管导向来看，证监会不仅要打破私募基金的刚性兑付，对于公募基金也采取了一定措施。为避免投资者形成对原保本基金产品绝对保本的"刚性兑付"预期，帮助投资者充分认识到极端情形下仍存在投资本金损失的风险，引导投资者形成合理预期，证监会于2017年2月发布《关于避险策略基金的指导意见》，将保本基金名称调整为避险策略基金。该意见还强化了避险策略基金投资策略相关监管要求，以降低执行投资策略中的运作风险。

第五次全国金融工作会议把金融工作提高到了前所未有的高度，金融是国家重要的核心竞争力，金融安全是国家安全的重要组成部分，金融制度是经济社会发展中的重要基础性制度，防止发生系统性金融风险是金融工作的永恒主题。当前，防控金融风险的重要工作之一是有序打破刚性兑付，树立风险自担的文化。此次会议还强调做好金融工作要把握好的重要原则之一是坚持市场导向，发挥市场在金融资源配置中的决定性作用。在财富管理市场，刚性兑付既扭曲了市场机制，提高了无风险收益率水平，又引发了严重的道德风险。不打破刚性兑付，企业好坏便无法区分，便无法反映风险溢价，从而导致金融资源的配置效率低下，进而社会资源的配置效率降低。再者，投资者如只关心是不是承诺刚性兑付，不关心资产本身的投资价值，也会导致市场出现"劣币驱逐良币"现象，质量高、收益低的金融产品被挤出市场，质量低、风险高的产品反而可以夸大宣传自己的收益率。

从金融监管动态来看，资产管理业务将回归"受人之托、代人理财"的本源，投资产生的收益和风险均应由投资者享有和承担，资产管理机构不得承诺保本保收益，只收取相应的管理费用，这是资产管理业务的大势所趋。为防范金融风险，资产管理计划承诺刚性兑付、资金池等触碰底线的行为将受到严厉打击。资产管理业务本质上是经营机构的表外业务，收益和风险均由投资者享有和承担。因此，应该明确要求经营机构不得承诺保本保收益，并加强投资者适当性管理和投资者教育，强化"卖者尽责、买者自负"的投资理念，推动预期收益型产品向净值型产品转型，使资产价格的公允变化，及时反映基础资产的风险，让投资者在明晰风险的基础上自担风险。

六、结语

近十年来各类私募基金的快速蓬勃发展确实为我国整体金融市场和投资环境的良性发展提供了源源不断的力量和支持，据统计，截至2017年6月30日，在基金业协会登记的私募基金管理人有19708家，已备案且存续的私募基金有56576只，实缴资金规模达9.37万亿元。考虑到尚未登记备案的规模，参照市场研究机构的数据，仅股权基金和创业投资基金规模即超过了8万亿元。各类私募基金的发展和投资运作，对于提升资本市场运行效率、支持实体经济特别是创业型经济发展，以及推进供给侧结构性改革，均起到了重要作用。

但是，我国私募基金行业总体上仍然呈现出"机构数量多而不强，基金规模大而不精，低水平同质竞争"的特点。特别是在发展过程中还暴露出不少的问题，如为了规避监管和避税，层层嵌套，资金空转；

过度使用杠杆，不仅没有起到应有的去杠杆作用，反而加大了总体经济的杠杆化水平；不少私募基金通过明股实债、变相贷款，已蜕变为"影子银行"。有些机构甚至随意开展资金池业务，通过滚动发行、期限错配、混合使用、定价分离，未经许可做起了存贷款中介。继合伙型基金非法集资问题频繁爆发之后，近几年又不断出现合伙型基金通过关联交易进行利益输送的事件。这些基金市场乱象的出现无疑为整体金融市场的良性发展埋下了隐患。

面对这样的局面，尽管各监管部门都出台了本行业资产管理业务规范，但并没有有效地解决这些突出问题。究其根本原因，在于分业监管体制下不同类型机构开展同类业务的行为规则和监管标准不一致，且在机构监管理念下很难实现对资产管理业务的全流程监控和全覆盖监管。而此次全国金融工作会议的召开可谓是为私募基金监管的改革和创新树立了标准，为私募基金行业的创新和发展提供了整体的思路和指导。

第四部分

金融本源：为实体经济服务

新时代下的中国金融使命

证券中小投资者保护：进展与希冀

文/郭　雳[①]

有效的中小投资者保护制度能够促进健康强大的资本市场。近年来，随着依法治国理念的进一步深化，相关部门高度重视通过法治手段强化中小投资者保护。2013 年 12 月 27 日，《国务院办公厅关于进一步加强资本市场中小投资者合法权益保护工作的意见》（以下简称《投保意见》）发布，吹响了新时期中小投资者保护的号角。2014 年 5 月 9日，国务院发布了《关于进一步促进资本市场健康发展的若干意见》（以下简称"新国九条"），从更全面的视角战略性布局资本市场，促进其整体良性发展。现适时回顾改革成果，总结经验，发现不足，有助于把握未来的实践，促进中小投资者保护工作沿着正确的方向不断前进。

一、八大进展，全面保护

资本市场的建设发展，离不开法治的保障和支持。近年来，以中国证监会为代表的监管部门本着依法监管、从严监管、全面监管的理念，扎实推进证券领域的中小投资者保护工作，优化资本市场的制度设计，

---

① 郭雳，北京大学法学院副院长，教授，博士生导师。

推动规则落地，取得了一系列显著成果。

（一）《证券期货投资者适当性管理办法》出台，统领全局

投资者适当性管理是现代金融服务的基本要求，也是成熟市场普遍采用的保护投资者权益和管控创新风险的方式。为落实《投保意见》中"健全投资者适当性制度"的要求，证监会进行了一系列有益探索，先后在创业板市场、金融期货、股指期货、证券经纪、投资基金、资产管理等领域分别建立了产品分级和匹配机制。2016 年 12 月 12 日，证监会又发布了《证券期货投资者适当性管理办法》（以下简称《适当性办法》），这是我国首部专门规范资本市场适当性管理的部门规章，它的发布意味着投资者适当性要求规定较散、层级偏低的局面得以改观。

产品分级和匹配是投资风险控制之要义。无论是围绕产品或服务的分级和匹配，还是对投资者的了解、分类或告知，《适当性办法》所贯彻的宗旨统一而明晰，即"将适当的产品销售给适当的投资者"。[1]《适当性办法》针对适当性管理中的实际问题，做出了以下制度安排：一是形成了依据多维度指标对投资者进行分类的体系，统一投资者分类标准和管理要求；二是明确了产品分级的底线要求和职责分工，建立层层把关、严控风险的产品分级机制；三是规定了经营机构在适当性管理各个环节应当履行的义务，全面从严规范相关行为；四是突出对于普通投资者的特别保护，向投资者提供有针对性的产品及差别化服务；五是强化了监管自律职责与法律责任，确保适当性义务落到实处。[2] 从整体来

---

[1] 郭雳. 产品分级和匹配是投资风险控制之要义 [N]. 金融时报，2016-12-19.
[2] 证监会.《证券期货投资者适当性管理办法》起草说明 [EB/OL]. (2016-12-16) [2017-10-06]. http://www.csrc.gov.cn/pub/zjhpublic/G00306201/201612/t20161216_307922.htm.

看，《适当性办法》比较全面，所提措施比较得当，力求在投资者保护和市场创新之间寻求平衡。

（二）"一体两翼"投保机构格局初具规模

在投资者保护的法治化进程中，制度是基础，组织是保障。"完善投资者保护组织体系"是《投保意见》在组织机构方面提出的期许，如今"一体两翼"的格局初现。"一体"是指中国证监会投资者保护局（以下简称"投保局"）作为证监会投资者保护专门职能部门，它代表证监会统筹资源，协调投资者保护全局，组织开展相关工作；"两翼"是指中国证券投资者保护基金有限责任公司（以下简称"投保基金"）和中证中小投资者服务中心有限责任公司（以下简称"投服中心"），两者分工合作，共同推进投资者保护工作。

投保基金，在投保体系中主要扮演风险探测器、专项补偿基金管理人、行政和解基金管理人等角色。例如，在证券欺诈先行赔付案件中，投保基金接受基金出资人委托，先后担任了万福生科、海联讯和欣泰电气三只专项补偿基金的管理人。其积极推动补偿工作开展，效果显著，使"先行赔付"成为我国解决投资者赔偿难题的重要创新机制。

投服中心同样很具特色，它是证监会从顶层设计和中小投资者实际需求出发成立的一个公益性维权和服务组织，专司中小投资者合法权益保护工作，具体职能可以分为调解、持股行权和证券支持诉讼等。

1. 持股行权——示范引领，优化公司治理

公益性持有证券、以股东身份来行权和维权是投服中心职责的一部分。根据2016年2月公布的《持股行权试点方案》，投服中心在上海、

广东（不含深圳）、湖南等三个地区开展持股行权试点，依法购买并持有试点地区所有上市公司每家1手（100股）A股股票（持有后原则上不再进行买卖），以普通股东身份依法行使权利，通过示范效应提升中小投资者股权意识，引导他们积极行权、依法维权，督促上市公司规范运作。在试点阶段，投服中心主要在中小投资者投票机制、利润分配决策机制、公开承诺及履行、自愿性简明化信息披露等方面，行使知情权、建议权等无持股比例和期限限制的股东权利。基于试点效果良好，2017年4月14日证监会发布公告，将持股行权从上述三个试点地区扩展至全国范围。

投服中心在持股行权方面开展了大量有益工作，树立了股东参与公司治理的典范。自试点启动以来，投服中心累计向试点地区181家上市公司发送股东建议函，提出建议388条。181家上市公司全部回函，其中100多家上市公司召开股东大会对公司章程进行了修改。在2017年上市公司年度股东大会召开期间，投服中心集中参加了城投控股、塔牌集团等25家公司的股东大会，重点针对高送转配套股东减持、不当反收购限制条款、投票机制及分红制度、公司治理规范性等事项，积极行使表决权、建议权、质询权等股东权利。[①]

同时，投服中心通过与专业机构合作，加强自身市场参与的专业性，实现与有关行业相互支撑，共同构筑投资者安全网。2016年7月，投服中心与全国律协金融证券保险专业委员会签署合作备忘录，双方将在持股行权、纠纷调解等方面开展合作。该专业委员会作为律师行业的自律性机构，聚集了大量业务素质高、经验丰富的律师，长

---

① 投服中心. 完成全面持股 依法行使股东权利［EB/OL］.（2017-05-17）［2017-07-07］http：//www.isc.com.cn/exercise/201705/t20170517_171506.shtml.

期致力于金融证券领域的法律工作。持股行权工作专业性要求高、实践性强，双方合作有利于发挥律协职业优势，保障持股行权工作的合法性和有效性。

2. 证券支持诉讼——助力中小投资者司法救济

由于中小投资者相对比较分散，力量较为薄弱，利益受损的投资者主要通过自发提起诉讼来进行个人维权。为了缓解个体投资者势单力薄的窘境，投服中心大力推动证券支持诉讼，降低投资者诉讼成本，提高胜诉率。其作用机制在于，针对典型案件提起支持诉讼，为同类型案件的受害者明确诉讼预期，提升中小投资者的参与意愿，为其诉讼维权提供便利。

专业人才支持是有效服务的保障。为此，投服中心与全国律协金融证券保险专业委员会合作，整合优质资源，搭建相互协作的法律服务平台，组建全国首个证券公益律师团。这一举措响应了《投保意见》中"充分发挥证券期货专业律师的作用，鼓励和支持律师为中小投资者提供公益性法律援助"的主张。

在投服中心的支持下，已有多起受害者胜诉并获得赔偿的成功案例。2017 年 5 月，全国首例证券支持诉讼"匹凸匹"案一审胜诉，投服中心支持的 14 名投资者全部胜诉，判决赔偿投资者损失合计 233.89 万元。随后，"康达新材"案 11 名受害投资者全部胜诉，赔偿金额已全部执行完毕。2017 年 3 月，投服中心还首次通过全国公开征集，接受 80 名投资者委托，提起第三起支持诉讼——"上海绿新"案，诉讼请求金额合计 585 万元。此外，投服中心还支持 13 名投资者向"安硕信息"索赔 185.9 万元。目前，投服中心正在公开征集因"鞍重股份"和"ST 大控"虚假陈述受损的投资者，公告期截止后，投服中心计划将符合索赔条件的投资者材料分别递交沈阳中院和大连中院并申请立案，这也是管辖法院首次扩大到上海以外的地区。①

（三）多管齐下，建立证券期货多元化纠纷解决机制

建立多元化纠纷解决机制是多层次复杂市场的现实需求。《投保意见》在"建立多元化纠纷解决机制"部分提出："发挥第三方机构作用。支持自律组织、市场机构独立或者联合依法开展证券期货专业调解，为中小投资者提供免费服务。开展证券期货仲裁服务，培养专业仲裁力量。建立调解与仲裁、诉讼的对接机制。"这一领域的制度建设和实践发展引人关注。2016 年 5 月 25 日，最高人民法院和证监会联合发布《关于在全国部分地区开展证券期货纠纷多元化解机制试点工作的通知》，确定了北京、天津等 31 个试点地区以及中国证券业协会、中国期货业协会等 8 个试点调解组织。试点工作主要包括：试点调解机构的认可和管理，健全诉调对接工作机制，强化纠纷多元化解机制保障落实。该通知的出台有利于建立健全协调联动的证券期货纠纷多元化解机制，依法保护投资者的合法权益，促进投资者损失补偿，维护资本市场的良好秩序。

这些试点单位在不同方面展现出显著的工作成效，这也反映了证券市场对多元纠纷解决机制的旺盛需求。以投服中心为例，截至 2017 年 8 月，投服中心共登记纠纷案件 4715 件，争议金额约 15 亿元人民币。其中，正式受理 1956 件，调解完结 1582 件，调解成功 1388 件，成功率达 88%，成功的案件中投资者获得赔偿金额达 2.2 亿元人民币。2016 年，投服中心受理总额接近全国的 1/3，普通调解成功案件和投资者获

---

① 王一鸣. 示范维权保护中小投资者 投服中心创新开展证券支持诉讼［EB/OL］.（2017-09-14）［2017-10-06］. http：//kuaixun. stcn. com/2017/0914/13638118. shtml.

赔金额均占全国的一半以上，法院委托调解的案件与和解赔偿金占全国的90%。[①]

调解方式具有成本低、周期短、灵活性强的特点，因而得到广泛应用。全国各地证券期货调解机构共32家，有行业协会、事业单位、非营利公司、人民调解委员会、民办非企业单位五种形式，形成了覆盖全国的调解网络，业务范围涵盖了证券、期货、基金等领域，实践中可以通过司法、公证、仲裁等方式确认调解协议，增强调解协议的执行力。具体的工作模式不断创新，比如建立当事人"一对多"集体调解模式，推广小额速调机制，允许投资者单方启动调解程序，探索远程调解等，不断为投资者维权创造有利条件。[②] 此外，最高人民法院与证监会会商，探索在已经存在行业性调解组织、具备客观条件并且有纠纷解决分流需求的地区，建立专门的证券纠纷诉讼与调解对接机制，形成多元化纠纷解决机制。

引人瞩目的还包括由投服中心推广的小额速调机制，这是一种适应小额证券纠纷特点的简易程序。2016年1月，投服中心与81家证券公司在北京地区的327家营业部共同签署了北京地区证券经营机构与投资者之间纠纷解决的工作备忘录，试点推出金额5000元以下证券纠纷解决小额速调机制，取得了良好反响。据报道，该新型调解机制目前已在国内9省市成功试点推广，有24家证券期货法人机构、2家基金公司、114家上市公司、600多家证券期货营业分支机构启用了小额速调机制，试点金额范围也上升到了5万元，已经成功完成多起示范性的小额速调

---

① 朱宝琛. 投服中心15个月持股行权618次"一体两翼"织就投资者权益保护网［EB/OL］. (2017-09-15)［2017-10-06］. http：//www.ccstock.cn/stock/gupiaoyaowen/2017-09-15/A15054061 08247.html.

② 江聃. 证监会12386热线4年呼应诉求28万件［EB/OL］. (2017-09-13)［2017-10-06］. http：// www.stcn.com/2017/0913/13633463.shtml.

纠纷调解案例，投资者获赔金额达 63 万元。①

（四）创新事后补偿机制——先行赔付与行政和解

证券欺诈发生后的损失补偿机制，是与多元化纠纷解决机制密不可分的环节，应当将两者结合起来考察，这是因为证券纠纷解决的主要目标就包括投资者的损失得到及时充分的补偿。目前，一些制度创新值得关注。

1. 先行赔付

发生证券欺诈后，如何在短期内有效补偿受害投资者的损失，是广大投资者最为关心的问题。诉讼往往旷日持久、成本高昂，且结果未知，因此"建立保荐机构先行赔付制度，要求保荐机构在公开募集及上市文件中做出先行赔付承诺"是及时有效补偿投资者的重要方式。先行赔付在法律层面本质上是先行赔付人与投资者之间达成的和解，实践中的先行赔付人可能是保荐机构或者欺诈发行公司的大股东。在这种模式下，责任主体方出资设立专项补偿基金，与合格投资者先行达成和解，对投资者损失进行补偿，在诉讼途径之外构筑纠纷解决和利益补偿的机制。在实践中，先行赔付主体可以通过诉讼等方式要求其他责任主体分摊损失，从而避免中小投资者直接承受诉讼之累。

由投保基金管理专项补偿基金，高效有序推进补偿工作，目前已有 3 起成功案例。2013 年，平安证券作为万福生科 IPO（首次公开募股）的保荐机构，出资 3 亿元设立"万福生科虚假陈述事件投资者利益补偿专项基金"，用于先行赔偿受害投资者。这是我国证券市场上首个保荐机构主动出资先行赔付受害投资者损失的案例。2014 年，海联讯 4 名

---

① 投服中心. 证券期货纠纷小额速调机制 为中小投资者维权提供便捷通道 ［EB/OL］.（2017-05-17）［2017-10-16］. http://www.isc.com.cn/mediate/201705/t20170517_171508.shtml.

控股股东出资 2 亿元设立"海联讯虚假陈述事件投资者利益补偿专项基金"。与万福生科事件中由保荐机构出资不同，海联讯专项补偿基金的出资人是发行人主要控股股东，开了由大股东主动出资运用市场机制补偿受害投资者的先河。2017 年 6 月，兴业证券作为欣泰电气 IPO 的保荐机构，设立 5.5 亿元"欣泰电气欺诈发行先行赔付专项基金"。

2. 行政和解

行政执法无法解决投资者最为关心的赔偿问题，而在民事诉讼实践中，投资者往往面临举证难、维权成本高等问题，获得经济赔偿的效果并不理想。行政和解具有一体两面的特征，可以兼顾对违法者的经济制裁和对受害者的经济补偿，是一种重要的补充性执法方式。

有鉴于此，《投保意见》明确提出"探索建立证券期货领域行政和解制度，开展行政和解试点"，在制度层面得到了积极回应。2015 年 2 月 17 日，证监会发布 114 号令——《行政和解试点实施办法》。2015 年 2 月 28 日，证监会和财政部联合发布《行政和解金管理暂行适当性办法》，规范了行政和解金的管理、使用和监督，从而在制度层面开辟了新的投资者补偿和监督执法形式。

（五）强化投资者教育，推动投保观念深入人心

投资者保护是一个双向的系统工程，一方面需要国家建立制度、构筑体系、严格执法，另一方面许多制度建设本身也需要投资者自身的积极参与。利益的驱使固然会加速这一过程，但是风险防范与补救观念的建立，基本途径与技能的掌握有待长期的培养甚至训练。可以说，投资者教育是降低风险和损失的一笔长期投资。

i. 投资者教育基地

投资者教育基地是一站式的教育服务场所，有助于中小投资者集

中、系统、便利地获取投资教育服务。根据《关于加强证券期货投资者教育基地建设的指导意见》（证监会公告〔2015〕23 号），2016 年 3 月 23 日，证监会公布了首批国家级证券期货投资者教育基地名单，包括 7 家实体基地和 8 家互联网基地。一年多来，这些基地为广大投资者提供了知识普及、模拟交易、法律咨询等"一站式"的教育服务，得到市场和投资者的认可。为扩大投资者教育基地的覆盖面，第二批国家级证券期货投资者教育基地申报命名工作，已于 2017 年 3 月 30 日到 6 月 30 日有序展开。

不仅如此，各个层级的投资者教育工作也在蓬勃开展。目前，首批省级证券期货投资者教育基地评审工作已经正式完成，全国共命名省级投资者教育基地 83 个，其中实体基地 56 个、互联网基地 27 个。截至 2017 年 9 月底，各实体基地共服务社会公众 10 万多人次，互联网基地总访客数达 500 多万；各基地共举办座谈会、论坛、培训等活动 3800 多场，发放手册、视频等各类投教产品 380 多万份，提供法律咨询类服务 600 多次。

2. 国民投资教育

除了证券期货教育基地，证监会还积极推动将投资者教育纳入国民教育体系，推动投资者教育"从娃娃抓起"。证监会推动上海、广东、四川、宁夏等 20 余个省（省、直辖市、自治区）开展试点工作，将投资者教育纳入中小学、职业学校、高等院校等各级各类学校的课程设置中，编制中小学普及性金融知识教材，培训近万人的师资队伍，各类课程已覆盖数百万人。

（六）进一步推进信息披露，保障投资者知情权

信息披露是解决证券市场信息不对称的重要途径，这是学界和市场

的共识。不断推进有效的信息披露是一项长期任务。新股发行中注册制改革本质上是对信息披露提出更高的要求，在发行阶段更加强调信息披露的有效性。同时，知情权保护也与投资者教育密切相关，培养投资者理性投资的意识，以使其风险承受能力与收益回报相匹配。方兴未艾的投资者教育活动在一定程度上促进了知情权保护。[①]

证券交易所在推动上市公司信息披露方面做出了积极努力。沪、深证券交易所制定了上百项上市公司自律监管业务规则、行业信息披露指引和临时公告格式指引，建设了统一的资本市场电子化信息披露平台系统以及 12386 投资者热线，加大了对上市公司夸大、模糊、误导性披露的监管力度，保障了广大投资者的知情权。

（七）优化投资回报机制，使投资者切实受益

1. 现金分红

"支持和引导上市公司增强持续回报能力"，是优化投资者回报机制建设的重要内容。2013 年 11 月，证监会发布《上市公司监管指引第 3 号——上市公司现金分红》，2015 年 8 月证监会又联合财政部、国资委、银监会等部委发布《关于鼓励上市公司兼并重组、现金分红及回购股份的通知》，鼓励上市公司进行现金分红。

在监管部门的积极推动下，沪深两市已涌现出一批高比例、稳定现金分红的公司，成为市场稳定运行的"压舱石"。国有控股上市公司、上市商业银行是现金分红的重要力量，以 2014 年为例，国有控股上市公司分红占现金分红总金额的 76.9%，16 家上市商业银行分红占总金

---

① 证监会．让上市公司更透明［EB/OL］．（2014-01-20）［2017-10-06］．http：//finance. people. co m. cn/n/2014/0120/c1004-24164207. html.

额的比重达 48.4% 。2016 年，沪深两市有 2031 家公司进行了现金分红，共计 8301 亿元；有 1415 家上市公司已连续 3 年进行了现金分红。下一步证监会将继续完善制度，引导上市公司通过现金分红实实在在地回报投资者。

2. 摊薄即期回报补偿机制

《投保意见》要求"公司首次公开发行股票、上市公司再融资或者并购重组摊薄即期回报的，应当承诺并兑现填补回报的具体措施"。2015 年 12 月证监会发布《关于首发及再融资、重大资产重组摊薄即期回报有关事项的指导意见》，对此做出了明确规定和具体规范。

（八）加大监管和打击违法活动的力度

证监会在严格监管执法方面有许多积极举措，比如完善诚信监管机制，建成全国证券期货市场诚信档案数据库，向社会公众开放查询市场参与主体的行政处罚、市场禁入、纪律处分等违法失信信息；加强与各部委的沟通协调，建立信息共享和联合惩戒机制，对违法失信上市公司、重大税收违法案件当事人、失信被执行人等实施联合处理。这些具体措施落实了《投保意见》中所提出的"建立覆盖全市场的诚信记录数据库，并实现部门之间共享；健全中小投资者查询市场经营主体诚信状况的机制；建立守信激励和失信惩戒机制"等要求。

证券交易所在市场主体诚信信息的收集、整理和公开方面同样作用突出。例如，上交所进一步强化了市场主体诚信信息的采集和使用，建立了专门的诚信档案数据库，增强了诚信信息数据采集的准确性、完整性，提高了信息报送的效率。

建立证券期货违法案件举报奖励制度也是《投保意见》的明确要

求，基于此，2014 年 6 月 27 日证监会发布《证券期货违法违规行为举报工作暂行规定》，进一步扩大案件线索来源，加大对证券期货违法违规行为的查处力度。根据该规定，对于符合奖励条件的一般举报，给予不超过 10 万元的奖励；对于在全国有重大影响或罚没款金额特别巨大的举报，奖励金额不受上述限制，但最高不超过 30 万元。举报激励制度的建立有助于执法机构有效发现违法行为，有针对性地出击，节约执法资源。

此外，自 2015 年 9 月起，多宗投资者起诉光大证券"乌龙指"事件民事赔偿案，在上海法院陆续审结宣判，投资者成功获得赔偿。作为内幕交易领域民事求偿胜诉的首例，光大证券系列案件代表着司法系统积极做出回应的努力，通过强化证券违法者的民事责任，提高对中小投资者的保护水平。

二、三点建议，持续推进

通过梳理可以发现近年来中小投资者保护工作上的可喜进步，但我们也要清醒地认识到一些系统性、深层次问题仍有待解决，创新机制的红利才刚刚显现，需要在制度设计、执行中不断摸索改进。投资者保护使命光荣，任重道远。

（一）查不足、补短板、促协同

制度建设是有法可依、执法必严的基础，是统一监管标准的前提。《投保意见》提出了十多项具体制度或机制，涵盖了中小投资者权益保护的各个方面。有的制度或机制是被首次明确提出或强调的，更多的则是要求在现有基础上进一步完善。其中一些新制度或机制似乎进展缓慢，市场鲜闻其声，例如，"以股代息"制度，公开发行公司债券的偿债基金制度，中小投资者合法权益保障检查制度与评估评价体系，上市公司退市保险机制，证券发行保荐质保金制度，上市公司违规风险准备金制度，等等。

另有一些需要完善和健全的制度或机制，在立法层面尚无大的改进，比如跨市场交易产品及突发事件信息披露机制、信息披露异常情形问责机制、舆论反应机制、自治组织对独立董事备案和履职评价制度、利益冲突回避制度、杜绝同业竞争和关联交易公平处理制度、公开发行公司债券持有人会议制度和受托管理制度、证券中介机构职业保险制度、股东大会投票表决第三方见证制度、中小投资者罢免公司董事提案制度等，很多还是停留在呼吁和提倡层面。

现实中，上述制度或机制在不同程度上零散地发挥着作用，但是整个市场缺乏统一标准和大规模的制度性实践，协同效应有待提升。要想使这些制度或机制持续性、整体性地发挥积极作用，有赖于相关部门发布具体实施规则，甚至需要通过修订有关法律法规予以明确。尤其是一些体现差异化思路的重要机制有待进一步落实，例如建立多元化投资回报体系、丰富股利分配方式、引导上市公司回购股份，以克服现金分红单一模式的局限，更好地满足不同类型投资者、不同发展阶段和不同情况公司的需求；股东大会审议影响中小投资者重大事项时，其应当单独计票，以体现有区别的分类表决；监管部门针对纳入行政许可、注册或者备案管理的证券期货投资行为，应建立起相应的投资者权益保护安排，落实"依法行政"的要求等。这是因为实质正义是现代法治的价值追求，区别对待甚至倾斜保护，是为了矫正天然存在的显著不对等。针对中小投资者"势单力薄"、缺乏自我保护意识和自我保护能力的特点，监管部门有必要有针对性地加以应对。

因此下一阶段，监管部门可以考虑对这些尚未落实或细化的具体机制进行排查，明确问题症结，以此来确定是属于尚未开展研究论证的制度，还是属于研究后时机尚不成熟的制度，是否有替代机制，抑或是已经处于立法论证阶段，是否需要加强公众参与和社会监督。只有对这些制度空白或粗疏之处有一个较为全面准确的认识，才能在未来更好地分配立法资源，明确投资者保护工作的进路方向，完善投资者保护制度体系。

（二）增强系统思维和通盘考虑

正如"新国九条"所揭示的，资本市场建设是一项系统性工程，投资者保护也是如此，应贯彻到股票发行、并购重组、公司债券发行、再融资、退市等各个环节，事前防范和事后补救并重。同时，围绕上市公司股东的知情权、参与权、收益权、求偿权等各项基本权利，全方位加强对投资者的实质性保护。

典章制度是具体操作的基础，组织机构是实际执行的保障。目前投资者保护工作的系统性和全局性仍显不足，这既体现在不同层级的法律、行政法规、部门规章、地方政府规定之间的衔接性和统一性不够，也表现在机构设置的数量和权限有待进一步合理化、规范化。例如，投资者纠纷解决和赔偿机制就需要更全面的顶层设计，以体系化思维更好地实现多元化。目前，虽然有投服中心的证券支持诉讼、投保基金的先行赔付、行政和解金赔付等多项创新的制度和实践，但相互关系不够明确，运行中可能出现冲突或疏漏，可进一步进行系统化整合，增强衔接性和对称性。同时，应不断完善诉讼赔偿制度，出台内幕交易、操纵市场等违法行为的民事诉讼司法解释，降低维权成本；考虑适用代表人诉讼原理，应授权有关机构代表投资者进行诉讼，破解小额分散维权不便的难题。①

可喜的是，作为直接规范资本市场的"母法"，目前正在修订中的《证券法》已经注意从统筹全局的高度布局投资者保护工作。将零散制度统合提炼，上升到法律层面，这有助于增强制度体系的自洽性和互补性，减少矛盾冲突，维护法律的权威和尊严。具体表现包括：证监会积极推动在《证券法》中增设"投资者保护"专章，增加规范现金分红、投资者适当性管理、投资者利益损失补偿、法律救济渠道等方面内容；增加信息披露相关内容，明确信息披露的方式，强调信息披露应当真实、准确、完整，简明清晰、通俗易懂；规范上市公司停复牌行为；增加证监会投资者教育、处置系统性风险的职责等相关内容。同时，《期货法》《私募基金管理条例》《上市公司管理条例》等多部证券期货领域的法律、行政法规的制定或修订工作也已经启动，《公司法》及《刑法》相关规定的修改工作也在研究推动中。这反映出证券行业是一个需要多部门法规加以综合规制的领域，必须注意司法部门之间以及同一部门内部不同位阶法律规范之间的衔接和配合，互为补充，形成合力。

（三）精雕细琢，追求长效

客观地说，一方面，即便是作为制度亮点的新举措，实践中仍然难免矛盾和低效，因此对已有制度进一步"精雕细琢"，不断检验和修正很有必要。这一块可以考虑加强对国外类似制度的研究，结合我国实际情况，促使新机制增强适应性和有效性。例如，我国的证券违法活动举报奖励体系设计过于粗疏，且尚未在公司等商业组织内部形成有利于违

---

① 抓牢实质保护 升级投资者"安全网"［EB/OL］.（2017-09-08）［2017-10-06］. http：//finance. ifeng. com/a/20170908/15660203_ 0. shtml.

法活动检举的整体框架和伦理氛围，而在这点上不单美国，其他一些国家或地区亦走在了我们的前面，这些国家或地区的相关举措可供参考。[①] 这些比较、反思可为制度细化升级提供方向。

另一方面，应持续加强在投资者保护中占据基础性地位的机制建设，例如，不断完善覆盖全市场的诚信经营记录数据库，进一步打通部门之间共享通道，对不履行分红承诺的公司等记入诚信档案，使其"一处失信，处处受限"；健全统一的信息披露平台和投诉处理的登记备案制度；监管部门建立中小投资者合法权益保障检查制度与评估评价体系，各方协同建立侵权事件的快速反应和处置机制等。这些平台型基础工程立足长远、着眼长效，令中小投资者保护可持续化、常态化和规范化，需要常抓不懈。

总之，投资者保护是贯穿证券立法和执法的核心理念，是市场监管工作的重要出发点。《证券法》《投保意见》、"新国九条"等在投资者保护进程中具有里程碑式的意义，引导和激励着资本市场建设者、参与者、研究者不断努力前行。中小投资者保护事业正在路上。

---

① 郭雳. 证券违法活动检举人的激励与保护机制——美国的相关实践及启示[J]. 江汉论坛，2016(04).

PPP 发展历程与金融服务 PPP 若干问题探讨

文/周凯波[①]

政府和社会资本合作（Public-Private Partnerships，PPP）是企业及社会力量参与基础设施和公共服务领域的一种创新模式。引入 PPP 模式，有助于激发各类市场主体参与公共服务领域的积极性，解决公共投入不足问题，缓解公共产品供需矛盾；但国家导入 PPP 更为重要的目的是在公共服务领域中引入企业和社会力量先进成熟的运营和管理经验，逐步提高整体公共服务供给的质量和效率。

从时间轴上来看，我国的 PPP 发展历经以下几个时期：

（1）起步期：2012 年至 2015 年 5 月，以《国务院关于加强地方政府性债务管理的意见》（国发〔2014〕43 号，以下简称"43 号文"）的出台将 PPP 上升到准国家战略层面为标志。

（2）政策密集期：2015 年 6 月至 2016 年底，以《政府和社会资本合作法（征求意见稿）》的发布为标志，随着《关于在公共服务领域深入推进政府和社会资本合作工作的通知》（财金〔2016〕90 号）和《关于印发〈政府和社会资本合作项目财政管理暂行办法〉的通知》（财金〔2016〕92 号）等文件的陆续出台，PPP 政策进入密集颁布期。

---

① 周凯波，国家发改委国际合作中心 PPP 项目促进办主任。

（3）查漏补缺期：2017 年初至今，伴随《关于进一步规范地方政府举债融资行为的通知》（财预〔2017〕50 号）、《财政部 国土资源部关于印发〈地方政府土地储备专项债券管理办法（试行）〉的通知》（财预〔2017〕62 号）、《关于坚决制止地方以政府购买服务名义违法违规融资的通知》（财预〔2017〕87 号）、《关于试点发展项目收益与融资自求平衡的地方政府专项债券品种的通知》（财预〔2017〕89 号）等政策的密集出台，堪称 2014 年新《预算法》和"43 号文"发布之后针对地方政府债务管理和平台公司规范的相关政策出台最密集的一段时期，也可以说，PPP 逐渐迈向规范时代。

（4）规范深化期：2017 年 7 月 21 日，国务院法制办发布《基础设施和公共服务领域政府和社会资本合作条例（征求意见稿)》，开启了我国 PPP 立法和 PPP 法治化建设的重大进程。

自 2014 年中央大力推广 PPP 模式以来，我国 PPP 项目数量和投资额呈现爆炸式增长。在高速扩张的背后，不少项目暴露出明股实债、重建设轻运营、伪 PPP 等隐患，甚至出现商业地产项目借 PPP 的旗号大行其道。

实际上，PPP 模式绝对不是无所不包，国家应集中财力和精力，引导民间资本进入那些真正具有潜力并且能够实现突破的领域。财政部明确在垃圾处理、污水处理等中央财政给予支持的公共服务领域，探索开展"强制"试点。民政部等三部门联合出台意见，引导和鼓励社会资本通过 PPP 模式，参与养老机构、社区养老体系建设、医养健融合发展，构建多层次、多渠道、多样化的养老服务市场，标志着中国 PPP 进入精准时代。

未来，应制定详细具体的规范化流程及监管模式，明确准入领域及项目清单，实现权利界限分明，奖罚有据。引导地方政府编制投融资规划，明确未来中长期（5~10年）重大投资项目清单、投资规模、资金需求和政府债务规模等，设计城市资金信用、债务平衡和投融资为一体的方案，并按照轻重缓急就各领域 PPP 项目进行合理设计、有序安排。从而一方面解决地方规划落地、项目对接以及政府和市场衔接问题，另一方面解决政府和社会资本之间的信用问题，促进双方伙伴关系得以建立并可持续，也可与国家现行的中长期财政规划和预算框架衔接，对政府财力做出理性的统筹、中长期的安排。

PPP 本质上是传统金融手段的一种创新，金融一直以来都是实体经济的血脉，国家实施的各项重大战略离不开金融的全方位参与与支持。近年来，在 PPP 领域中，金融机构的角色逐渐由单纯资金提供方转变为金融综合服务商，为 PPP 项目提供更多元化的融资服务和更精准的资源对接。

例如，政策性银行国家开发银行在"十三五"期间为 65 项重大工程建设项目提供专项建设资金，推动项目落地实施，该行累计发放棚改贷款 3 万多亿元、脱贫攻坚贷款 1.1 万亿元、新型城镇化贷款 5.9 万亿元、科技贷款 3300 亿元、"一带一路"业务贷款 740 亿美元。兴业银行的绿色金融大力支持生态文明建设，并助力实体经济节能减排。中国人寿等保险类资金一般以股权、债权的形式全力支持"一带一路"海外重大项目建设，但是保险资金天然属性决定，资金安全性必须放在第一位，也在一定程度上限制了其参与的项目领域，使其投资区域选择面比较窄。另外，还有银团贷款、一揽子综合性金融服务、融资租赁、资产证券化等创新金融模式也在 PPP 领域中推广应用。

但同时在 PPP 项目实施过程中还是普遍存在融资难、落地难的情况，具体表现在以下几个方面：

（1）目前，大多数金融机构仍是以传统的资产抵押、政府承诺保底等旧方式来提供金融服务，很难适应以项目未来运营为核心、通过一定时间获得效益回报的融资需求，尤其是在 PPP 项目初期融资阶段。

（2）社会资本方，尤其是民营企业在融资成本、融资渠道、融资额度上与国有企业相比有很大的限制，不利于民营资本积极参与 PPP 投资和运营。

（3）PPP 项目公司成立之初，没有优先考虑好金融或类金融机构的及早介入，在 PPP 实施方案上缺乏充沛的发展资金后续支持，影响整个项目的执行力度和进度。

（4）急需发展的国家级贫穷县、老少边穷地区没有足够信用评级的融资平台，基础建设资金缺口大，还款来源不明朗，国有企业和民营资本对此类项目的介入非常谨慎。

（5）地方政府中缺乏专业金融人才，尤其是缺乏真正懂 PPP 项目运作机理的金融工作者，政府主管领导及工作人员缺乏 PPP 实践操作经验。

中国的 PPP 从 2014 年开始起步发展，在短短的几年时间，我国成为全世界 PPP 项目落地最多的国家，有值得肯定的一面，也有很多不成熟、不规范的地方。国家和相关部委一直对其密切关注、及时优化，出台大量的政策文件引导 PPP 行业向更规范、更有效的方向发展。

保险业要坚持脱虚向实　服务实体经济发展

文/曹德云①

　　2017 年 7 月召开的第五次全国金融工作会议，对金融业要回归本源、服务实体经济提出了明确要求。这是党中央、国务院在对当前我国金融业占 GDP（国内生产总值）比重持续上升、金融行业资金回报率与实业回报率差距增大、资本过度追逐表外利润、社会融资信贷结构性问题突出、实业经营困难、社会资金"脱实向虚"等问题做出正确研判的基础上，对金融业经营发展方向和目标提出的新要求。

　　金融是现代经济的核心，金融发展的根基是实体经济。离开了实体经济，金融就会成为无源之水、无本之木，所以把握和处理好实体经济与金融业的关系，对深入推进供给侧结构性改革、落实"去产能、去库存、去杠杆、降成本、补短板"五大重点任务至关重要。为此，国务院、各部委和"一行三会"先后出台了一系列有效措施，一方面着力完善金融宏观调控和监管体制，形成结构合理、服务高效、安全稳健的现代金融体系，切实提高金融服务实体经济的水平；另一方面坚持金融服务实体经济的本质要求，确保资金投向实体经济，有效解决实体经济"融资难""融资贵"问题，坚持金融服务实体经济、促进经济发展

---

①　曹德云，中国保险资产管理业协会执行副会长兼秘书长。

方式转变的大政方针，逐步将金融机构运行、经营的目标转移到服务实体经济发展上来，转移到服务民生建设上来，转移到促进经济持续健康发展上来。

从保险业情况看，随着保险市场的快速发展，保险资金作为期限长、规模大、来源持续稳定的资金，在经济金融运行中发挥着十分重要而积极的作用。特别是近些年来，保险资金累计规模快速增大，资金实力不断增强，保险业紧贴国家战略、民生建设和行业需要，发挥资金优势，积极参与和支持实体经济发展，越来越受到政府和市场的高度重视和认同。

一、解决金融"脱实向虚"问题刻不容缓

近两年来，受我国经济运行下行压力增大、实体经济回报率走低和房地产价格上涨过快等因素影响，实体经济和金融运行不协调逐步显著。2014 年 7 月，政府首次提到金融"脱实向虚"问题，提出要促进金融"脱虚向实"，使信贷资金归位。金融"脱实向虚"导致两种不良后果出现：一是资金在金融体系内部"空转"，或是进行套利活动没有进入实体经济，或是流转链条拉长，虽然最终可能还是进入实体经济，但是抬高了实体经济的融资成本；二是资金流入实体经济过程中存在配置错位，主要表现是资金过度流向房地产行业而没有流入制造业，推动了资产泡沫加剧，对实体经济产生破坏性影响。

从宏观层面看，金融"脱实向虚"主要表现为"三个背离"，即金融增长与实体经济增长的背离，货币与经济运行背离，金融资产收益与实体经济利润背离。

（一）金融增长与实体经济增长的背离

近年来，金融增长与实体经济增长背离较为显著。在经济总体下行的情况下，三大产业增速均出现下滑，其中，第二产业增速下滑幅度最大，对现价 GDP 贡献率自 2010 年的 46.4% 下降至 2017 年第二季度的 40.1%。而与之对比的是第三产业特别是金融业的快速增长，对现价 GDP 贡献率自 2010 年的 44.1% 上升至 2017 年第二季度的 54.1%。从 2017 年第一、二季度 GDP 初步核算结果来看，金融业的增加值占现价 GDP 总量的 8.8%。

2016 年末，银行业、证券业、保险业总资产达到 253 万亿元，同比增长 16.1%，比 2007 年增长了 4 倍多。相比之下，投资效率不升反降，我国边际资本—产出比自 2007 年以来明显上升，每单位 GDP 需要的资本由 2007 年的 4 上升到 2014 年的 7.5。同时，我国固定资产投资额自 2005 年以来与固定资本形成总额的差距不断加大，2015 年前者约为后者的 1.86 倍，两者缺口高达 26 万亿元，而在美国这两者基本一致。这表明金融市场的发展并没有带动资本形成及资本产出效率的提升。

（二）货币与经济运行背离

自 2012 年以来，我国的货币存量增速与经济增速呈现背离趋势，货币存量增速持续加大，而经济增速却处于放缓态势。截至 2017 年 9 月，我国 M2（广义货币供应量）规模为 165.6 万亿元，相较 20 年前（1996 年）的约 7.5 万亿元，增加了 21 倍左右，股票总市值也成为全球第二，但是实体经济的增幅并没有那么大，这是导致货币泛滥的根本原因。

在经济稳增长的既定条件约束下，预计今后几年 M2 的增速和信贷增速仍需维持在 10% 以上，即实体经济的规模扩张要远低于虚拟经济，因为实体经济的繁荣要靠需求来拉动，而现在面临的问题是供给过剩。尽管供给侧结构性改革可以改善供给局面，但货币的超发并没有给中低收入群体带来收入水平的大幅提升，故总需求不足将是一个长期问题。此外，M2 的增长部分大多落到了高收入群体中，这也是"脱实向虚"趋势难以改变的重要原因，即货币泛滥不仅带来"虚"的需求大增、供给不足，而且还导致"实"的需求不足而供给过剩。

但是，近期 M2 和 M1（狭义货币供应量）增速剪刀差有所收窄，这表明企业投资意愿上升，非金融企业将更多的期限较短的活期存款向期限较长的准货币转化，前期企业持币观望、投资意愿不强、资金过度"脱实向虚"的现象正在得到纾解。

（三）金融资产收益与实体经济利润背离

资金"脱实向虚"的根本矛盾在于投资金融资产的收益率过度背离了投资实体经济的利润率。一方面，自 2012 年以来，金融自由化推动了一轮金融资产价格的快速上升，例如 2016 年末，某地商品房销售单价为 7476 元/平方米，比 2006 年上涨了 1.2 倍。2006—2016 年，此地房地产价格年均上涨 8.25%，远超居民消费价格指数（CPI）年均上涨率（3%）以及工业品出厂价格指数（PPI）年均上涨率（2.2%）。另一方面，出于经济增速放缓带来的收入降低，以及劳动力成本、土地成本、税负成本上涨带来的成本上升，实体经济利润下降明显。企业为了应对盈利下降的问题，一般有两种方式：一是转行，"脱实向虚"，投资房地产业或金融业；二是加杠杆，扩大生产规模，薄利多销。民企因为融资成本高，一般多选择前者；国企则多选择后者，因为一方面融资成本相对低，另一方面要担负稳增长的任务。

值得欣慰的是，随着国家提出并实施"去产能、去库存、去杠杆、降成本、补短板"五大任务，采取一系列振兴实体经济的综合有效措施，金融业和实体经济的差异增长有了一定的缓解。工业企业主营业务收入和利润总额同比增长率自 2015 年末起持续小幅增长，金融"脱实向虚"问题得到一定程度改善。金融"脱实向虚"，既有金融市场发展不健全、低利率和资产荒加剧等原因，也有传统产业特别是制造业面临较多困难、对金融资本吸引力下降等原因。为此，要促进金融"脱虚向实"，需要从金融、实业两个方面采取措施，促进金融与实业的和谐运行和有机融合，形成良性循环、共生共荣的关系。

二、金融"脱实向虚"现象的影响因素和理论分析

(一)"脱实向虚"现象的影响因素

当前，我国经济运行总体平稳，结构调整呈现积极变化。具体表现为消费平稳增长，投资缓中趋稳，进出口降幅收窄，工业企业效率得到改善。但未来经济仍面临较大下行压力，某种程度上存在金融与实体经济发展失衡、资金在金融体系内空转、金融业在经济总量中占比快速抬升等"脱实向虚"的现象，这些现象受多重因素叠加影响，具体如下：

第一，金融市场建设及发展不健全。其一，直接融资渠道有待拓宽。我国长期稳定健康发展的多层次资本市场仍需持续培育，债券市场格局和区域性股权交易市场也需完善和规范。其二，多层次、广覆盖、差异化的金融机构体系仍未完全建立。例如，中小型金融机构和民营银行处在试点起步阶段，依托于实体经济的互联网金融尚未成熟。其三，间接融资渠道也需不断完善。例如，小微企业、初创企业通过间接融资

渠道融资依然面临"融资难、融资贵"等问题。

第二，低利率和资产荒加剧"脱实向虚"。在当前形势下，低利率状况和"资产荒"现象仍将持续较长时间。自 2014 年 11 月以来，央行已先后多次降息降准，市场基准利率已经降至历史较低水平。从数据看，近期十年期国债收益率最低降至 2.64%，信用评级为 AAA 的企业发行的一年期短融债平均利率为 3%，我国资产收益率下行态势明显，市场流动性比较宽松；同时，资产荒特别是优质资产的长期短缺会加剧资金在资本市场、房地产市场等空转，造成泡沫；也会导致资金偏好充当通道、过桥资金，过度追求短期高收益，拉长资金链条，致使稳定的长期资金缺乏。

第三，制造业特别是传统产业面临较多困难。主要受政策层面持续推进降杠杆以及产能过剩、劳动力成本上涨等多重因素叠加影响，企业经营风险较大，利润率不高，债务违约风险较大。从总体收益率水平看，2017 年 1—8 月我国规模以上工业企业主营业务平均利润率为 6.13%，收益率不高且实现投资回报的周期长。此外，2016 年 1—12 月，国有企业的利润总额达到 2.32 万亿元，但同比仅增长 1.7%，负债总额同比增长却达 10%，利润增速远低于负债增速。一些民营企业则在产业转型升级中因为面临融资成本高等问题而调头转向资本市场。

（二）本轮金融与实体经济背离的理论分析

近年来，金融和实体经济开始走向分离，因为金融资产价格依靠信用来支撑，不存在边际产出递减倾向，而实体经济则由于不具有金融资产这些特征而陷入增长困境。这种增长的剪刀差加快了金融与实体经济分离的速度。当前存在的金融和实体经济的分离属于金融过度分离，即由于金融业相对于实体经济而言过度发达而逐步脱离实体经济导致的分离。金融与实体经济之间的内在矛盾主要表现在三个方面：一是金融体系发展速度越快，其自身所要求的交易方式越灵活，周期就越短，这是实体经济不具备的；二是金融的逐利本质使得高度发达的金融业可以将力量延伸至经济领域的每个角落，并选择回报率高者合作，而实体经济的发展随着市场的出清、技术的成熟表现为边际报酬递减，因而与金融逐利的本质要求相悖；三是金融业高度发达，所经营的产品就充满了更多的风险和不确定性，所要求的收益需要与承担的风险匹配，而实体经济发展较为平稳，并可能出现下行波动，这与金融的本质要求也存在背离。

三、党中央、国务院高度重视发挥险资积极作用

2016 年的中央经济工作会议和 2017 年的全国金融工作会议都提出，金融业发展要"脱虚向实"，服务实体经济。实体经济是强国之本，是国家核心竞争力之本，也是保险业健康发展之本。金融是经济运行的血液，应该对振兴实体经济发挥正面作用。可以说，保险业的长期健康发展与实体经济是密切联系、互促互生的。因此，保险业需要继续锚定正确方向，发展国家、人民和实体经济需要的金融保险事业，成为实体经济和中国制造的助推器。

党中央、国务院高度重视发挥保险资金支持实体经济的积极作用。在中央经济工作会议报告、政府工作报告、《国务院关于加快发展现代保险服务业的若干意见》（以下简称"新国十条"）等重要文件中，都对保险资金支持实体经济发展提出了明确要求。各地方政府也将引入保险资金纳入重要工作日程。为进一步贯彻落实党中央、国务院关于金融支持实体经济的战略部署和要求，2017 年 5 月 4 日，《中国保监会关于

保险业支持实体经济发展的指导意见》发布，明确提出拓宽保险资金支持实体经济的渠道，促进保险业持续向振兴实体经济发力、聚力，提升保险业服务实体经济的质量和效率。该文件提出的创新性举措包括：在投资范围方面，提出支持保险资金参与医疗、养老和健康产业投资，以投资新建、参股、并购等方式兴办养老社区，增加社会养老资源供给，促进保险业和养老产业共同发展；在投资方式方面，提出支持保险资产管理机构发起设立债转股实施机构、专项债转股基金和产能并购重组基金，开展市场化债转股业务和不良资产处置等特殊机会投资业务；在投资领域方面，鼓励保险资金服务国家战略实施、区域发展、城市群建设、军民融合、《中国制造 2025》等，支持保险资金积极参与 PPP 项目和重大工程建设；在投资政策方面，提出支持性配套措施，适度放宽相关投资条件和标准，适度放宽信用增级要求和担保主体范围，扩大免增信融资主体数量等。另外，《中国保监会关于保险业服务"一带一路"建设的指导意见》出台，提出创新保险资金运用方式，为"一带一路"建设提供资金支持。

四、服务大局，保险业持续推进服务实体经济

自改革开放以来，我国保险资金运用的发展取得了一系列成绩，以持续服务经济社会、实体经济和保险主业发展为基本。在政策制定、行业引导、投资实操等方面，争做服务实体经济发展的排头兵。在政策和监管方面做到疏堵结合。一方面，放开前端，通过放开部分投资范围，为保险资金提供更多参与实体经济发展的渠道和方式；另一方面，管住后端，通过加强事中事后监管，警示问题企业和行为，引导行业平稳有序参与实体经济发展。在业务操作层面，通过行业的指导和舆论的引

导，保险机构参与实体经济建设的脚步逐渐加快，积极投身国家新战略、新建设。

（一）保监会持续推进资金运用市场化改革

随着保险业快速发展和资金规模大幅增长，保险业在服务和支持实体经济方面具备了一定的实力和基础。为认真贯彻落实党的十八大、党的十八届三中全会和"新国十条"等精神，自2012年开始，保监会确定"放开前端、管住后端"的总体思路，持续推动一系列市场化改革举措，努力使市场在资源配置中起决定性作用，在改善保险资金配置结构、更好服务实体经济方面发挥了积极作用。

一方面，"放开前端"，在风险可控前提下，发挥市场在资源配置中的决定性作用。保监会积极贯彻落实国家宏观经济政策和产业政策，充分发挥保险资金长期投资的独特优势，鼓励保险资金以多种方式支持和服务实体经济，取得了显著成效。第一，服务实体经济渠道更加多元。自2012年开始，保险业稳步放开未上市股权、不动产、创业投资基金、优先股等投资领域和资产类别，建立大类资产比例监管新体系，将原先50多项监管比例减少至10余项，大幅度减少了比例限制，赋予市场主体更多投资自主权、选择权和风险判断权。目前，股权、不动产、基础设施等另类投资均成为保险资金的重要投资渠道，进一步拓宽了实体经济资金融通渠道。第二，服务实体经济方式更加多样。在基础设施债权投资计划的基础上，2013年开始，试点股权投资计划、股债结合等；在2015年初试点保险资金设立中小微企业投资基金和医疗健康产业基金的基础上，《中国保监会关于设立保险私募基金有关事项的通知》发布，允许保险资金设立私募基金，支持新技术、新业态和新产业发展；交易结构也逐步从债权、股权等单一结构向股债结合、优先股、基金等更为灵活的交易结构转变，更好地服务新型城镇化、棚户区改造、科技型企业、小微企业、战略性新兴产业和领域发展，促进经济转型升级。第三，对接实体经济更加高效。自2013年开始，基础设施债权投资计划等产品发行由备案制改为注册制，大大提升产品发行效率。2017年1—9月，保险资管公司累计发起设立各类债权与股权投资计划共133项，合计注册规模达3456.13亿元，有力支持了国家重点工程和重大建设。第四，服务实体经济政策更加务实。2015年《国家发展改革委 中国保监会关于保险业支持重大工程建设有关事项的指导意见》出台，支持保险机构通过多种方式参与重大工程投资。2016年修订发布的《保险资金间接投资基础设施项目管理办法》明确，在防范风险的前提下，放宽保险资金可投资基础设施项目的行业范围，增加PPP等可行投资模式。第五，支持实体经济能力显著增强。保险资金在国家重大工程和重要民生领域投资了一批有影响力的项目，比如投资京沪高铁项目160亿元，投资南水北调中东线工程550亿元，投资中石油西气东输油气管道项目360亿元，投资粤东西北城市发展产业投资基金项目121亿元等。2015年，中国保险投资基金成立，通过整合行业资源，更好地对接国家重大工程和重大战略，首期400亿元投向"一带一路"建设，二期300亿元投资上海城市基础设施建设。

另一方面，"管住后端"，切实把防风险放在监管工作突出位置，不断创新监管思维和监管手段，加强事中事后监管，守住风险底线。第一，注重运用市场化监管手段，提升风险防范能力。加强和改进保险机构投资能力建设，明确七大类能力建设要求；健全和完善风险责任人机制，定期开展风险管理培训，提升责任意识和履职能力；完善保险资金运用内部控制指引及应用指引，加强内控体系建设和专项审计；陆续发布 4 项保险公司资金运用信息披露准则，完善外部监督机制。第二，加强资产负债审慎性监管，实现资产端与负债端良性互动。加强监管协调，建立涵盖保险业务监管、资金运用监管、偿付能力监管等全方位的资产负债联动监管体系，形成资产负债匹配监管的长效机制。加强产品开发与投资运作协调，包括产品、精算、投资、销售等部门要协调一致，严格防范产品定价风险和利差损风险。第三，强化非现场监管和现场检查。2015 年，陆续开展信用风险、股权、不动产、资产管理计划等领域风险排查，综合运用风险提示、监管谈话、压力测试和风险自查等方式，督促保险机构加强风险管控；2016 年，清理、规范保险资产管理公司通道类业务，规范存量业务，暂停新增业务，防范风险跨行业传递；加强组合类保险资产管理产品业务监管，明确试点业务关键环节和禁止情形，清理整顿违规产品，防范交叉性金融风险。第四，加强重点领域监管。其包括：明确重大投资标准，运用信息披露方式加强对重大投资的约束和监管；加强股票投资及一致行动人监管，拟定制度约束一致行动人的举牌或收购行为；加强对重点公司和重点领域的风险监测。第五，强化偿付能力监管。率先在全球推出适合新兴市场风险特征的第二代偿付能力监管体系（简称"偿二代"），突出风险导向，风险监控覆盖全面，风险计量科学，对风险反应敏感，对风险较高或管理较差的机构提高资本要求，便于形成有效的资本约束机制，重点关注偿付能力不足或出现较大波动的机构，采取暂停增设分支机构、停止接受新业务等监管措施，强化偿付能力监管的约束作用。

（二）保险保障业务护航我国实体经济发展

在保险保障方面，保险业充分发挥了传统的风险管理、经济补偿和经济保障等基本职能，护航我国实体经济发展。保险业作为我国金融体系和金融市场的重要组成部分，多年来，始终坚持以服务经济社会、实体经济、民生建设为己任，在政策制度制定、市场发展引导、实践业务操作、行业规划目标实现等方面，持续保持着与实体经济发展的高度融合和相互促进。从保险业务端看，2017 年，中国保险业的保费规模达到 3.66 万亿元，超过日本成为世界第二大保险市场。保险业服务大局的能力显著增强，为全社会提供风险保险 4154 万亿元，是当年 GDP 的 50.7 倍。目前，大病保险已全面推开，巨灾保险实现突破，农业保险持续拓展，商业税优健康保险正式启动，商业税延养老保险即将试点，全方位扶贫保障体系初步建成。2017 年上半年，农业保险为 1.16 亿户次农户提供风险保障 1.17 万亿元，同比增长 14.3%；支付赔款 100.9 亿元，同比增长 37.9%；1083 万户次贫困户和受灾农户受益，同比增长 43.7%。责任保险为安全生产、医疗卫生、环境保护、食品安全等密切关系公众利益的领域提供风险保障 96.8 万亿元，同比增长 76.5%。保险已成为我国经济社会发展的稳定器、减震器和助推器，为经济运行、民生保障、市场增长、社会稳定提供重要安全屏障和助力支持，发挥着风险补偿和社会管理的重要功能。

（三）保险资金积极服务实体经济情况

1. 保险资金服务实体经济概况

作为资本市场重要的资金提供方之一，保险资金一贯以服务保险主业和服务实体经济为己任和发展基础。凭借规模大、期限长、资金来源较为稳定的特点，保险资金积极有效地对接国家经济发展中的资金需求，服务实体经济，实现国家经济战略的转型升级。

一方面，保险业作为社会风险的重要分担者，是保障经济社会平稳运行的"稳定器"。截至 2017 年 8 月，保险业资产总额 16.36 万亿元，保险资金运用余额 14.46 万亿元；近 10 年，保险业资产总额和保险资金运用余额年均增长分别约为 21.96% 和 22.12%，增速明显高于同期 GDP 增速。保险业资产规模的扩大，提升了行业分担社会风险的能力，为我国经济发展提供了较好的保障作用。

另一方面，保险业是经济发展的"助推器"，体现在保险资金的投资运用方面。目前，在产品形态上，保险资金主要通过基础设施投资计划、不动产投资计划、资产支持计划以及资产管理产品等工具对接具体融资项目；在投资方式上，保险资金既可以选择股权方式，也可以选择债权、股债结合等方式满足不同的融资需求。

截至 2017 年 9 月，保险机构发起设立债权投资计划与股权投资计划总计 133 项，合计注册金额 3456.13 亿元，主要投向交通、能源、不动产等基础设施以及医疗、养老等民生建设项目，覆盖全国 30 个省（区、市）。投资项目有中石油西气东输项目、南水北调工程、京沪高铁等国家重大工程及城市轨道交通、保障性安居工程、棚户区改造项目等重大民生工程。

为促进保险资金快速、有效对接实体经济，保险行业协会在其中也发挥了积极作用。第一，通过开发"资产管理信息交互系统"，有效克服投融资双方的信息不对称，支持行业深入对接实体经济，破解"资产荒"难题。截至 2017 年 9 月，通过系统合计发布各类项目 5850 个，总融资需求规模超过 13 万亿元。其中，传统基础设施 PPP 项目 1097 个，总投资 19382 亿元，涉及能源、交通运输、水利、环境保护、农业、林业和重大市政工程 7 个领域。第二，结合"洽谈＋考察"模式，实现线上线下互动，开展有效的投融资对接。第三，通过行业研究、培训、召开论坛，聚焦保险资产管理支持供给侧结构性改革、参与地方政府引导基金、保险资金另类投资以及关系国计民生的养老、医疗、健康相关产业投资等领域，调动行业研究力量推动保险资金服务实体经济模式创新、理论创新和业务创新。

2. 保险资金积极支持实体经济发展，参与新战略、新改革

自 2012 年保险投资的渠道放开后，保险资金不断践行"新国十条"精神，保险资金涌入国家重点基础设施建设中，参与经济新战略实施，服务实体经济发展。

在服务国家经济战略方面，保险资金积极参与"一带一路"建设、京津冀协同发展、长江经济带等重大战略工程。从战略、政策出台至 2017 年 6 月底，保险资金以债权、股权计划等形式，支持"一带一路"倡议，投资规模达 6994.04 亿元；保险资金以债权计划形式支持京津冀协同发展，投资规模达 1119.92 亿元；保险资金以债权计划形式支持长江经济带政策实施，涉及 11 个省的 41 个城市，投资规模达 2351.08 亿元。同时，保险资金积极参与区域经济发展，支持振兴东北老工业基地政策实施，至今投资规模达 300.22 亿元，为东北三省经济重振提供支持。

在服务产业和民生经济方面，保险资金积极支持交通、能源、养老、医疗以及创新性科技企业等新产业、新业态，政府层面也在紧锣密鼓地制定相关政策法规，引导保险资金更好地参与新产业建设。自 2013 年开始，不动产债权投资计划开始参与棚户区改造项目，到 2017 年 6 月底，保险资金以债权计划形式支持棚户区改造，投资规模达 1241.06 亿元。

同时，保险资金坚持责任投资和绿色投资，以多种方式和途径参与绿色金融，支持金融活动与环境保护、生态平衡的协调发展，追求经济社会的可持续发展，推动行业主动承担社会责任，参与环境保护等相关项目。截至 2017 年 6 月底，保险资金实体项目投资中涉及绿色产业债权投资计划规模达 5976.25 亿元。项目覆盖清洁交通、清洁能源、资源节约与循环利用、污染防治等多个领域。

五、锚定正确方向，继续做好保险业服务实体经济工作

实体经济是强国之本，是国家核心竞争力之本，也是保险业健康发展之本。可以说保险业的长期健康发展与实体经济是密切联系、互促互生的。因此，保险业需要继续锚定正确方向，发展国家、人民和实体经济需要的保险事业，成为实体经济和中国制造的助推器。目前，保险业服务实体经济的主要工作包括：

（一）继续充分发挥保险的风险保障核心功能，为实体经济发展保驾护航

保险的核心是风险管理与保障，这意味着保险业在服务国家供给侧结构性改革和实体经济发展大局中作用重大。

第一，始终坚持"保险姓保"根本要求，服务实体经济发展。保险的核心是风险管理与保障，充分发挥保险的保障功能和作用，坚守"保险姓保"的新发展理念，有利于建立市场化的风险补偿机制，增强全社会抵御风险的能力，提升社会安全感，提高人民群众生活质量，为社会经济发展提供有力保障。

第二，进一步发挥保险风险保障功能，为我国经济结构调整提供支持。在支持工业转型升级方面，继续深入发展安全生产、环境污染、住宅建筑工程质量、产品质量等领域的保险产品，充分运用保险费率调节机制，引导企业加快转型升级。以环境污染相关风险保障为例，环境污

染责任保险试点省（区、市）近 30 个，参保企业近 5000 家，已覆盖
20 余个高环境风险行业。在支持产业结构优化方面，针对生活性服务
业以及生产性服务业的风险保障需求，要继续加大有关保险产品的有效
供给。

第三，以保险产品和服务为抓手，为创业创新提供有效保障。主要
是以发展科技保险为核心支持创新，以小额贷款保证保险为核心助力融
资增信服务，助力中国制造转型升级。例如，2015 年保险业开展了由
财政补贴的首台（套）重大技术装备保险补偿机制试点工作。下一步，
保险业仍要不断丰富科技保险产品，加快推动科技和保险结合的创新试
点，推动企业科技创新和成果转化。特别是针对小微企业、初创型高新
技术企业"融资难、融资贵"问题，加快推广"政府＋银行＋保险"
模式的小额贷款保证保险，创新发展知识产权质押融资保险等，助力创
新创业。

第四，依托保险业特点，更加积极参与社会治理工作。作为市场化
的风险转移机制和社会管理机制，保险是社会管理资源和管理体系的重
要组成部分。保险业积极参与社会治理工作，既是保险业应尽的社会责
任，又是保险业可持续发展的社会基础条件。因此，保险业应继续加大
更优质和更全面的保险产品供给，特别是突出重点，补齐社会保障短
板。例如，积极探索创新大病保险制、发展多样化养老保险和健康保险
服务等，更加主动地成为人民生活的保障器，助力实体经济发展。

（二）充分发挥保险资金优势，为实体经济发展提供更有力的支持

保险资金具有期限长、稳定性高、资金量大且运用灵活的独特优
势，已经成为促进实体经济转型、推动产业结构调整、支持资本市场发

展的重要力量。下一步，要继续发挥保险资金的独特优势，使其成为促进金融"脱虚向实"的重要力量。

第一，始终坚持稳健、审慎地运用保险资金。保险业应不断深刻地认识到，在保险资金运用中，保障是保险的根本功能，投资是辅助功能，投资是为了更好地保障，必须服务和服从于保障，不能本末倒置。因此，运用保险资金必须把握审慎稳健、服务主业的总体要求。在实际资金运用中选择投资标的应把握以下原则：以固定收益类产品为主，以股权等非固定收益类产品为辅；股权投资应当以财务投资为主，以战略投资为辅；少量的战略投资应当以参股为主。

第二，深入落实"新国十条"要求，不断创新保险资金运用方式，做优质实体经济领域的长期资金提供者。"新国十条"明确指出，"在保证安全性、收益性前提下，创新保险资金运用方式，提高保险资金配置效率"。因此，保险资金应灵活采用债权投资计划、股权投资计划等另类投资方式，为基础设施建设等优质实体项目提供长期融资服务。同时，在合理控制风险的前提下，还要不断探索，积累经验，通过投资企业股权、债权、基金，或参与中国保险投资基金、PPP 等创新模式，为科技型企业、小微企业、战略性新兴产业等有利于实体经济发展的新业态提供稳定的中长期资金支持。

第三，继续推进保险资金服务国家重大战略实施。保险资金应着眼于助力国家重大战略实施，进一步探索积极有效的参与方式，为"一带一路"倡议、供给侧结构性改革、脱贫攻坚、京津冀协同发展、新型城镇化等国家重大战略提供资金支持。例如 2017 年，保监会就组织成立了中国保险业产业扶贫投资基金，共有 39 家机构参与首期募集，募得资金 3 亿元，有力地支持了中央关于脱贫攻坚的重大战略部署。

第四，不断发挥保险资金在促进资本市场长期健康发展中的重大作用。近年来，保险资金运用规模快速增长，截至 2017 年 8 月，资金运用余额达 14.46 万亿元，较年初增长 8%，较 2012 年末 6.8 万亿元翻了一番有余，其中股票和证券基金运用余额达 1.88 万亿元，在我国社会经济特别是资本市场中的影响力明显增大。保险资金在资本市场不断发展壮大的过程中，要始终坚持长期、稳健、价值投资的理念，不断增强自身在改善资本市场投资者结构、提升资本市场稳定性、增强资本市场流动性、引导资本市场参与者更加注重价值投资等方面的重要积极作用。而长期健康稳定的资本市场无疑将会对实体经济中的企业融资以及直接融资渠道的拓宽产生积极作用。

第五，牢牢守住规则红线和风险底线，从严从重，切实加强保险资金运用监管，引导保险资金更好地服务实体经济。首先，保险资产管理业应保持对风险的高度关注，主要风险点是：复杂的国内外经济环境下的低利率风险、资产负债匹配风险、利差损风险、个别公司治理激进风险、再投资和流动性风险、债券市场信用风险；其次，更加注重问题导向和底线思维，引导保险资金坚守主业、服务实体经济。具体包括：一要健全保险资金运用监管体系。持续加强保险资金运用事中事后监管，强化信息披露、内部控制、分类监管等手段，进一步规范保险资金投向、范围、方式、信息披露和关联交易等。二要强化现场检查。查实查深查透违规问题和风险隐患。特别是对个别保险机构在股票市场"快进快出"的投机行为，采取针对性措施切实加以规范。三要推进资产负债匹配监管。研究制定评估资产负债管理能力的标准，开展定期执行情况的评估，促进保险公司承保和投资协调运转、资产和负债良性互动。四要加强境外投资监管。严格控制保险资金对外投资节奏和重点，进一步明确境外投资的资质条件以及境外重大股权投资的行业范围和投资运作标准，规范开展境外投资方式，防范个别机构的激进投资行为带来潜在风险。五要加强监管协调。按照国务院的总体部署，加强与有关其他监管机构的协作，在规范和约束保险公司一致行动人行为、跨市场类资管产品监管，规范杠杆收购行为等方面，加强监管协调，进一步形成监管合力，防止监管套利，守住不发生系统性风险的底线。

社会主义金融文化构建

文/张云东[①]

多年来，不少金融从业者和金融服务使用者，甚或少数监管者对金融发展现状及现实中存在的一些问题已习以为常，缺乏对金融本原的文化自觉。因此，为了更有效地落实中央关于金融服务实体经济、防范金融风险、维护国家安全的战略，我们应该认真研究当下金融现象背后的金融文化影响，加快构建社会主义金融文化。

一、金融文化现状

（一）金融脱离本源的创新实质

金融是为实体经济中的借贷双方、买卖双方和投融资双方提供信用交易中介服务的代理活动。把资金持有者手里的闲置资金转移到资金需求者手里，这种资金融通体现了中介的专业性和存在的合理性。

首先，避免资金持有者的风险喜好和资金需求者的风险状况出现错配，即风险错配；避免资金持有者与资金需求者对资金供求时间预期的

---

① 张云东，原中国证监会深圳证监局局长、中信改革发展研究院资深研究员。

错配，即流动性错配。金融中介的职责就是根据资金供求双方的风险喜好与状况，以及对流动性的不同预期合理配置资金，满足双方需求。

其次，金融中介应为资金供求双方提供便捷、高效、成本更低的代理服务，即为资金持有者带来较高回报，降低融资者的资金成本。这正是金融中介在经济体系中担当的角色和存在的价值，也是金融的本源。

然而自 20 世纪 80 年代之后，美国金融逐步异化，金融中介由产业服务的代理人变为金融交易的参与者，自我服务的委托人，金融似乎有了独立生命，实体经济也不再是金融的基础，让人误以为现代经济都是围绕金融运作的。2008 年美国金融海啸之后，以美国金融为样板的我国金融界一些专业人士，非但不吸取美国金融危机教训，还继续沿着华尔街的足迹亦步亦趋地大搞"创新"，金融衍生品不断推出；杠杆交易以融资融券之名登场；高频交易等放任发展；银行、证券公司、保险公司等违规跨行混业经营，种类繁杂、层级复杂的理财产品空前繁荣。金融大鳄绑架小投资者，杠杆猎购、四处出击，整个金融市场很大程度上变成一场由金融业自我服务的饕餮盛宴，金融大鳄大多都赚得盆满钵满。金融暴利让一些上市公司、实体企业和其他行业巨头眼热，它们纷纷投资参与金融交易，"脱实向虚"、跨业发展成为热点。

与此同时，金融的繁荣与"创新"增加了许多金融产品的运作环节，提高了实体企业等金融服务使用者的资金成本，使实业发展失去融资依托，并因此劣化了我国经济结构。近年来，实体企业利润和金融业利润此消彼长，金融企业缴纳的所得税总规模跟整个工业部门所得税贡献相当，2016 年则更上一层楼，金融企业缴纳所得税 8802 亿元，工业企业缴纳所得税 7329 亿元，金融企业比工业企业高出 20%。金融业的放任发展，其赚大钱、赚快钱的示范效应加快了中国经济"脱实向虚"

的步伐。

通过存款—贷款—存款的多重复杂演化创造出来的资金，在多重金融产品的作用下不断地创造出更为复杂的债权债务关系，加大了金融市场乃至整个经济体系的杠杆化，导致更大的市场泡沫，给金融安全、经济安全和国家安全造成了严重威胁。

在 2017 年 7 月召开的全国金融工作会议之后，人们对于金融自我服务、经济"脱实向虚"和金融安全等问题有了进一步的认识，一些专业人士也对金融市场发展和防控金融风险提出了一些有价值的建设性意见。但总体看，对于打着"服务实体经济"旗帜夹私货的现象以及金融自我服务回潮的问题防控力度不够。对于这些基于外部样板观念影响、内部利益冲突的问题，我们必须深刻反省这些现象背后的文化根源，构建新型社会主义金融文化。唯此，金融才可能回归本源，在服务实体经济的轨道上走得更坚定，走得更远。

（二）流行金融文化的特征

第一，各个市场主体中很多金融从业者、金融服务使用者包括部分监管者，对金融脱离本源的现状不假思考，理所当然地以为一切应仿照美国样板去做。

第二，有些人崇尚自由放任的市场，将无限衍生视为技术创新，认为金融复杂化是市场进步的需要，是发达程度的表现，而不考虑资源配置的方向，配置给谁。

第三，金融领域中的大众投资者的利益得不到重视，普通投资者在利益驱动下也不去质疑规则和潜规则与自身利益的关系，自身权益受"中介溢价"侵蚀却浑然不知。

第四，在"零和游戏"的金融交易中，一些金融机构凭借业务特权及专业、信息、资金等优势，恃强凌弱，丧失职业道德底线，自我服务，陶醉于利润和高薪奖金之中。

第五，在通过炒作致富发财的氛围中，一切向钱看，市场各方漠视和容忍金融市场的操控行为，对被巧妙包装的研究报告和媒体股评误导投资者的行为熟视无睹。

第六，金融市场专业机构和市场炒家青睐"市场波动"。"专业人士"创新衍生工具多方套利，加剧了市场波动，达成了金融衍生品可以对冲风险、也可以平抑市场波幅的"共识"。

因此，我们有必要认识当下流行金融文化的根源。

（三）流行金融文化的根源

第一，新自由主义误导。以美国为代表的西方金融市场推崇市场万能机制，放任市场自由发展，放任金融机构追逐利润最大化，鼓励个人利益至上，全然不顾公众利益、经济全局问题。

第二，大众利益与金融中介利益冲突。大众利益本应是金融市场的价值目标，唯有大众利益得到保障，金融市场才可能持续健康发展，才可能长治久安。遗憾的是，大众在金融市场中是弱势群体，处于强势地位的金融中介控制资本、凌驾于客户利益之上。当出现利益冲突时，投资者被迫接受较低回报、融资者不得不付出较高成本已成为市场常态。不同的利益动机和不同的行为就构成了金融文化，现今的金融文化已成为金融中介利益动机主导的文化。

第三，西方金融利益集团强大的政治影响力。金融中介在市场中有较大的影响力、较高的专业地位、广泛的人脉、较强的游说能力和政治影响力，当他们推行的金融产品对客户的影响或对宏观经济的影响出现争议时，或者他们投机套利的交易行为或自营业务受限时，他们总能过关斩将。

第四，金融服务受众缺乏对金融现象和市场潜规则的辨识能力，缺乏对自身合法权益的保护意识。一盘散沙的个体投资者，无法形成一种抗衡甚至是平衡市场不良文化的力量。

第五，我国金融市场的一些人士把美国市场视作天经地义的先进样板，不明就里、不辨菽麦，甚至对造成美国金融危机的金融工具也照搬照抄，引入中国当作"创新"，自觉不自觉地欢迎甚至出台政策鼓励以利润为导向的金融"创新"，不断引入不知服务何人、风险极大的金融衍生品和杠杆交易，而不进行金融本源的价值判断。为此，我们不仅需要加强监管，更为重要的是应坚决摈除西方新自由主义金融文化，构建我们社会主义的新型金融文化。

二、社会主义金融文化构建

习近平总书记在党的十九大报告中指出："文化是一个国家、一个民族的灵魂。文化兴国运兴，文化强民族强。"[①] 金融文化也是一种文化现象，我国的金融文化毫无疑义应属于社会主义文化范畴。

"不畏浮云遮望眼，只缘身在最高层。"在中国金融文化和金融制度建设上，我们必须高瞻远瞩，保持高度清醒，必须要有高度的制度自觉，不能忘记我们是社会主义国家，实行的是社会主义制度。我们在学习借鉴西方的同时，要划清社会主义与资本主义的界线。在金融领域里理直气壮、旗帜鲜明地构建新时代的社会主义金融文化，用社会主义的

---

① 习近平. 决胜全面建成小康社会 夺取新时代中国特色社会主义伟大胜利[M]. 北京：人民出版社，2017 年 10 月.

金融文化引领社会主义的金融市场建设。

制度自觉、文化自觉，是新时代中国特色社会主义建设的大前提，是社会主义事业成功的根本保障。

我有幸参与了中国资本市场的早期创建，也经历过早期的对西方国家特别是美国资本市场的学习和模仿。应该说早期的这种学习和模仿是必要的、有教益的，这是一个必要的学习和发展阶段。但是中国资本市场已经建立近30年，我们好像还无法摆脱简单模仿的思维定式。各方面都把注意力集中在技术层面的样板模仿学习上了，很少有人考虑金融战略方向，很少有人关注金融文化，更很少有人考虑根据我们的社会主义制度和价值观，我们的国情、面临的任务和经济社会的需求，构建社会主义金融文化这个大课题。

文化，是人类在社会历史发展过程中所创造的物质财富和精神财富的总和，是人们的价值观表现、精神追求、生产生活状态和行为方式。文化有着鲜明的民族区域特性和制度特点，继承于历史传统，又具有时代特征。

金融文化是金融制度提供者（决策者和监管者）、金融从业者和金融服务使用者的价值观取向、思维方式、行为方式和由此产生的资源配置方式与状态。说到底，金融文化是对金融与经济本源依存关系的认识与实践。

社会主义和资本主义是两种完全不同的社会制度。社会主义制度以人民为本，以全体人民的共同富裕和社会共同利益为至上目标；资本主义制度以资本为本，以少数人的资本私利为目标。

社会制度不同，价值观不同，对金融属性的理解就不同。当代资本主义金融，在新自由主义的旗帜之下，以金融交易为其安身立命之本。在零和游戏的金融交易中大搞投机套利，掠夺中小投资者利益，损害实体经济，不断引发金融危机和经济危机。

社会主义金融显然不应以本源异化的美国资本主义金融为样板，应当坚持服务大众利益的原则，要为借贷双方、买卖双方和投融资双方提供信用中介服务。优化融资结构，适度保持银行信贷主体地位，着力提高直接融资比重，限制非信贷股票债券融资，缩短资金链条，降低融资成本。与此同时，特别重要的是要正确处理一、二级市场关系，在为一级市场融资提供流动性服务的前提下，对金融交易进行合理约束，防止金融交易复杂化和杠杆化。

西方金融界也有一些有识之士认识到金融乱象的病根是金融文化异化了，呼吁重建金融文化。但在资本主义制度下，因倡导自由主义哲学再加上强大的金融利益集团的政治影响力，重建金融文化是一个永远无法解决的问题。

资本主义无法解决的金融文化异化问题，唯有在社会主义中国可以解决。我们应该有制度自信、文化自信的底气，在社会主义制度原则中是不允许利益集团凌驾于社会利益与人民大众利益之上的，中国共产党有能力领导我们战胜不义和纠正错误，这就是我们的制度优势，也唯有我们才能构建符合人类社会经济生态规律的健康金融文化。

构建社会主义金融文化要理直气壮地以社会主义制度、社会主义文化观念为前提，以社会主义价值观为导向。要旗帜鲜明地为中国社会主义市场经济配置资源，为实体经济融资服务，为社会公众利益服务，并着重保护中小投资者合法权益，反对金融交易模式，限制金融交易、限制投机套利。审视金融交易产品，要看清它服务于谁？谁来参与？谁在获利？金融机构要坚守不欺骗客户、不向客户推销自己不愿持有的风险资产这一道德底线，等等。

构建社会主义金融文化，要靠教育、引导、弘扬，要培养从业者的文化自觉。但最重要的还是要用制度落实文化，要用"可为—不可为"的界线引导规范文化。说到底，金融文化还是要落实到引领金融制度建设上，唯此，才能对优化资源配置发挥积极作用。

三 、用社会主义金融文化重塑市场

改革开放是中国的基本国策，金融服务业开放也已是既定政策。金融服务业的开放一方面会对提升我国金融机构的业务能力产生积极影响，另一方面也会对我国金融服务业、金融服务对象、金融秩序和金融监管形成很大的挑战。在此情况下，如何使外来金融服务中介纳入中国金融发展轨道，抑弊兴利，为我所用，特别是有效维护国家金融安全就显得尤为重要。这其中最重要的工作包括：一是防范不良金融文化对我们的扰乱；二是警惕外来金融机构以金融创新为名在金融交易中投机套利，分流实体经济资金供给，引发金融危机。从这个角度来看，构建新时代社会主义金融文化并掌握话语权，用社会主义金融文化理念引导金融制度建设，用制度引导规范金融服务业务方向，是保证我国金融改革开放成功最重要的基础。

（一）坚持金融服务实体经济原则，界定金融服务业务范围

要让金融服务实体经济，就不能漠视、默认金融市场中的严重不良现象。要破除"金融市场复杂化是市场发达程度的标志，是现代经济发展的需要和趋势，市场愈加复杂的结构化、杠杆化是有效资源配置、对冲风险的必需"等金融迷信。更要警惕的是，在贯彻全国金融工作会议金融服务实体经济、回归金融本源精神的大背景下，以服务实体经济之名，行自我服务之实，妨害实体经济发展的现象。

在坚持金融服务实体经济的问题上，我们应该透过现象看本质，不管举的是什么旗帜，都要分析其产品属性、业务方式、参与主体，谁人得利，与实体经济有什么助益关系？利益传导机制、传导方法、传导路径如何？在金融服务实体经济，防范金融风险问题上，一定要坚守"有所为，有所不为"的制度红线，不能有灰色地带。

习近平同志在全国金融工作会议上明确指出："为实体经济服务是金融的天职，是金融的宗旨，也是防范金融风险的根本举措。"[①] 这一论断清楚阐明了金融宗旨和金融风险防范的辩证关系。因此，在防范金融风险问题上我们应该彻底转变观念，不能依赖被动监管。放弃产业融资服务宗旨，大搞衍生品"创新"，必定会产生金融风险。不要指望靠监管防范风险，监管作用是有限的，在贪欲面前，无论监管大坝有多高多大，也会被贪婪的洪流冲垮。

（二）坚持产业服务模式，反对金融交易模式

近年来，中国金融日益杠杆化、泡沫化、自娱化，违规混业经营日盛，结构复杂，秩序混乱，透明度低，导致这些金融乱象的病根是"金融交易模式"。金融中介醉心于金融交易投机套利，或诱导客户参与各种金融交易，使社会金融资源配置扭曲、恶化。因此，要使中国金融重回为实业服务正道，就必须对症下药，拿"金融交易模式"开刀。虽然金融交易是金融市场不可或缺的有机组成部分，承担了为融资提供流动性支持和价格发现的功能，但是这种功能在金融活动中处于从属地位，是对金融产业服务的间接支持。当金融交易本末倒置，成为金融

---

① 新华社. 全国金融工作会议在京召开［EB/OL］. (2017-07-15)［2018-10-10］. www. gov. cn/xin-wen/2017-07/15/content_ 5210774. htm.

的主要业务模式时，整个金融业就异化了。严格地讲，金融交易是"零和游戏"，虽然金融交易创造货币，但它不创造价值。金融交易成了金融机构自我服务、投机套利的滚滚财源。金融交易市场已经变成一个自成体系、自我循环的金融"飞地"。这不仅导致实体经济的融资难、融资贵问题，而且对整个经济、社会乃至国家安全构成了极大的威胁。

要彻底解决金融服务实体经济问题，并有效防控金融风险，唯一的战略选择就是：大力发展直接融资，严格限制金融交易。

（三）转变观念，把握重点，重视一级市场建设

资本市场是通过直接融资为实体经济配置资源的重要场所。如何加强资本市场建设？资本市场建设的重点在哪里？这些看似常识性的问题却长期陷入误区。毛泽东同志曾指出：抓住了主要矛盾，一切问题就迎刃而解了。[①] 在确定资本市场工作重点时，我们首先应该找到资本市场的主要矛盾。虽然一、二级市场是相辅相成的关系，但长期以来，人们自觉不自觉地把对资本市场的注意力集中在二级市场上，给予二级市场太多的关注。因为二级市场关系到太多人眼前的、现实的利益。实际上这是一个误区，资本市场的主要矛盾和问题不在二级市场。

资本市场的主要任务是通过发行股票、债券等筹集资金，而这项任务是通过发行市场即一级市场实现的。因此，无论从资本市场设立的宗旨目标，还是从实现途径来看，一级市场都是资本市场的主战场。抓住了这个主要矛盾，资本市场的发展重点就找到了。

[①] 毛泽东. 矛盾论 [M]. 北京：人民出版社，1975 年 12 月.

　　深沪两个证券交易所相继开始运行以来，已历经约 30 年的发展，但直至今日仍无法满足各方期望。最重要的原因是没有把工作重点放在对一级市场融资能力的培育上，没有把一级市场作为工作重心，反倒将工作重点放在二级市场上，导致一级市场服从二级市场。近些年来，我们的股市没有成为经济的晴雨表，倒是二级市场的行情成为有关各方人士心情的晴雨表。上上下下天天关注股指行情。关心的结果是，一级市场与二级市场的关系本末倒置，一级市场的发行规模、发行节奏要看二级市场脸色。一级市场的发行计划要根据二级市场的交投是否活跃、股指是高是低来制订。最不可思议的是，资本市场建立以来，不惜以牺牲资本市场融资功能维护二级市场，曾九次为了二级市场而长时间停止新股发行。空窗期短则数月、半年，最长一次长达一年三个月。二级市场过于低迷会严重影响一级市场的融资能力，市场会自动做出调节。发行与否是一个筹资者和投资者博弈的商业行为，市场接受不了，筹资者自然会知难而退，无须监管者操心。一个正常运作和可靠的一级市场，对资本市场的融资能力和投资者的信心十分重要，对资本市场支持实体经济的贡献能力更自不待言。对二级市场的认识误区还反映在为所谓的流动性提供杠杆交易工具，为对冲风险提供衍生品，结果适得其反，加剧了市场波动，增大了市场系统性风险，伤害了投资者，反过来又损害了一级市场的融资功能。2015 年的股市震荡，不能不说就是这方面的一个深刻教训。

　　让人欣慰的是，证监会近年来已经加大了对一级市场的政策倾斜和融资能力培养，新股发行持续加快。

　　因此，我们应该坚决把一级市场融资能力培育作为资本市场的重中之重，一切工作都要以围绕一级市场、服务一级市场、服从一级市场展开。

（四）准确定位二级市场，规范二级市场建设

金融二级市场是市场各方利益聚焦，参与人数最多的地方，也是参与者被利益驱使，很难清醒、自觉，极易迷茫难以自拔的地方。因此，二级市场尤其需要社会主义金融文化为其指点迷津，为其准确定位，规范其建设。

（1）二级市场定位。二级市场在两个方面提供服务。一方面，二级市场是为一级市场的投资者提供配置资源、转移风险的流动性支持和融资价格发现的。没有一级市场，二级市场就没有存在的前提。另一方面，二级市场是为二级市场的投资者提供透明、便捷、安全和低成本交易支持的。二级市场保护正当交易者的合法权益，维护公平交易原则，为投资者提供交易便利，但二级市场不鼓励维持正常流动性和正常配置资源交易之外的杠杆交易，限制投机套利交易，不提供杠杆工具、套利交易工具的制度支持。

（2）二级市场规范。规范二级市场建设，必须围绕社会主义金融价值观指导下的市场定位来进行，有所为，有所不为。

有所为，就是要加强市场透明度建设，维护市场秩序，坚决打击虚假信息、非公平交易、内幕交易和市场操纵等违法犯罪行为。

有所不为包括三个方面内容。

首先，要正确看待股指。以平常心看待股市潮起潮落，不以股指高低作为衡量股市优劣的标准。除非股票异动，股市剧烈波动，监管者不必每天关注行情（市场监察岗另当别论），还是应把注意力放在市场融资能力培养，市场规律规则研究，市场秩序维护，投资者保护和金融风险防控上。

其次，要正确认识流动性。流动性是市场融资能力的保障，适当的

流动性是一个健康有效市场的基本条件。市场正常的原生态的流动性来自市场交易标的物的整体价值水准，交易标的的赢利增长前景，不同投资者的风险喜好差别，不同投资者资源配置的时空差别。正是这种价值和差别，以及投机者的参与润滑，在正常的宏观周期经济环境下构成了一个良性的原生态流动性。但是真理和谬误仅一步之遥。以流动性为名介入资本市场的融资融券，打破了原有的流动性均衡。在熊市环境下，因投资者的集体悲观预期趋同，无人使用融资杠杆，于流动性无补；在一般市场环境下，流动性并无问题，融资杠杆的使用者往往都是投机者，投机加大了股市波动，加大了个股的非理性分化和市场投机氛围；当市场预期趋于集体乐观的时候，融资杠杆会提高。它会造成流动性泛滥，迅速加大市场泡沫，迅速冲顶透支牛市。而当市场预期逆转之时，2015 年的股市悲剧将会重演，使用融资杠杆的投资者可能被迫平仓而血本无归，融出资金的证券商可能集体平仓出逃而出现踩踏灾难。这时候，平日无人问津的融券可能就被派上用处，与股指期货跨市做空一道加速股市下跌。因此，我建议重新考虑融资融券问题。第一，融资融券是一个投机工具，不符合社会主义金融文化的价值取向。第二，融资融券于正常的流动性无补，它是一把双刃剑，助涨助跌，损害投资者利益，危害国家金融安全。即使我们加强节制监管、尽可能防控其风险，仍将劳民伤财，得不偿失。第三，如今国家经济结构调整的一项重大任务是减杠杆，但我们担负直接融资重任，而以为宏观经济减杠杆为己任的资本市场的交易活动却在加杠杆。这样一来，不仅挤占了支持实体经济的数以万亿的宝贵资金，也与国家战略逻辑不符。

最后，理性认识高频交易等技术工具。高频交易风靡美国等西方国家，近年在我国资本市场开始渐渐流行，2015 年，我国股市大幅波动中就有人利用高频交易赚得盆满钵满。对于高频交易之类的程序化交易现象，我们应该保持警惕，不要想当然被所谓的技术进步迷惑。在判断其是否适合引入之前，首先应该了解它被何人拥有？为何人服务？

高频交易的使用者一般都是财力雄厚、技术实力强的专业公司，为了提高交易速度，他们往往把服务器安装在交易所主机附近，或者铺设光缆专线、租用通信卫星。由此不难了解：这种纯逐利交易和支持一级市场融资毫无关系，获利者是市场专业炒家；普通中小投资者无力和他们竞争，不符合资本市场的公平交易原则，这种交易方式不符合社会主义金融文化的价值取向。同时，高频交易具有很大的技术风险隐患。2010 年 5 月 6 日，美国标准普尔 500 指数闪电崩盘，20 分钟下跌了6.2%，账面损失 8620 亿美元。事发当天，所有的人都深感震惊却不知祸起萧墙，直到很久后才知道这是高频交易惹的祸。

因此，我们应该在我国金融市场禁止高频交易。

（五）警惕金融衍生品的巨大破坏力

2008 年由金融衍生品引爆全球金融危机之后，我国金融界却自信满满"不信邪"，依然无视金融衍生品交易的巨大风险，信心满满地憧憬着中国金融衍生品市场的繁荣。近年来，我国金融市场相继推出股指期货、国债期货、期权乃至场外期权交易。这些产品均被视为金融创新以及市场发展的必然趋势，也被认为是完善市场结构、管理风险的最好方式。

香港原金融管理局总裁任志刚先生对金融衍生品一直持否定意见。他曾撰文指出，"过度聚焦于利润和分红的金融文化，催生了金融机构赢得零和博弈的欲望，投入大量精力去建立被格林斯潘美名为尖端金融的运作手段。创造复杂的财务安排和商业模式，迟早会令金融机构面临前所未见、无从量化并因此无法管理的风险，在不知不觉间甚至会酿成系统性危机"。他还说："监管机构似乎有一种集体倾向，会向以利润为主导的创新意念伸出欢迎之手。例如，监管机构接纳创新的金融衍生工具市场及产品，却没有质疑这些金融衍生产品对实体经济的功用。"久经沙场、在国际金融界广受赞誉的任志刚先生的真知灼见应该引起我们深思。

衍生工具既非社会主义金融文化逻辑，与服务实体经济毫无关系，还挤占实体经济资源，侵蚀中小投资者利益，它不断地制造和利用市场波动投机套利，引发了一轮又一轮的金融危机。这些以衍生品工具投机套利为生的金融机构，往往把自己也搭了进去，除人人皆知的雷曼兄弟的惨痛教训需要牢记之外，拥有两位因金融衍生品定价模型获诺贝尔奖的经济学家以及"华尔街套利之父"、前美联储副主席、前美国副财长等一大批金融天才的美国长期资本管理公司，在如此"梦幻团队"管理之下连续两次覆灭，这些惨痛的市场教训告诉我们，金融衍生工具对冲不了风险，只会制造风险。

可能还有人会有幻想，虽然衍生品有风险，但只要加强监管，层层设限，利用技术手段抑弊扬利就可安全无虞。

笔者认为，首先，衍生品在中国资本市场发展是一个战略方向上的错误，它不符合社会主义金融文化主流，是与服务实体经济对立的，不存在尺度把控的问题，也不必浪费监管资源。

其次，衍生品就像毒品，你不能指望瘾君子克制。有人说，美国衍生品交易爆发危机的原因是场外交易，我们要推出的衍生品是场内（交易所）交易品种。姑且不论衍生品的场内交易有无风险，曾几何时，国内的场外期权交易在"创新"的旗帜下做得风生水起，场外商品期货期权等竟然也举着为实体经济服务的旗帜。目前开展场外期权交易的机构众多，期权标的广泛，交易对手复杂，但无统一规则，仅靠自律风险很大。而近期场外期权市场规模陡增，市场透明度更成问题，高杠杆风险、跨市影响风险、借道隐蔽违规风险、投资者适当性管理风险等都在积累。若方向错了，便不能再指望监管，优秀尽责的监管者也会防不胜防。

衍生品就像一个魔咒，你只要打开盒子，它就会不断衍生裂变，日益复杂，直至无以量化、无从管理，爆发系统性风险。近年来，我国金融市场因衍生品交易的发展，复杂性、风险性大增，国内金融界颇具影响力的有关人士提出要推出信用违约互换（CDS）管理风险的动议。正如任志刚所言，"只要有一个合理的解释或借口，他们便会冒险。最常见的便是以恶名昭彰的信用违约互换去管理信贷风险及市场风险的改变。"这是一种危险的倾向，用一种风险工具去对冲另外一种风险产品，只会把这个市场搞得更加复杂，引发更大的风险。2008年，美国最担心的就是62万亿美元的信贷违约互换风险总爆发。不要指望利用金融衍生品避险，还是不相为谋为上。

（六）保护散户利益

习近平总书记在党的十九大报告中明确要求，"把社会主义核心价值观融入社会发展各方面"①。中国特色社会主义"要坚持为人民服务"，社会主义金融理所当然要贯彻社会主义核心价值观。社会主义文化就是服务于人民，社会主义金融文化就是要保护普罗大众的利益。

中国的资本市场长期以来一直是一个以散户为主的市场，因此而被诟病。虽然我们多年来一直坚持不懈地进行机构投资者培育，但这一状况未见明显改善。纵观美国机构投资者成为市场主体前后美国资本市场的变化，

---

① 习近平. 决胜全面建成小康社会 夺取新时代中国特色社会主义伟大胜利[M]. 北京：人民出版社，2017年10月.

我们发现机构入主上市公司之后，上市公司的发展战略、行为模式等都随着股东的变化而变得短期化了，市场更不理性了，成为弱肉强食的丛林。事实证明，机构并不比散户更加理性和高尚。中国资本市场散户为主的状况大概也是中国特色。我们应该正视这一状况在我国资本市场将长期存在，保护散户将是我们长期需要重点关注的重要任务之一。

金融交易是零和游戏，永远是少数参与者得益，多数参与者受损。而散户是零和游戏中的弱势群体，大多数情况下都是损失者，保护散户理应是监管者的责任。

保护散户除需要开展投资者教育、投资产品适当性管理、打击内幕交易和市场操纵之外，最重要的是应该用制度筑起防止非公平交易的篱笆，使大众投资者的利益保护措施到位有效。

首先，金融中介机构应该恪守客户代理人天职。尽其所能为客户竭诚服务，并收取与服务相匹配的报酬。由于金融中介机构享有优于客户的资讯获取、时机把握、通道等业务特权，对同一交易标的容易发生偷步抢跑，极易产生内幕交易或准内幕交易等问题，所以应该禁止金融中介机构从事自营交易。

其次，金融开放要注意保护散户。2015 年股市震荡之后，有人认为中国股市的主要症结是散户问题，应该引进美国的机构投资者对冲中国的散户，这哪里是"对冲"呀！分明是要来"割韭菜"。因此，金融开放首先应该规范我们的金融制度，不为金融自我服务留下漏洞，不为投机套利提供"割韭菜""剪羊毛"的制度便利。

党的十九大明确了在新时代全面建成社会主义现代化强国的新目标，明确了资本市场在新时代的历史重任，也为我们构建社会主义金融文化提供了历史机遇。用社会主义价值观重塑社会主义金融，让金融为中华民族的伟大复兴贡献力量。

遏止金融异化发展误国

文/张云东

金融是现代经济的动脉，是现代经济社会生活中企业、政府乃至居民须臾不可离开的供血系统，是整个经济体系中不可或缺、至关重要的组成部分。但是，真理和谬误就一步之差，越雷池一步，天使就会变成恶魔。如今，以美国为样板的中国金融市场的浪漫发展，不仅在赢利规模上喧宾夺主、超过了中国制造业；而且在业务模式上颠覆了为实体经济服务的本源，由"产业服务模式"异化为自我服务的"金融交易模式"。在新常态下，中国经济下行，实体经济不振，固然有诸多原因，但对金融的错误定位，漠视金融的放任无序发展，不能不说也是一个重要原因。而且，经济结构的扭曲，资源配置的错位，市场秩序的混乱，贫富差距的拉大，民众心态的浮躁等乱象无一不与金融异化发展有关。在金融发展问题上，我们是该醒醒了，是该停停步子，仔细思考了。我们应该深刻思考金融的本源，思考金融的功能定位，思考金融的业务模式，思考金融的规模经济。放任金融发展，载舟之水可能覆舟误国。

一、金融自大挤压实体经济

正如前美联储主席保罗·沃尔克所言，20 世纪 80 年代之后美国金融行业发生的最大也是最不幸的变化，就是金融已由当年的"产业服务模式"异化为"金融交易模式"。金融已不再是为实体产业提供资金融通、配置资源而安身立命的服务者，而是演变成为自我服务、不断追逐交易标的的牟利者。美国前财长助理布拉德福德·德隆教授说，金融成为一只吸附在实体经济身上的吸血乌贼。美国不断爆发的金融危机和产业空心化，正是这种不幸变化的必然结果。

如今，跟在美国身后的中国金融也在亦步亦趋，模仿美国金融市场包括重复它们的错误，贪婪地截流宝贵的资金，与实体经济争利。近年来，我国货币供应量增加不断创新纪录，但仍时不时出现"钱荒"，还经常听到呼唤"央妈"放水的声音。究竟何故？值得深思。2015 年我国广义货币 M2 同比增长了 14%，比 2014 年 12.2% 的增幅提高了 1.8 个百分点。截至 2016 年 1 月，广义货币 M2 存量高达 141.6 万亿元。相比下降的 GDP 增长速度和物价水平，不断增长的货币供应量不能说不多，但是中小企业融资难和融资贵的问题依然没有得到缓解。钱去了哪里？除了一部分资金在金融杠杆的帮助下继续流向房地产市场之外，金融的高回报成为分流吸噬资金的沼泽湿地，放水再多，资金也很难流入实体经济干旱的田野。

一方面，银行等金融机构绕开传统业务，"创新"利润环节，层层加码，使资金价格贵得实体企业无法承受。另一方面，各类金融机构如雨后春笋般涌现，金融市场规模急剧扩大，市场结构和产品愈发复杂。但是这种扩张和变化与我们所期望的金融服务实体经济却几无相关，目标高度趋同地涌向金融交易。银行、信托公司的理财业务大多都是以钱炒钱的金融交易类产品，它们还通过股权质押、股票交易配资为资本市场提供百害而无一利的交易杠杆牟利；保险业跨界经营融资平台，利用非资本的短期资金四处杠杆收购上市公司控股权牟利，并为系统性金融风险埋下隐患；证券公司开展助涨助跌的融资融券业务，为客户提供杠杆融资赚得盆满钵满；以避险为名的金融衍生品交易为投机者跨市套利提供获利条件，使资本市场变得更加凶险；一些市场机构利用技术、资金优势公然开展严重破坏资本市场"三公"原则的高频交易，洗劫广大中小投资者，大发横财。凡此种种，不一而足。金融的放任发展，使有志于此的各路神仙各显神通、为所欲为，分享丰厚的资本盛宴，而资金的稀缺性所决定的此消彼长却使得实体经济被不断挤向边缘。

继 2014 年金融机构贡献的所得税创纪录地与制造业所得税比肩之后，2015 年这种本末倒置的扭曲更加严重。2015 年，一方面，金融业企业所得税达 8572 亿元，同比增长 13.9%；另一方面，工业企业所得税只有 7425 亿元，同比下降了 5.3%。金融业企业所得税竟比工业企业所得税高出 15.4%。金融业的这些收入所得，部分来自高利息收入，另外相当部分都来自与实体经济无关的金融交易收入，且所占比例呈快速扩大趋势。这种违反经济规律的倒挂现象愈演愈烈，不仅严重地挤压了实体经济的生存空间，而且使得中国经济虚拟化程度加深，成为无源之水、无本之木，难以为继。这需要我们高度警惕，深刻反思金融战略和金融体制。我认为，中国经济要健康发展，要步入正轨，就要限制金融的无节制发展。

二、金融暴利腐蚀实业精神

金融业这些年来的疯狂扩张，其主要原因是金融业来钱易、来钱快、来钱多。牧人逐水草而居，商者受利欲所驱，这本是人之天性，无可厚非。但现代经济社会却有内在的生态规律，维持经济生态平衡是政府的天职，责无旁贷，不能借口由市场决定发展，放任自由主义泛滥，放任金融无序发展，那必将导致可怕的经济生态灾难。

实体经济虽然是经济的本源动力，但由于研发投资风险大、投资回报周期长、资产流动性差等原因，在财源滚滚的金融业面前十分弱势。如果我们不保持清醒，放任金融疯狂增长，放任金融规模随性扩张，放任金融投资收益与实体经济投资收益严重倒挂，那谁还会耐得住寂寞，眷顾实业？超高的金融利润不仅侵害现今实体经济的利益，最要命的是这种超高利润示范会腐蚀民族的实业精神。资本将追逐金融利益而去，人人都想搞"资本运作"，无人愿意投资费钱、费力、耗时的实业；社会精英、青年学子也将心浮气躁、急功近利，扎堆投机时髦的金融，不屑钻研从事国之根本的中国制造。长此以往，虚拟化的中国经济将靠什么支撑？失去原动力的中国经济将难以为继。

好在今天的中国实业界还有坚守制造业痴心不改、为研发制造中国的深海钻井平台投下血本、功绩卓著的中集集团麦伯良；有潜心研发、精工制造、硕果累累、名满中外的华为集团任正非；有豪情万丈为国制造、为国争光的格力集团董明珠等中国制造业的脊梁、新时代的民族英雄。我们应该弘扬这种献身实业，制造报国的伟大精神。我们更应动员引导更多的资源支持这些痴心不改、长期坚持实业"抗战"的优秀企业。我们应该重塑中国金融市场发展模式，为中国制造服务。

三、金融"创新"制造系统风险

金融"创新"如今是最时髦、最能迷惑人的概念。首先，我们不妨审视一下"创新"者的动机，看看"创新"的产品，就不难明白

"创新"是怎么回事。无论是华尔街的原创者，还是跟风的模仿者，有谁考虑过实体经济的需要？他们无一不是在为自己敛财牟利。他们"创新"的衍生品，哪些能把资金导入实体经济？无一不是巧取豪夺的工具。

其次，金融衍生品在微观上能够对冲风险的理论貌似成立，但市场实践却做出了相反的裁决。美国长期资本管理公司拥有两位因金融衍生品定价模型而获诺贝尔经济学奖的经济学家，以及"华尔街套利之父"、前华府和美联储财金高官等一大批金融天才，号称"梦幻团队"。但长期资本管理公司却没有逃脱失败的命运，栽在了看似风险不大的债券市场衍生品交易上。不甘心失败的这个几乎是原班人马的团队又东山再起，且吸取先前教训大大降低了杠杆，但还是无法摆脱覆灭的命运。这些惨痛的市场实践告诉我们，金融衍生工具对冲不了风险，只会制造风险。

最后，如果说金融衍生品交易风险在微观上尚有概率或然的不确定性，那么其在宏观上的巨大危害则是必然无疑的。虽然金融衍生品交易的立论在微观上是成立的，但是这些微观行为的叠加会产生核裂变般的不可控能量，对宏观经济造成严重破坏。2008 年，美国次贷危机造成的金融海啸席卷全球，不仅对美国经济造成严重破坏，对全球经济的巨大冲击影响直至今天依然在持续发酵。

2015 年，我国股市剧烈震荡，就是不明就里、不求甚解，盲目模仿美国的金融创新，放任金融浪漫发展，让杠杆交易、衍生品跨市套利肆虐的结果。本来是一个为实体企业提供直接融资支持的资本市场，却把各路巨额资金以各种形式投入股市炒作；原本为宏观经济减杠杆的直接融资市场，却莫名其妙地变成了一场加杠杆的投机交易盛宴，其逻辑让人费解！

短短两三周之内，杠杆牛市的大喜转瞬间变成大悲，实体经济短缺的巨额宝贵资金被股市交易裹挟而不知所踪，中小投资者被洗劫，宏观经济景气指数严重受挫。唯一令人感到庆幸的是，我国资本账户尚未开放，否则那将真是人为刀俎、我为鱼肉，那些被某些人盼来"解决中国投资者结构问题，对冲中国散户"的华尔街大鳄将全面血洗中国金融市场，那时候恐怕我们想救市也会束手无策，无从所救。那将不仅是一场系统性风险那么简单，势必会演变成一场颠覆性灾难。

2008 年美国发生金融海啸之后，直至今日，我国金融界依然对美国这场危机缺乏清醒深刻的认识，他们似乎形成一种共识，认为美国金融市场的方向是正确的，只是走过了头，而中国资产证券化还发展得远远不够。这是一种糊涂的危险观念。为了流动性，为了银行的资产负债表，为了解决不良资产，我们不仅搞资产证券化，还开始了风险极大的不良资产证券化。我们不会不知道，美国当年的次贷危机正是资产证券化或准确地说是不良资产证券化惹的祸，为什么我们还会如此自信，认为我们不会重蹈覆辙？也许我们知道"度"在何处，但是历史已经证明：一旦上路，任何力量都无法控制其发展程度。我不否定资产证券化的积极意义，但两害相权，我们不能饮鸩止渴，引发更大的系统性风险。与此同时，现在又出现了要搞信用违约互换的动议。我认为这是一种十分危险的倾向，试图用一种风险工具去对冲另外一种风险产品，只会把这个市场搞得更加复杂，引发更大的潜在风险。在 2008 年美国次贷危机过程中，美国金融界最担心的就是经投机杠杆反复翻炒，高达 62 万亿美元的这个貌似有避险功能的信贷违约互换市场风险的总爆发。因此，不要指望用孕育风险的衍生品避险，还是敬而远之为好。

四、拨乱反正回归金融本源

中国金融如此放任发展，正如美国前财长亨利·保尔森回顾2008年美国金融危机处置过程的那本书的书名"峭壁边缘"一样，我们正在一步步滑向峭壁边缘！当务之急是要从国家战略高度，重新审视金融战略、金融定位，敬畏存在巨大风险的金融市场。要破除金融迷信，破解金融迷思，要清醒地认识到美国金融市场复杂的结构和衍生工具绝不是现代经济的正确选择，而是华尔街利益集团的选择。服务实体经济的金融本不需要那么复杂，为借贷双方、买卖双方、投融资双方提供简单、便捷、低成本、高效率的中介服务即可。复杂并不是金融市场发达程度的标志，简洁倒应是金融市场的哲学。因此，我们没有理由相信金融市场复杂化和金融危机是现代经济的必然规律、代价和宿命。但是，如果我们放任金融市场发展，就必然要承受金融危机的沉重代价，甚至是颠覆性代价。在金融安全问题上，制度和方向正确是最关键的，我们不要指望金融人的理性、节制与内控，也不要指望监管。事实证明，贪婪会冲垮所有的堤坝。

美国虽然有保罗·沃尔克等有识之士深深忧虑金融的放任发展对美国的严重危害并试图力挽狂澜，但美国的政治制度和强大的华尔街利益集团决定了美国金融已无回头机会，势必深陷周期性泥沼，危机不断，直至美国时代的结束。我们中国还有机会，这种机会来自我们的制度优势。但是所谓机会往往稍纵即逝，留给我们的时间并不多！如果我们不清醒认识、不珍惜把握，那么金融的放任发展势必成为中华民族伟大复兴道路上的千古遗恨。

中国金融如何健康发展？近年来我们似乎感觉到金融的困局，不断地在讲金融改革，但我们认定的金融改革方向是否正确至关重要。如果我们跳不出新自由主义的窠臼，继续按照金融自由化的方向改革，则是雪上加霜。我们唯有改辕易辙，认真开展一场全面的拨乱反正。

拨乱反正，首先是价值观的正本清源，让金融重新回归服务实体经济的本源。应该一切唯实体经济是从。所有的金融活动、金融产品要与实体经济比对，有益于实体经济的就干，与实体经济无关的就坚决不干。要特别警惕当今盛行的"挂着羊头卖狗肉"——打着为实体经济服务的旗号为自己牟利的金融现象。

拨乱反正，就要有所为，有所不为。应该坚持"产业服务模式"，反对"金融交易模式"。中国金融的价值规范应该明确为：鼓励直接融资，限制金融交易。所有的金融政策和金融活动都必须遵循这个价值规范。

（一）鼓励直接融资

大家都知道，直接融资对于中国宏观经济，对于实体企业的重要作用，毋庸赘言。遗憾的是，直接融资始终是中国经济的短板，是中国金融之痛。究竟何故？问题何在？很显然我们这些年说的是一套、做的是一套，大部分金融资源都自觉不自觉地流入金融交易市场。因此，我们应该下决心把直接融资作为金融市场建设的首要任务、主要工作，全力以赴搞好资本市场建设。建设资本市场我们不需要各种衍生"创新"添乱，不能急功近利，不应投机取悦有关各方。我们应该潜心思考，保持定力，踏踏实实地搞好市场基本建设即可。所谓基本建设，首先，要集中行政和市场资源支持资本市场建设，打破部门割据，把所有属于直接融资的证券买卖行为都纳入证券监管部门统一监管，以便执行统一的行为监管规范，杜绝监管寻租，为形成统一协调发展的资本市场创造条件。

其次，建立以透明度为纲的市场哲学，构建以会计师、律师、媒体、公众、监管者为主体的信息透明度保障系统，监督发行人向市场提供真实、准确、及时、完整的经营信息和风险报告，用严刑峻法惩戒虚假信息的提供者和中介责任人。

再次，严格执法，维护市场秩序，无论牛市还是熊市，不论股指高低和市场情绪如何，坚持刚性执法，严厉打击内幕交易、市场操纵和市值操纵等违法犯罪行为，保护中小投资者利益和市场公平预期。

最后，把优化资源配置作为资本市场的主旨、主线，纠正放任劣质上市公司存续、姑息绩差股恶炒的错误观念和灰色市场文化。坚持优胜劣汰机制，坚决不让垃圾股挤占市场资源，对于借壳重组，其标准与发行上市标准同一，严格限制。实行最严厉最坚决的退市制度，遏制绩差股炒作泛滥，吐故纳新，使资本市场恢复健康，实现资源配置优化。

中国资本市场经过 20 多年的发展，成绩斐然，积习也甚重。我们一方面要扎扎实实加强基础建设，包括改革股票发行上市制度，努力使市场供求趋于平衡；另一方面也要破除美国迷信，革除既有市场弊端，使其适应为中国实体经济筹融资金、配置资源的大任。

（二）限制金融交易

对待道貌岸然、纷繁复杂的金融交易，我们不要迷信，不要犯懵，应该自信，多问几个为什么？凡与支持服务我实体经济无关者，一概摒弃。

第一，限制金融机构规模无序扩张。如今，浮躁、浮浅、短视的商业文化使人们对金融趋之若鹜，人人都想插足金融，各种金融机构如雨后春笋、层出不穷。然而，众多金融机构大多都集中在金融交易领域，做的都是以钱炒钱的生意，这样必然要增加交易环节，推高资金价格，增加资金成本，吞噬挤占实体企业利益。因此，除允许增加一些与直接融资有关的金融机构，如开发性、政策性的金融机构之外，不要幻想增设新的金融机构就能解决中小企业融资难、融资贵的问题，要严格限制增加商业金融机构与实体经济争利。

第二，严格金融许可监管。金融是高风险行业，应该首先考虑的是安全问题。防范风险，保护消费者、债权人、权益人利益特别是中小客户利益是金融行业的首要任务和基本前提。因此，首先，要严厉打击非法集资和非法经营，不能漠视放纵，时紧时松，线上线下标准不一；其次，要加强准入监管，未经许可禁止以任何形式从事或变相从事金融业务。负面清单管理制度是放松管制、提高效率、为实体经济增强活力的良政。但是，从金融行业风险特性和消费者保护角度来看，金融负面清单管理还值得商榷。因为最高明的监管者也会落后市场半拍，不可能开出前瞻性的负面清单。如果在金融市场"法无禁止即可为"，则一些"聪明人"可能会受利益驱动搞出一些损害实体经济或投资者利益且风险巨大的自我服务套利创新，等监管者发现将为时已晚。这样不仅会造成难以挽回的损失和破坏，而且还会因利益集团的游说、阻挠很难纠正。中国的金融监管已经相当粗放了，再实行负面清单管理，金融安全将何以保障？

对于互联网金融也应实行许可监管，我们应该清醒看待所谓互联网金融，它仅仅是金融业务的新技术载体，并非新主体。传统金融机构可以利用，具有互联网技术优势的企业转投金融行业也可以利用，但这种提高金融业务效率的互联网技术的运用并未改变金融的基本特性，也并未改变金融的规律和规则。反倒是互联网的开放性和传输扩散速度导致互联网金融业务风险更大，需要加强更具针对性的监管而不是放松监管。对于新技术，我们应该支持、敬畏，但不能换了"马甲"就不知是何方神圣，就无所适从。

第三，清理整顿理财市场。如今的理财市场五花八门，发行机构众多，理财产品繁多，管理缺乏规范，投资者保护欠缺。并且，理财收入大多来自各种交易类产品。虽说理财市场在一定程度上满足了百姓的理财需求，但是却抬高了资金成本，难为了实体企业，并且给客户、对金融系统都带来了巨大的不确定性风险。因此，应该高度重视理财市场乱象，认真清理整顿理财市场。可以考虑将理财产品纳入债券市场规范，统一监督管理。

第四，清理整顿各种地方金融交易场所。发展直接融资支持实体经济需要多层次资本市场，但金融的高风险特性决定了发展多层次资本市场需统一规划，有序设立，不能放任地方随意批设。2011年，针对各地争相设立金融或类金融交易场所的乱象，国务院发文要求清理整顿，遗憾的是清理整顿不了了之，匆忙验收，导致此后出现了涉案金额近430亿元、超过22万名投资者遭受损失、危害严重的庞氏骗局式的"泛亚"事件。在严肃查处追究"泛亚"事件的同时，我们应该举一反三，清醒认识还可能存在类似更大隐患和潜在的系统性风险，重新认真开展对各种地方交易场所的清理整顿，治理金融交易泛滥乱象，防患于未然，保护广大中小投资者的利益，维护金融市场秩序，保障金融安全。在清理整顿完成之后，再统筹规划部署多层次资本市场建设。

第五，明确金融交易规范，维护市场秩序。发展直接融资必须有一个健康、稳定、有序和高效的二级市场为其提供流动性支持。而且，这个市场应定位明确，即支持直接融资，为实体经济服务而不是为投机交易服务。因此，这个市场应该是证券转让的现货市场，去杠杆化，满足投资者交易和资源配置即可。不能把资本市场变成金融投机家利用资金、信息、技术优势予取予夺，巧取豪夺，洗劫中小投资者的场所。

有鉴于此，首先，应该禁止银行资金进入股市，防止股市本末倒置，走向自己的反面，把为实体企业融资的市场变成一个与实体企业争食、挤占实体经济资源的市场。其次，保险市场应该注重投保人利益和险资安全，在坚守主业的前提下，让保险资金扮演好股市稳定投资者的传统角色，不能异变为一个撬动巨额资金进行杠杆交易的风险偏好者，警惕其高回报融资风险，警惕非资本的期限错配杠杆收购给保险业和资本市场带来风险。再次，应该禁止以交易技术创新面目出现，利用技术优势、资金优势进行明显违反市场公平原则的高频交易等交易方式，保护广大中小投资者等市场弱势群体利益。最后，应该重新审视融资融券业务，清醒认识杠杆交易并非资本市场流动性所必需。融资杠杆会助长股市疯涨，透支股市动力。而当股市反转下跌后，它会不同于没有融资杠杆的市场（大多数投资者仅仅是账面浮亏被套，券商、银行无虞，国家也无须救市）的情况。加上融券对股市下行的助推，融资杠杆使用者会被强制平仓，真金白银血本无归，甚至倾家荡产。极端情况下的集体踩踏也会危及融出资金者和银行，引发系统性风险，逼迫国家救市。不争的事实是，理论和实践告诉我们，融资融券对于直接融资有百害而无一利。我们应牢记2015年股市血的教训，再也不能继续演绎宏观经济去杠杆、股市加杠杆的荒唐逻辑了。

对于金融衍生品我们更应保持清醒，不要再受华尔街的蛊惑。既然没有充分的理论和实践证明金融衍生品对经济源泉的实体经济有用，既然美国的实践已经证明衍生品从微观到宏观都风险巨大，有些人为什么还要不信邪，非要蹚那浑水，自我作乱，给自己和国家添大麻烦呢？

我们国家目前正处在经济社会转型的关键时期，我们不应该折腾，也经不起折腾。客观地看，金融是我们的软肋，是我们国家安全最薄弱的防线。因此，我们不能放任金融无序发展和资本账户自由化误国误民。常言道，知易行难。但在金融发展战略方向这个问题上却是"非知之艰，行之惟艰"！如今金融利益集团已经开始形成，业内模糊发展观念普遍，要在金融领域开展一场拨乱反正的金融改革非常困难，似乎已无可能。但是这关系到国家的命运和人民的福祉，我们应深刻反省，痛下决心，坚决改革，把金融重新导入正轨，回归服务实体经济本源。否则，我们有可能倒在中华民族伟大复兴的门前。

不忘初心　我们今天为了谁

——审视我们的市场实践

文/张云东

一个民族、一个国家、一个政党应该珍惜自己的历史传统，珍惜自己在历史中形成的理想、信念、价值观，特别是要珍视在自身发展过程中发挥了决定性作用的政治信仰、社会理想，并在新的历史时期，在面临新的历史任务时，一以贯之地传承和贯彻这种理想、信念及价值观，将其落实在新时期的政治、经济、社会制度和各项政策之中，付诸当今的社会实践。

否定历史对今天生活的积极意义和因果关系，忘记先辈们的伟大信仰和光荣传统，就意味着背叛，而背叛者是没有明天的。

一、长征精神

2016 年是纪念红军长征胜利 80 周年之年。对于这段伟大而悲壮的历史，我们耳熟能详。十多年前，为了继承红军长征精神，培养青年干部的意志品质，我和我的团队分期分批，用了十年时间完成重走长征路的计划。我们踏访了革命摇篮井冈山，三湾改编、古田会议旧址，红色故都瑞金，长征出发地于都河，惨烈的湘江战役发生地，毛泽东同志重回红军领导位置的遵义城，红军四渡摆脱敌军的赤水河，红二军团、红六军团转战的湘西，红一方面军、红四方面军会师的雪山——夹金山下的达维小镇，"高原寒、饮断粮"的茫茫若尔盖草地，等等。沿着红军先辈长征的足迹徒步拉练，让我们真实地感受到了红军长征中所遇到的艰难险阻，难以想象的艰苦卓绝，让我们更加敬佩红军惊天地、泣鬼神、亘古未有的伟大革命精神，也激励着我们在新长征的监管岗位上继承长征精神，勇于担当，为国奉献。

在纪念红军长征胜利80周年之际，再次重温这段历久弥新的历史，我又一次被深深震撼。特别是当红五军团红三十四师及其师长陈树湘的故事以革命历史剧《绝命后卫师》在电视荧屏上真实再现时，更是将我带入80多年前那场惨烈的湘江血战，感动不已。中央红军开始长征后，红三十四师担负全军的后卫任务，在湘江战役期间，红三十四师6000将士在中央"红星"纵队的后方阻击人数十几倍于自己的敌人，殊死激战四天五夜，直至中央红军主力渡过湘江。红军主力过江之后，这支绝命后卫师成为唯一一支整建制被阻断在湘江东岸的红军部队。在阻击战中，红三十四师大部分将士已经牺牲了，余部在突围过程中绝大部分也壮烈牺牲，腹部中弹重伤的师长陈树湘被俘。在被敌人押送的担架上，他从腹部伤口中掏出自己的肠子，绞肠绝命！这位参加过秋收起义，年仅29岁的红军师长，实现了他为苏维埃中国流尽最后一滴血的誓言，让人唏嘘痛惜不已！

湘江战役之后，经过遵义会议的红军在长征途中又经历了千山万水、千难万险，一路披荆斩棘、破关夺隘，克服了无法想象、常人无法承受的重重困难，一次次绝地重生、一次次转危为安，最后终于胜利到达陕北。

红军在国民党数十万绝对优势兵力的围追堵截、残酷绞杀，以及极其严酷恶劣的自然环境的双重打击之下，付出了巨大的代价，最终取得长征胜利。这胜利缘何而来？我们不难得出这样的结论——长征的胜利是信仰的力量之使然！由信仰武装起来的红军官兵明白，他们今天的奋斗和流血牺牲是为了在中国建立一个没有剥削和压迫的新社会，广大工人农民将在一个人人平等的人民共和国里当家做主。为了实现这个崇高的理想，他们在革命斗争中表现得英勇无畏、不屈不挠、前赴后继、舍生忘死。

长征，不仅仅是一场艰苦卓绝的军事远征，更是一场改写了中国历史并改变了中国命运的远征。更重要的是，长征精神是我们中华民族宝贵的精神财富，是我们的民族精神之魂。珍视传承长征精神，我们的信仰将更加坚定，我们的意志将更加坚强，我们的方向将更加正确。面对历史，我们选择的道路将更加自信。由此，我们才能自立于世界民族之林。中华民族，才能千秋万代、生生不息。

长征是超越意识形态的人类共同的精神财富。在21世纪初，美国时代生活出版公司出版的《人类1000年》一书，将长征列入从公元1000年至公元2000年人类历史进程中发生的100件重要事件。与长征一起入选的有关中国的重要事件一共有三件，另外两件重要事件，一件是火药武器的发明，另一件是成吉思汗建立帝国。长征是此书中所记载的近代以来中国唯一举世瞩目的重大事件。正如《长征》一书作者王树增所说："长征这个事件在精神层面上影响了人类进程。它告诉人们，人类精神文明中最宝贵的就是永不言败，就是顽强不屈，就是高举自己信仰的旗帜、高举理想的火炬，义无反顾地走向自己设定的目标，不达目的绝不罢休。"

作为一个中国人，作为一个永远都受惠于红军长征精神的中国人，我们应该珍视伟大的长征精神，用长征精神激励、引领今天中华民族的伟大复兴事业。

在缅怀红军长征胜利之际，我们也不得不看到当今社会信仰的缺失，价值观的迷失，以及西方思潮对我国经济社会发展实践的误导，等等，此时我心情倍感沉重。我们应该认真思考正在从事的事业，应该认识到，我们今天的事业是与长征一脉相承的，是革命理想的继续。

习近平同志在庆祝中国共产党成立 95 周年之际号召我们不忘初心、继续前进。为此，我们当以长征精神作为今天我们事业的一面镜子，检查对照我们正在做的事情，是否与红军先烈先辈的信仰一脉相承，是不是他们为之奋斗的理想期望？我们应该时刻保持清醒，知道我们是从哪里来、要到哪里去。

虽然时代在变化，今天社会生产力水平大大提高，物质财富大大增加，生产方式和生活方式与 80 多年前相比已经呈现出极大的不同，但长征精神依然并永远是我们前进道路中的理想火炬。拼搏奋斗、正义公平，永远是我们的精神财富和追求的理想。

在新的历史时期，我们应该不断反躬自问：我是谁？为了谁？我们要在政治、经济、社会等方面不忘初心，遵循社会主义的基本原则，建立符合社会主义核心价值观的各项制度，施行符合社会主义核心价值观的具体政策。

二、坚持正确的价值取向

不忘初心，是要我们坚持近百年前建立中国共产党和 80 多年前红军长征时的伟大信仰，保持追求先辈理想的热情，坚定不移地继续走中国特色社会主义道路。

当今世界错综复杂，有些人就像迷途的羔羊，自觉或不自觉地迷失自己的价值和方向。

不忘初心，首先要理直气壮、旗帜鲜明地高举社会主义伟大旗帜，在建设事业中坚持社会主义核心价值观引领我们的方向，审视我们的实践活动。毫无疑问，我们的理想和价值观就是国强民富，追求公平正义，在实事求是、兼顾效率的前提下走让全体中国人民共同富裕的道路。

不忘初心，坚持正确的价值观最重要的前提是自信，要坚持道路自信、理论自信、制度自信、文化自信。然而，要建立自信，一个无法回避的问题就是如何看待西方。毋庸讳言，近代以来，西方在工业革命的推动下取得了很大的进步，为人类文明发展做出了相当大的贡献。但是，西方的领先在很大程度上也是建立在殖民掠夺、地缘资源优势、对广大劳动人民残酷剥削压榨的原始资本积累基础之上的。二战之后，西方国家的发展复兴在很大程度也得益于对社会主义制度的学习借鉴，它们因此缓解了社会矛盾，从而促进了发展。

在经济方面。自20世纪80年代以来，西方国家，特别是美国，在新自由主义的旗帜引导下，金融资本市场本应为实体产业服务，却放任自身泛滥，喧宾夺主，变为以自我服务的金融交易模式为主导。其结果一是吸引挤占了大量实体经济发展所需的资金资源，造成工业空心化；二是金融衍生品等杠杆交易泛滥成灾，金融泡沫以有别于传统经济周期的方式不断破裂，造成危害全球的经济危机和长时间的经济萧条；三是以金融交易为特征的金融资本主义进一步加大了贫富的两极分化，撕裂了社会。如今，世界上最富有的1%的人拥有全球财富的50%，而全球80%的人只能分享全球财富的5.5%，并且贫富差距还在继续迅速扩大。

在政治方面。西方国家自以为占领了道德高地，但它们唯我独尊的民主是建立在金钱、媒体和竞选者竞拍福利政策的基础上的。选民被媒体误导，还被政客不负责任、难以兑现或贻害后代的不断加码的福利政策诱导。真不知道他们手中的选票如何能够找到理性之"北"。不可否认，西方民主制度之中最有价值的就是制衡。可偏偏就是这个宝贵的制衡在西方政客手中已经被异化，"制衡"变成了"拆台"，为了利益集团的利益，为了政党的利益，他们不讲政治道德，不顾大局利益。

因此，我们应该客观清醒地认识西方制度的利弊，不迷信，不盲从。即使对于西方社会中一些先进的、有价值的东西，我们也不要忘记"南橘北枳"的道理，在任何情况下，适用性一定比先进性重要，任何先进的理论均具有历史和文化的局限性，不可能放之四海而皆准，只有在特定的时间和空间之下，主客观条件完全契合时才是有效的。"先进性"脱离了时空条件，就有可能由"先进"变为"落后"。

不忘初心，就是要知己知彼，洞若观火，有自信，有定力，按照我们自己的价值观义无反顾地走中国特色社会主义道路。

近些年来，我们学界和政府中的一些人受西方新自由主义影响，盲目崇洋，推崇西方思想，模仿西方制度，照搬引进了一些西方市场制度和政策。改革开放是我们既定的国策，我们鼓励支持引进西方先进成果，为我所用，但一定要立足国情，不能照抄照搬，照单全盘接受，更不能盲目引进与我们社会主义价值观不相容的东西。中国改革已进入深水区，在这个深水区里，水文复杂，暗流涌动。因此，我们要高度关注政策的作用力方向和客观上的价值取向，要高度警惕各种利益集团对制度和政策的影响和误导。

三、清醒认识国家利益所在

不忘初心，要建立一个国家强盛、人民幸福的社会，必须在战略层面清醒认识国家利益和人民福祉所在。否则，不仅无法实现预定目标，还会深陷泥沼，给国家和人民带来灾难。我们必须保持清醒的头脑，透过现象探究本质，排除干扰，摈弃杂念。搞明白什么是有利的，什么是有害的，不能囫囵吞枣，全力以赴实现保障国家利益和提高人民福祉的战略目标。

（一）战略利益的选择——中国制造

我国是一个幅员辽阔、人口众多的大国，即使在全球化的今天，我们也不可能像一个小国那样在国际分工中按照互补优势去选择一个角色。我们的地缘、人文、政治和安全环境都要求我们必须建立一个相对完善、自成体系、健康均衡的经济系统，而这个系统的基础动力就是制造业。

制造业的重要地位，无论在蒸汽时代、电气时代还是在今天的互联网时代，都是不可动摇的。制造业是国之根本，是一切经济活动的源泉和所有其他行业的基础。一国制造业的规模和水平决定了一国的综合实力，抵御风险和危机的能力，保障国防安全的能力，也决定了一个国家的国运。

近年来，有些人不断鼓吹建立服务业大国，误以为"去工业化"是一种产业升级的合理趋势；而不明白服务业比重的增加是由于随着社会进步人们服务消费需求增加了，制造业劳动生产率的提高和技术的进步，导致劳动力从制造业向服务业转移是一种自然而然的变化，不能揠苗助长。与此同时，服务业比重的过度增加也会带来两大弊端：一是生活性服务业的劳动生产率比制造业和生产性服务业的要低，从而降低了全社会的劳动生产率；二是将重蹈美国等西方国家近 30 年来盲目发展服务业、"去工业化"的错误，导致产业失衡，严重影响整体经济体系正常运行，失去了高技术制造业支持的高技术服务业将难以为继。

有鉴于此，我们不仅要正确认识和处理好实体经济与虚拟经济的关系，也要正确认识和处理制造业与服务业的均衡发展关系，分清主次从属，防止在产业结构调整中出现产业结构过度软化、产业空心化和生产率低效化现象。制造业是我们国家经济战略的重中之重，我们必须调动主要资源，倾力支持"中国制造"。

要支持中国制造，有一个绕不过去的问题就是金融异化和金融化的房地产对中国制造业造成的妨碍。

（二）妨害战略利益的选择——金融化

中国经济目前正处于一个历史性的调整阶段，粗放高速式发展已经成为过去，新的增长方式正在酝酿，中国经济发展政策正在选择调整中。

破解中国经济下行难题，究竟是让市场机制发挥作用，以达到"市场出清"均衡；还是政府积极作为，投资产业升级，特别是原有产业的改造升级？这些政策选择对重振中国经济，实现持续增长非常重要，需要我们保持清醒，运用智慧。

另外一个与市场机制有关的经济金融化的问题，同样值得我们严肃对待。

有两个现象需要我们关注并思考：一是央行释放的流动性十分宽裕，但资金价格却居高不下；二是企业投资实体经济，特别是投资制造业的意愿不强，投资金融食利的热情却十分高涨。2015 年，金融企业缴纳的所得税达 8572 亿元，同比增长 13.9%；而工业企业缴纳的所得税为 7425 亿元，同比下降 5.3%，而且这种本末倒置的现象还在不断恶化。

以上两种现象足以说明，我国经济已经严重金融化。金融的异化发展，以及早已不是为满足百姓住房需求的房地产疯狂投资，已经严重地损害了实体经济，挤压了实体经济的发展空间——一是挤占了实体经济发展所必需的资金资源；二是投机交易赚钱的快捷与暴利，腐蚀了投资创业的企业家精神，毒害了中国的投资文化；三是釜底抽薪，破坏了制造业的软硬环境基础，使中国制造业出现未老先衰之势。

对于金融异化发展和金融化房地产的泛滥，我们不能无动于衷，如果继续放任其自由发展，必将彻底破坏我国经济生态系统，使其难以为继，给国家和民族造成灾难。

为什么我国经济会出现这种金融化局面？我认为，主要原因是我们对金融和金融化房地产的发展采取了放任自流的态度。我们还缺乏对市场的辩证认识，被自由市场的迷雾遮蔽了眼睛。

在这里，我不准备讨论"教科书式经济学"中理性经济人假设下的一般均衡能否成立，也不想求证一般均衡状态到底有没有在现实经济中（包括美国）实现过，而是从市场现象出发来讨论放任金融和金融化房地产后的资金流动的必然路径。

逐利是资本的本性，而金融资本的逐利方式，又具有自己的特性，是一种缺乏耐心的短、平、快方式。金融资本的这种短线赢利方式与工业企业的长期资金需求的特点即投资周期长、投资风险大、资产流动性差存在天然矛盾。近些年来，由于我们被金融发展程度代表了经济体发达程度的神话所迷惑，放任金融自由发展，放任金融化房地产疯狂增长，使大量资金通过各种渠道流入不能对生产增长产生贡献，却只是分享发展成果且具有杠杆化暴利的房地产和金融投机交易等食利产业，房地产和金融成了吸纳和分流资金的低洼湿地。无论央行放水多少，资金却流不进干涸的生产领域。资金只会变成投机交易的银弹，一轮又一轮炒高房地产、大宗商品和各种金融交易标的的价格，从而进一步加大经济泡沫风险。

当下中国经济增速放缓，这其中固然有一般意义上的经济结构、产业结构等矛盾交织的问题，但不能忽视我们的大产业政策问题，不能忽视实体经济和虚拟经济本末倒置的问题。

我们需要从两个方面对我们的市场实践进行审视：第一，我们要坚持社会主义制度的基本原则。虽然我们高举的是社会主义市场经济的旗帜，但在市场实践中，我们却放任金融、房地产在流动性幌子下的投机、套利、杠杆化。我们不能只是埋头搭建市场，"完善"市场结构，"丰富"交易产品，建立交易制度，追求技术"创新"，不能忘记中小投资者和全体人民的利益，不能忘记我们建立市场经济是为了谁？我们建立交易制度、丰富交易产品是为了谁？是为了为实体经济和投资大众配置资源，还是为了少数人利益服务？第二，我们不能被金融神话所迷惑，不能误以为经济金融化、金融复杂化是现代经济发展与进步的必然趋势。中国经济要重回健康轨道，就必须对大产业政策即虚拟经济与实体经济的关系加以调整，把颠倒的产业结构重新调整回来。

首先，应溯本求源，重新认识金融本源。金融本来就是为实体经济中的借贷双方和买卖双方提供信用交易中介服务的，是为实体经济配置资源提供从属服务的配角，不是现代经济系统的主角。美国20世纪80年代之后掀起的金融创新，把金融业务模式由"产业服务模式"转变为"金融交易模式"，演变成为金融业自我服务、侵蚀剥削实体经济的模式，脱离了为现代经济服务的功能。现代金融市场本不需要那么复杂，金融复杂化并非金融市场发达的标志。金融市场的复杂化、衍生化、杠杆化和交易化，都是有违我们初心的金融自我服务的需要。我们应该破除金融迷信，明晰经济金融化和金融复杂化一是会导致金融与实体经济争利；二是会制造泡沫、引发金融危机。我们应该认真反思美国2008年金融危机和我国2015年的股市风波，让金融回归服务实体经济的本源。

其次，打破金融复杂化禁锢的思想牢笼，重新定义金融服务概念，规范金融从业范围，禁止金融企业从事信贷中介服务和资本市场融资代理服务之外的一切金融交易业务，严格限制衍生品交易以及融资融券等杠杆交易，直至取消。

最后，重新定义房地产市场，使其成为一个为居民提供住房消费和为商业机构提供生产经营场地的市场，限制房地产金融化。

总之，我们应该通过规范和限制金融与房地产市场的无序发展，扭转资源配置的非理性化。

四、重建市场秩序

市场的光环往往会蒙蔽我们的眼睛，影响我们的是非、价值判断力，破坏社会主义价值观，破坏市场资源配置功能，破坏市场秩序，使我们将巧取豪夺的邪恶现象和行为误认为是符合市场逻辑的合理状态。

（一）为市场定位，让市场做正确的事情

我们之所以搞社会主义市场经济，目的是更有效率地建设一个强盛且使全体人民能够共同富裕的国家。为了实现这个目标，我们在确定国

策时首先要区分国家经济社会领域中什么是通过市场进行的创造财富的生产经营活动，什么是由政府承担的分享经济成果的社会福利活动。我们不能把所有的资源配置都交给市场，不能把为人民群众提供福利的事业变成营利性的产业，加重人民群众的负担，也不能让市场经营者侵蚀国家的福利投入，这是社会主义市场经济的基本属性决定的。

因此，我们应该让市场做它应该做的事，不能错配不同属性的资源配置功能，办错事，办糟事。

基于以上逻辑，我认为将教育产业化和医疗市场化并不是正确的选择，因为它们不能体现和发挥社会主义制度的优势。

第一，教育是关系子孙后代和民族素质的大事，是国之根本。受教育也是社会主义中国每个人应该享有的基本权利，教育事业应该是国家承担的福利事业，而不是市场化的产业。教育产业化，一是会加重人民群众的负担，甚至剥夺一部分穷人受教育的公平权利，破坏社会主义制度的基本原则，固化并加大贫富差距；二是由经济利益驱动的教育产业化经营更注重经济效益，可能弱化教书育人宗旨，毒害校园文化，降低教育质量。社会主义的教育事业不应该开放给市场。

第二，医疗事业直接关系人民群众的身体健康，是头等民生大事之一。新中国成立之后，党和国家在十分困难的条件下关注解决人民群众的健康问题，积累了很多适合中国发展的宝贵经验，其中一条重要的经验就是把医疗卫生定位为社会主义福利事业。改革开放后，我们一度受到不懂卫生经济的"唯市场派"经济学家的影响，在医药系统推行市场化运作，以药养医，创收趋利。尽管国家为人民群众的医保账户投入巨额资金，但也无法填满营利性医院的创收欲壑，看病难、看病贵的问题长期未得到解决。

医疗是市场严重失灵的领域，无法靠市场机制解决。药品不是普通商品，靠市场解决不了公益性问题，严格监管药品的生产和销售永远是政府的责任。我们不能选择美国市场化医药制度的失败样板，而应当学习英国公立医疗体系，借鉴日本立法禁止开展营利性医疗服务的经验，在医药系统坚持去市场化，恢复公立医院的非营利公益性质，以比市场化更小的投入，建设好公立医院，为人民群众保健康、谋幸福。

（二）价值观与市场秩序认识

由于现代经济具有活动内容丰富、交易方式多样、参与主体众多、利益诉求复杂等特性，市场秩序成为各类市场须臾不可或缺的组织条件。市场秩序是保护市场参与主体利益、界定交易标的、规范交易行为、合理配置资源的基本保证。不同的市场，因其交易标的不同，有不同的市场秩序要求。而同一类型的市场也会因其社会制度和价值观的不同，对市场秩序有不同的理解，这种不同的理解也会反映出不同的制度规则、不同的监管倾向和不同的资源配置导向。

以最具市场典型意义的资本市场为例，西方资本市场经历了一百多年的发展，在保护中小投资者利益、规范交易行为、打击虚假信息、市场操纵、内幕交易等方面已经形成了相对成熟的秩序规范。这些秩序规范有相当一部分值得我们借鉴，但是，由于新自由主义的深刻影响，西方资本市场放任金融利益集团以创新为名进行自我服务，推动衍生品、杠杆交易泛滥，放任非实体产业的主体杠杆收购，阉割企业长期增长能力等，对西方经济体的长期发展造成了严重的负面影响。

我们社会主义国家在利用市场配置资源的时候，要坚持正确的价值观，兴利除弊，为我所用。

近年来，特别是自2015年以来，我国资本市场频频出现一些与主流保险业完全不同的、新兴的以万能险为融资工具的保险公司和其背后的控股集团，以杠杆来猎购股权分散的优秀上市公司的现象，并由此引发了极大的争议。在这些争议中，虽然有一些属于概念错误、不得要领的无稽之谈，但有一些需要关注，如在监管层和学界中有些人对这种现象的认识。一方面，有一些人认为，这是一种正常的市场现象，或者是一种必然的市场趋势；另一方面，有一些人认为，这种收购对中国经济具有积极的意义。有鉴于此，对于这种有关市场秩序和资源配置导向的重大问题，我们应该予以澄清。

（1）要从战略高度认识杠杆收购。对于任何一个经济体来说，产业并购确实非常重要。它可以实现资源整合、优势互补、规模经济，形成集约化优势，这是我们乐见并鼓励的。遗憾的是，有一些人没有认识到这种在同一行业中或同一产业链上的产业并购与杠杆收购是不同的，只是进行简单类比。他们看到美国 20 世纪 80 年代之后杠杆收购盛行，就想当然地认为杠杆收购出现在中国也是必然趋势，其实是只知其一、不知其二，没有透过表面现象深入了解杠杆收购对美国经济的长期负面影响。

20 世纪 80 年代之后，美国私募股权公司的资本运作者纷纷启用连环高杠杆现金收购上市公司。他们入主上市公司的目的就是炒高套利，从未进行长期投资打算，不可能为公司长期发展考虑布局；另外，作为资本运作高手，他们不懂被收购公司的行业，不可能为公司长期发展提供专业意见，只能靠削减开支、裁员和减少研发投入等手法粉饰报表，炒作获利。

这种财务型杠杆收购对公司有两大危害：一是这种收购其实是釜底抽薪，破坏了公司的研发投入、再投入良性循环体系，使公司失去持续创新能力，发展难以为继；二是因为收购者的短期行为会与以公司事业为己任的杰出管理者的长期事业精神、价值观、战略安排相冲突，逼走优秀管理团队而使公司失去长期发展能力。美国大批优秀企业正是被这些短期行为的杠杆收购者掏空、榨干的，这也是造成美国产业空心化、"脱实向虚"的重要原因。

因此，我们要清醒地认识到，杠杆收购并不等同于产业并购，它并非善类，会对实体经济造成严重损害，我们应该警惕这种情况在中国重现。

（2）资本市场不能蜕变成巧取豪夺的场所。资本市场是实体经济资源配置的场所，尽管参与主体众多，利益诉求不同，但应坚定其为实体经济服务的属性、资源配置的倾向性，为投资大众利益服务的价值观不能动摇。

目前，资本市场的资源配置功能开始劣化，栽树的得不到资源倾斜支持，而摘果的却得到了行政资源眷顾。在资本市场上那些所谓的资本运作机构挟持中小投资者资金，利用杠杆呼风唤雨、攻城略地、四处套利，动辄数以十亿、百亿入账，难道这是保护正常的市场秩序吗？虽然我们的目标是实现共同富裕，我们也鼓励民营企业家在实体经济领域建功立业，发财致富，推动社会进步，可我们的制度不能鼓励巧取豪夺。虽说资本市场是现代经济配置资源的必要条件，但资本市场并不创造财富，其二级市场上演的只是在财富交易分配中此消彼长的零和游戏。因此，我们的制度选择绝不能允许金融大鳄在资本市场中掠夺广大中小投资者利益。

（3）杠杆收购不是资本的力量。在自2015年以来有关收购的争议中，有一种意见认为，这是资本收购，是资本的力量。我认为这不是资本的力量，不是资本收购。众所周知，资本是股东权益，是与负债相对应的概念。而无论是保险资金还是与它们一致行动的控股集团的收购资金，都不是自身的资本，而是负债。

何谓杠杆收购？杠杆收购就是负债收购。要说力量，那仅是牌照的力量，并不是什么资本的力量。杠杆收购者违背保险资金投资保守、稳健、作为经济社会和资本市场稳定器的行业传统，而是激进、冒险、急功近利地把万能险转换成融资理财平台，利用这个融资平台，联手信托公司、券商、银行的各种理财和资产管理计划，聚合巨额资金用于对标的上市公司的收购。无论他们是直接筹资还是通过各种复杂的包装计划间接筹资，这些资金的性质都属于负债，都属于他们在收购计划中使用的超级杠杆，而不是他们的资本。

需要指出的是，虽然他们在合同期内可以使用这些资金，但他们和资金权益人之间仅仅是一种代理关系，无权把这种短期委托资金用于长期的、风险巨大的、谋求上市公司控制权的超级杠杆收购。原因是：首先，他们并未真实、详尽地向投资者披露委托资金的使用计划，仅仅笼而统之地概括为债权、股权投资，组合投资等，委托人根本不知道这些资金是被用来做杠杆收购的，更不知道这其中蕴含的巨大风险将会由自己背负。他们剥夺了委托人的知情权，有欺诈之嫌。其次，作为一个固定收益投资人，委托人回报有限，却要承受代理人投资的高风险，但高回报与其无缘，风险和报酬不对等。最后，从法理上来看，代理人的杠杆收购可能越权侵占了委托人在被收购公司的股东权利。

尽管代理人对这种短期资金有滚动置换的安排计划，但一旦市场出现突变，资金滚动计划势必中断，短期投资人、理财客户将损失惨重甚或血本无归。那么这种实质上的对短期投保人、理财客户的绑架，就有可能演变成对整个金融系统的绑架。

我们应该明晰，一方面，这种野蛮的杠杆收购牟取的是少数人的巨大私利；另一方面，杠杆收购者占用了巨额的国家公共金融资源。如果成功，他们赚得盆满钵满；如果失败，广大中小投资者和国家买单，承担巨额损失。这种游戏相当于赌资是别人提供的，赌赢了归赌徒所有，赌输了由提供赌资者认赔。

新加坡金融监管局在总结 1997 年亚洲金融危机教训时就指出，导致这场危机的一个十分重要的原因就是家族金融集团对国家公共金融资源的占有和支配。我们应该高度警惕，这惊人相似的一幕幕，正在我国金融市场上重演。

（4）正视问题，积极应对。对于杠杆化的收购乱象，我们不要一叶障目，仅仅把它看作是一场股权之争，要从更高的层面来认识这个问题。杠杆收购不仅仅会引发金融风险，更深层次的问题是，任其发展，将会对国家资源配置导向造成巨大的负面影响。我们必须旗帜鲜明地支持在实体经济领域辛勤耕耘的财富创造者，不能放任即变相鼓励财富掠夺者。我们有必要采取断然措施，积极应对和制止，防止这些有害的金融工具对我国经济社会产生灾难性影响。

首先，我们无须投鼠忌"器"，无须忌惮市场上的"规则"之说。这里没有保护中小投资者利益、维护市场秩序的规则障碍，反倒是野蛮的收购者不仅在钻规则的空子，而且还在肆意破坏信息披露、公平交易、诚信履行代理权等基本规则。有的还勾结庄家，采取举牌拉高，庄家出货，"秋后分账"等卑鄙手段操纵股市，残酷掠夺中小投资者利益。我们应该清醒地认识到，并无规则支持这种杠杆收购，金融行业是高度敏感的行业，是关系社会公众利益、国家安全的高风险特许经营行业，不属于法无禁止即可为的行业。

其次，即使有规则漏洞，监管机关也应该尽责作为，可以从法理精神出发，即从保护中小投资者利益、维护市场秩序、优化资源配置、保护金融安全出发，向杠杆收购方发出监管意见书，制止杠杆收购等越权代理行为。

再次，专项检查那些围绕杠杆收购活动开展的市场反映强烈的虚假信息、市场操纵、内幕交易和老鼠仓等违法活动，一经查实，严厉打击。

最后，从修订部门规章入手，先易后难，积极修法，禁止杠杆收购，明确规定金融机构对上市公司仅可实施财务投资，并限定其投资上市公司的股权比例，以及所占自身金融资产比例的上限。

五、迷途知返，遏制金融混业经营

美国罗斯福总统为遏制金融资本的贪婪特性而制定的强制金融分业监管的法规——《格拉斯－斯蒂格尔法案》，已于 1999 年 1 月被废除。视华尔街为圭臬的中国金融界，也为混业解禁鼓噪、探路、闯关了十多年，中国金融的分业经营在一定程度上已经有名无实。《格拉斯－斯蒂格尔法案》所禁止的银行用民众存款直接或间接从事金融投机在中国早已不成禁令，商业银行资金流入股市作为融资杠杆炒股也已经毫无障碍。我国金融市场的许多乱象都与金融混业经营有关。

我国的金融界同人是否注意到，受美国民主党总统竞选人桑德斯影响和迫于美国公众的强大压力，美国民主党将恢复《格拉斯－斯蒂格尔法案》写入大选纲领，共和党也主张恢复《格拉斯－斯蒂格尔法案》。

美国金融改革的路向之所以突然变化，要纠正金融混业，这是美国民众对美国金融模式频频引发金融灾难危害实体经济的觉醒。美国似乎要迷途知返。中国金融将何去何从？

不忘初心，在任何时间、任何领域都应该是我们的选择。

金融市场资管产品投资中的交易架构设计

文/司马雅芸[①]

2017 年 7 月 14 日至 15 日，第五次全国金融工作会议在北京召开，习近平总书记与李克强总理以及多个国家部委负责人出席参加，会议围绕金融服务实体经济、防控金融风险、深化金融改革三项任务对全国金融工作做了全面部署。本文将从金融机构资产管理计划产品的监管口径出发，剖析各类资产管理计划产品的投资范围、投资偏好及相关因素对交易结构的影响，为金融更好服务实体经济，提供审慎创新与稳健发展的新思路。

金融机构通过对外投资等方式运用其持有的金融资本时，除了采用直接投资的方式外，还采用委托投资或通过不同类型的资产管理计划产品进行投资的方式，此方式也是金融创新的重要途径之一。创新是推动金融业前行的动力，但创新必须依法合规，因此，牢牢把握监管要求、严格在合格投资范围内进行资产管理产品的投资，至关重要。同时，机构投资者由于其资金来源、性质、回报要求等多因素的影响，形成各自特有的投资偏好，也对产品交易结构设计有重要影响。

一、各类资产管理产品的投资范围比较

目前，在中国主要有八大类的泛资产管理计划的产品，主要涉及基

---

① 司马雅芸，北京市道可特律师事务所高级合伙人。

金管理公司、基金子公司、证券公司、银行、保险公司/保险资管公司、私募基金、信托公司、期货公司等主体。

由于各类资产管理产品各自处于不同的监管系统、归属于不同的监管机构，同时各自的业务范围也有较大区别，从而使得每类资产管理产品均具有不同的投资口径，面临不同的监管要求。从总体上看，整个资产管理行业的监管还是体现谁家的孩子谁抱走原则，按照资产管理产品发行机构的不同进行分业监管。具体如表2所示。

表2　各类资产管理产品监管部门、发行主体及产品投资范围

监管部门	资产管理产品发行主体	可发行产品	产品投资范围
中国证券监督管理委员会	证券公司	券商集合计划	股票、债券、股指期货、商品期货等证券期货交易所交易的投资品种；央行票据、短期融资券、中期票据、利率远期、利率互换等银行间市场交易的投资品种；证券投资基金、证券公司专项资产管理计划、商业银行理财计划、集合资金信托计划等金融监管部门批准或备案发行的金融产品。除了不能直接发放贷款、不能投资未上市股权、不能投资不动产之外，基本上囊括了其他各项金融资产
		券商定向资管计划	由证券公司与客户通过合同约定，不得违反法律、行政法规和中国证监会的禁止性规定
	基金管理公司	资产管理计划	现金、银行存款、股票、债券、证券投资基金、央行票据、非金融企业债务融资工具、资产支持证券、商品期货及其他金融衍生品
	基金子公司	资产管理计划	(1) 现金、银行存款、股票、债券、证券投资基金、央行票据、非金融企业债务融资工具、资产支持证券、商品期货及其他金融衍生品；(2) 未通过证券交易所转让的股权、债权及其他财产权利

（续表）

监管部门	资产管理产品发行主体	可发行产品	产品投资范围
中国证券监督管理委员会	私募基金	私募基金	私募基金财产的投资包括买卖股票、股权、债券、期货、期权、基金份额及投资合同约定的其他投资标的
	期货公司	期货公司资产管理计划	(1) 期货、期权及其他金融衍生品； (2) 股票、债券、证券投资基金、集合资产管理计划、央行票据、短期融资券、资产支持证券等； (3) 中国证监会认可的其他投资品种
中国银行业监督管理委员会	商业银行/商业银行理财子公司	银行理财产品	银行间固定收益类债券、挂钩衍生品的结构性产品、"非标债权"的融资项目、两融收益权、结构化信托中的优先级、债权直投计划
	信托公司	信托计划	信托公司管理运用或处分信托财产时，可以依照信托文件的约定，采取投资、出售、存放同业、买入返售、租赁、贷款等方式进行。中国银行业监督管理委员会另有规定的，从其规定。信托公司不得以卖出回购方式管理运用信托财产
中国保险监督管理委员会	保险资产管理公司	基础设施投资计划、不动产投资计划和项目资产支持计划	限于银行存款、股票、债券、证券投资基金、央行票据、非金融企业债务融资工具及信贷资产支持证券、基础设施投资计划、不动产投资计划和项目资产支持计划等"非标"资产

（一）证监会监管的资管产品

1. 证券公司

证券公司发行的券商集合计划，除了不能直接发放贷款、不能投资未上市股权及不能投资不动产外，投资范围基本上涵盖了其他各项金融资产。

证券公司发行的券商定向资管计划的投资范围最为宽泛，其可以进行债权融资，这种优势往往可以为券商集合、银行理财等无法放贷或不能投资某些领域的其他资管产品提供嵌套的通道选择。然而，随着监管部门政策的逐步调整及收紧，这种为绕开监管采取的嵌套方式将逐步被规范，也将成为不被鼓励的投资模式。2017 年上半年证券公司资产管理业务规模如表 3 所示。

表 3　证券公司资产管理业务规模

产品类型	产品数量（只）	资产规模（亿元）
集合计划	3497	22212.38
定向资管计划	19315	154444.21
专项资管计划 （不包括证券公司管理的资产支持证券）	117	921.05
直投子公司的直投基金	658	3 396.88
合计	23587	180974.52

资料来源：中国证券投资基金业协会. 证券期货经营机构资产管理业务统计数据（2017 年二季度）［EB/OL］.（2017-08-03）［2017-09-10］. http：//www. amal. org . cn/tjsj/xysj/zqqhjyjgzcgly-wtjsj/392274. shtml.

2. 基金管理公司

基金管理公司的基金专户投资范围不包括交易所市场或银行间交易的产品、非标准化的私募产品（如信托计划、券商资管等）及未上市股权。在此基础上，为了拓宽基金管理公司开展资产管理业务的范围，同时也为了更好地隔离风险，政策层面允许基金公司设立基金子公司并给予更宽泛的投资范围。2017 年上半年基金管理公司管理公募基金规模如表4所示，专户业务规模如表5所示。

表4　基金管理公司管理公募基金规模

基金类型	基金数量（只）	基金份额（亿份）	资产净值（亿元）
封闭式基金	397	6956.03	7163.23
开放式基金	4022	89381.17	93560.15
股票基金	718	6093.33	7286.8
混合基金	1915	17885.11	20052.75
货币基金	325	50915.62	51056.69
债券基金	934	13536.67	14209.77
代客境外理财（QDII）基金	130	950.44	954.14
合计	4419	96337.2	100723.38

资料来源：中国证券投资基金业协会．证券期货经营机构资产管理业务统计数据（2017年二季度）［EB/OL］．（2017-08-03）［2017-09-10］．http：//www.amal.org.cn/tjsj/xysj/zqqhjyjgzcgly-wtjsj/392274.shtml.

表5　基金管理公司专户业务规模

产品类型	产品数量（只）	资产规模（亿元）
基金公司	6942	63415.7
一对一产品	4190	41552.78
一对多产品	2752	7552.61
社保基金及企业年金	—	14310.31

资料来源：中国证券投资基金业协会．证券期货经营机构资产管理业务统计数据（2017年二季度）［EB/OL］．（2017-08-03）［2017-09-10］．http：//www.amal.org.cn/tjsj/xysj/zqqhjyjgzcgly-wtjsj/392274.shtml.

3. 基金子公司

除了不得直接或者间接持有基金管理公司、受同一基金管理公司控股的其他子公司的股权，以及不得以其他方式向基金管理公司、受同一基金管理公司控股的其他子公司投资以外，基金子公司的投资范围几乎囊括了所有投资领域，如银行间市场和交易所市场所有品种，与保险公司对债券和股票投资标的有一定要求相比，基金子公司投资此类资产的范围可以说是相当宽松了；除前项之外的其他债权、股权或财产权等也属于基金子公司的投资范围。基金子公司资管计划灵活的投资范围，突破了传统信托、银行理财、保险资管的很多约束，成为名副其实的全能型"通道"。2017年上半年基金子公司专户业务规模如表6所示。

表6　基金子公司专户业务规模

产品类型	产品数量（只）	资产规模（亿元）
基金子公司	11375	85948.3
一对一产品	6770	70109.1
一对多产品	4605	15839.2

资料来源：中国证券投资基金业协会 . 证券期货经营机构资产管理业务统计数据（2017年二季度）［EB/OL］. （2017-08-03）［2017-09-10］. http：//www. amal. org . cn/tjsj/xysj/zqqhjyjgzcgly-wtjsj/392274. shtml.

4. 私募基金

《私募投资基金监督管理暂行办法》第二条尽管没有排除非标债权投资，但此办法的发布机构是证监会。由于非标债权投资涉及的监管主体是银监会和人民银行，前者是非标债权投资的机构监管主体，后者监控调节宏观融资总量，所以人民银行1995年发布的《贷款通则》仍然有效。因此，私募基金投资债权仍然多数走信托、银行委贷等通道。私募基金可以开户入市后，将改变此前私募基金借道其他资管入市的局面。2017年上半年私募基金管理机构资产规模如表7所示。

表7　私募基金管理机构资产规模

基金类型	基金数量（只）	认缴规模（亿元）	实缴规模（亿元）
私募证券投资基金	26490	16599.01	16599.01
股权投资基金	17654	80287.82	45697.47
创业投资基金	2966	6847.89	4911.41
顾问管理基金	4225	10402.56	10402.56
其他	5241	21782.68	16942.86
合计	56576	135919.96	94553.31

资料来源：中国证券投资基金业协会.证券期货经营机构资产管理业务统计数据（2017年二季度）[EB/OL].（2017-08-03）[2017-09-10].http://www.amal.org.cn/tjsj/sxsj/zqqhjyjgzcgly-wtjsj/392274.shtml.

5. 期货公司

期货公司资管产品的投资范围虽然上位法是《私募投资基金监督管理暂行办法》，但期货公司资管产品的投资范围比较狭窄。结合实践来看，其可以投资的范围应当与券商集合计划的投资范围相近，但比券商定向资管计划和私募基金的投资范围要窄。实际上，期货公司资管产品基本上涵盖了除直接债权和不动产之外的其他各类投资品种。实践中，其目前主要偏向自主或外聘投资顾问的衍生品投资，或者以结构化产品的方式作为其他资管类型的通道业务。

（二）银监会监管的资管产品

1. 商业银行/商业银行理财子公司

目前，银行理财仍然以预期收益型产品为主，总体而言理财产品的投资范围局限于债权、普通客户理财、股权以及不在投资范围之列的其他财产类产品。与其他产品的适当嵌套，有可能为银行理财产品提供投资渠道。但是，高净值客户或私人银行客户，投资范围更加宽泛，包括上市及未上市股权投资。

相对而言，银行理财产品的最大优势在于发行人的信用，所以一直以来带有预期收益率的固定收益类理财产品都有刚性兑付的预期，然而从风险隔离角度看，这是监管层所无法容忍的，所以针对银行理财产品需要从其自身信用中隔离，从制度上进行改造。2014年7月，银监会发文强制银行进行理财事业部改革，后续陆续有商业银行设立理财子公司。

银行理财产品中QDII基金的投资范围相对更广一些，尤其通过海外票据，几乎可以联结一切其他类别产品（外汇、大宗商品、股权、债券、衍生产品、其他混合产品比如优先股可转债等）；如果银行理财产品直接投资QDII基金则约束相对更多一些，比如不能增加杠杆，禁止投资住房抵押贷款或大宗商品。中国银行业2014—2016年理财市场月末存续情况如图1所示。

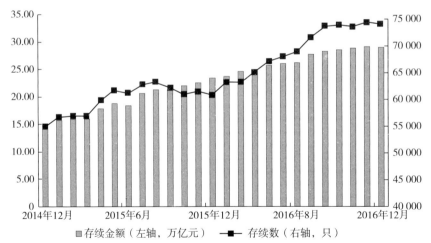

图1 中国银行业理财市场月末存续情况（2014—2016年）

资料来源：银行业理财登记托管中心. 中国银行业理财市场年度报告（2016）[EB/OL].（2017-05-19）[2017-09-10] . http：//www. cfen. com. cn/cjxw/jr/201705/t20170519_ 2604592. html.

2. 信托公司

信托公司产品投资商品期货、股指期货、融资融券等均有严格的限制甚至禁令，主要投资方向为非标债权融资、股票投资、未上市股权投资，一般不能直接投资于商业汇票，不能进行正回购操作。

信托公司在中证登开立"股票账户"一度陷入停滞，导致信托公司仅存的信托账户成为稀缺资源，直到 2012 年中证登发布《信托产品开户与结算有关问题的通知》，允许信托公司为信托产品开立信托专用证券账户。在监管部门正式发布的文件准入规定之外，类似中债登和中证登这样的中央结算公司，在央行或证监会授意下，可以通过"接受"或"不接受"开户来行使实际准入权，这是实际监管中的另一种隐形限制。从 2013 年 6 月开始，央行暂停了所有资管产品在银行间债券市场新开户，随后虽恢复了部分开户，但准入门槛比 2013 年之前大幅度提高。此外，针对信托公司参与股指期货，银监会在 2011 年就发布《关于印发信托公司参与股指期货交易业务指引的通知》，给予明确允许，但仅限于套保和套利目的交易，结构化集合信托不得参与，并设置一系列比例约束挂钩净资本和集合计划本身持有的权益类证券。

（三）保监会监管的资管产品

保险资产管理公司的产品投资范围限于银行存款、股票、债券、证券投资基金、央行票据、非金融企业债务融资工具、信贷资产支持证券、基础设施投资计划、不动产投资计划、项目资产支持计划及中国保监会认可的其他资产。保险资管产品投资范围包括基础设施投资计划、不动产投资计划、项目资产支持计划等投资品种的，保险资产管理公司应当在产品合同和产品募集说明书中说明相应的投资比例、估值原则、估值方法和流动性支持措施等内容。

根据中国保险资产管理业协会公布的数据，截至 2017 年 7 月，保险资金运用余额为 144264.58 亿元，较年初增长 7.73%。其中，投资银行存款 19588.12 亿元，占比 13.58%；投资债券 49882.54 亿元，占比 34.58%；投资股票和证券投资基金 18412.73 亿元，占比 12.76%；其他投资达 56381.19 亿元，占比 39.08%。

另据统计，保险资金在维护金融市场稳定和服务实体经济的积极作用得到彰显，截至 2017 年 8 月底，累计通过基础设施债权计划、股权计划等方式，直接服务实体经济重大建设项目金额超过 4 万亿元。

二、金融机构投资者的投资偏好

金融机构作为成熟的机构投资者，因其资金实力雄厚，品牌影响力强大，资源整合能力强，政策把握及时准确等特点成为资本市场中的佼佼者。保险公司、银行、信托公司及证券公司具有自身优势和丰富经验，同时由于其资金性质及风险要求，这些金融机构投资者往往也带有非常鲜明的投资偏好。

（一）保险资金

保险资金，是指保险集团（控股）公司、保险公司以本外币计价的资本金、公积金、未分配利润、各项准备金及其他资金。运用保险资金入市投资会涉及众多投保人、投资人的利益，投资时更应保持审慎的态度。因此，监管部门在逐步扩大保险资金投资范围的同时，也着力于在法律层面平衡保险资金的安全性和收益性。

根据保监会披露的《2016 年保险统计数据报告》，2016 年末我国保险资金总资产已经达到 151169.16 亿元，较同年年初增长 22.31%，资产规模实现较快增长。但如此规模的资产在投资实践中仍倾向于安全性优先、收益率偏低且波动较大的投资，所以总体上还不能完全满足保险资产组合稳定收益的要求。

保险资金具有资金量大、投资周期长、投资回报要求安全稳定的特点，这意味着，大部分保险资金实际愿意投资的项目具有一定的同质化。总体而言，保险资金更希望能找到长期的、安全性高的投资，重大的国家基础设施项目、合适的商业不动产项目，都非常符合保险资金的偏好。

具体而言，保险资金更加倾向于投资具有以下特点的投资标的：

第一，安全性高。由于保险资金是保障型资金，保险资金对投资对象与交易结构的安全性要求较高。因此，保险资金更倾向于选择标准高、等级优、增信措施强、风控要求严的项目，并且该类项目应多投向关系国计民生、国家战略的领域。

第二，期限较长。保险资金具有长期价值投资的需求，因此更青睐于投资较长期限的标的。

第三，规模较大。与安全性高、期限长的投资需求相对应，保险资金更倾向于投资规模大、现金流充沛的优质资产。

第四，收益适中。在风险可控的前提下，保险资金需要的是相对稳定的中等回报，并且其对当期净值有着较严苛的要求。但现实情况与保险资金当期净值的要求存在着一定差距，因为当前我国私募股权基金在投资的前 3~4 年，整体净现金流和回报持续为负，直到投资收益开始回收才会变为正。

（二）银行资金

银行是我国金融机构中最重要且实力最雄厚的组成部分之一，在我国金融体系中占据举足轻重的地位。我国银行的主要类型包括政策性银行和商业银行，根据政策性银行与商业银行设立目的与职能的不同，监管部门对于其参与股权投资的规制也不相同。

根据银行业理财登记托管中心发布的《中国银行业理财市场年度报告（2016）》显示，截至 2016 年底，一般个人类产品存续余额为 13.46 万亿元，占全部理财产品存续余额的 46.33%；机构专属类产品存续余额为 7.52 万亿元，占全部理财产品存续余额的 25.88%；私人银行类产品存续余额为 2.08 万亿元，占全部理财产品存续余额的 7.18%；银行同业类产品存续余额为 5.99 万亿元，占全部理财产品存续余额的 20.61%。

从投资偏好来看，银行理财资金投资的资产结构比较稳定，债券、存款、货币市场工具等较为稳健的资产仍然是银行理财资金的首选。截至 2016 年底，债券、存款、货币市场工具是理财产品主要配置的三大类资产，余额占比为 73.52%，其中，债券资产配置比例为 43.76%。

（三）信托资金

据相关资料统计，截至 2016 年底，信托资产规模突破 19 万亿元。2016 年，全行业信托资产管理规模增长率超过 20%，资产管理规模实现了重大突破。

信托资金主要投向的领域有五类，分别是基础产业、房地产、工商企业、金融市场和其他。因各自的股东结构、业务发展模式等诸多因素的不同，不同信托公司在信托资金投资领域的选择方面也表现出明显的差异性。

尽管目前主流的信托资金投向领域是前述的五类，但信托公司也在不断转型，寻找更加契合自身特点的投资方向，如艺术品投资、新三板投资等新兴领域。此外，信托资金出现转型的原因还有两点：一是金融混业竞争的加剧，证券资金、基金子公司、期货资管等都加入了"类信托"业务的大军；二是监管力度在不断加大，当前愈发严格的政策也在为信托资金不断转型施压，鞭策其"修炼内功"、服务金融市场。

（四）证券资金

证券公司，是指依照《公司法》和《证券法》的规定设立的并经国务院证券监督管理机构审查批准而成立的专门经营证券业务，具有独立法人地位的有限责任公司或者股份有限公司。

券商资管产品可投资的领域相对广泛，因此证券资金并无显著或特别的投资偏好。但是在经济环境和监管环境已经发生较大变化的情况下，券商资管行业也在进行转型，监管力度的升级在不断推动着券商资管行业回归本源。券商资管行业在客户渠道、投资管理、产品投向方面具有较大优势，因此有望从渠道模式下迅速实现转型。

随着监管层对通道业务关注和调控的开始，券商资管行业应根据产品投向计提风险准备金，这使得证券资金的风险偏好下降。券商资管产品在直接融资方面具有明显的优势，所以其投资银行业务地位将大幅度提升。另外，与信托公司和基金子公司相比，券商资管行业在 ABS 上设计能力更强，销售能力也具有明显的优势，未来或将大有可为。

随着监管力度的不断加大，通道业务的逐渐收紧，势必会促使券商资管行业将一部分通道业务转换为主动管理业务。相比信托公司和基金子公司，证券公司拥有优秀的一、二级市场研究能力，并且人才储备充足，可以充分运用其一级市场的投行能力和二级市场的投研能力。

综合而言，在强监管、去杠杆的大方向下，未来券商资管行业将逐步回归本源，依托自身优势去通道并积极转型为主动管理。

三、复杂交易中规则的运用及设计

金融机构及机构投资者通过资管产品对外投资，往往标的很大，交易结构较为复杂，需要考量的因素较多，最核心的是围绕监管要求以及投资者自身的投资风格、投资偏好进行综合考虑，并进行适当的交易模式安排，这也将大大增加交易成功的概率，否则就容易由于某些结构不合规，或者没有达到投资者的风控/回报要求而一再调整，甚至中断。以下是笔者在专业法律实践中亲身参与的一个复杂交易的项目案例，因对监管制度的理解、创新，对各交易方其他需求的合理安排，促使这个项目成为保险资金股权投资的重要创新示范项目，项目灵活运用了保险资金股权投资计划、银行信托计划、私募基金等多种金融产品搭建，进行了一定的结构化交易安排，在保险资金股权投资行业产生了较大影响，对实体经济及地方经济建设发展给予了大力的支持，产生了很好的社会经济效益。

案例：

广东（人保）粤东西北振兴发展产业投资基金中
LP 的结构性安排

人保资本投资管理有限公司（以下简称"人保资本"）系人保集团

直接控股的全资子公司，是人保集团旗下专门从事股权投资、债权投资的专业化运作平台。2014 年，人保资本发起设立了广东（人保）粤东西北振兴发展产业投资基金项目股权投资计划（以下简称"人保投资计划"），认购有限合伙基金（基金总体规模为 121 亿元人民币）份额。北京市道可特律师事务所作为人保资本该股权投资计划产品的专项法律顾问，参与并为该产品的设立提供了全程法律服务。

2015 年 11 月，在由中国保险资产管理业协会（该协会是由保监会和民政部批准成立的全国性保险资产管理行业自律组织）举办的首届保险资管产品创新大赛中，人保投资计划荣获大赛最高奖项——一等奖。

在保险资金投资行业内，人保投资计划在多方面进行了创新与开创。人保投资计划是第一只由省级政府与保险机构合作设立的城镇化基金，采取了省级和地市两层结构，基金层面采用差异化的结构化设计，满足了保险、银行等大型投资机构投资者的风险偏好，而基金对外投资的投资标的及投资策略是较为市场化的。

在奥东西北振兴发展产业投资基金（以下简称"粤东西北振兴基金"）层面的架构中，重要 LP（有限合伙人）主要有三个：人保投资计划、银行系信托计划以及其他地方企业。

人保投资计划作为保险资金的专业投资通道，募集的资金来源以保险资金为主，它所表现出来的投资偏好具有保险资金投资的典型特征，即由于保险资金是保障型资金，其要求投资对象与交易结构的安全性高。保险资金运用的三项原则依次为：安全性、流动性、收益性，可见安全性是放在第一位的。同时，保险资金具有负债周期长、规模较大的特点，适合相对中长期的投资项目。

而银行系信托计划代表的是银行资金的投资偏好和策略，因为银行资金投资的灵活性和便捷性，其更重视项目整体的收益情况，在安全性的要求方面没有保险资金那么严苛。

基于上述两类机构投资人的不同偏好和投资策略，粤东西北振兴基金根据基金的潜在 LP 的情况，进行了一定的结构化设计，尽量满足各个 LP 的诉求。

在普通的有限合伙企业中，如无特别明确，一般 LP 的权利义务地位均同等。但这种结构无法实现粤东西北振兴基金各个 LP 的差异化投资诉求，因此，有必要人为创设一定的差异化权利义务，并与不同来源的 LP 紧密结合，最终在基金内部实现合伙人分级机制，人保投资计划作为基金的优先级 LP，银行系信托计划作为基金的次优先级 LP，其他地方企业作为基金的劣后级 LP。

第一，在收益分配、清算退出等直接涉及资金安全和收益安全的关键环节，人保投资计划作为优先级 LP，在收益分配和清算退出时享有最优先的分配权利和优先顺序；银行系信托计划作为次优先级 LP，在收益分配和清算退出时享有晚于人保投资计划的第二顺位的分配权利和优先顺序；其他地方企业作为劣后级 LP，在收益分配和清算退出时享有晚于人保投资计划、银行系信托计划的第三顺位的分配权利和顺序。在此安排下，人保投资计划作为对资金安全要求最高的 LP，实现了在基金内部架构设计范围内最大限度的保障，而银行系信托计划也取得了相对的次级优势地位，同样得到了劣后级 LP 顺序劣后的保障。相对地，优先级 LP、次优先级 LP 在投资收益分配的收益额计算上也会适当地放弃一些浮动的收益。

第二，在合伙人会议、投资决策委员会权力结构搭建等关键环节，有别于普通投资基金的倾向于 GP 绝对控制投资决策的框架，粤东西北振兴基金基本采取了一致决策、"共识决策"等表决结构，基本平衡了各个 LP 对风险控制的诉求，其与所谓 LP 参与有限合伙事务的情形具有较大的区别，更多的情况下，在对拟投资项目的类型、投资条件有一定共识的前提下，此类一致决策只是机构投资者的一道风控防火墙，若其行使否决权是会非常谨慎的。

第三，除在粤东西北振兴基金平台内部进行前述安排外，人保投资计划还通过一定的基金外部增信措施，确保合理收益的取得和投资本金的收回，如采取收益差额补齐及基金财产份额回购等措施。

第四，在基金层面，通过不同 LP 资金来源的组合，粤东西北振兴基金还实现了与商业银行的紧密合作，商业银行资金除通过信托方式认购该基金的次优级 LP 份额外，还通过对合作方提供流动性支持、为项目建设提供结构性融资安排等方式，为项目整体提供全面整体的金融服务。

粤东西北振兴基金通过以上总体结构设计，特别是内部的结构化分级 LP 设计，实现了不同背景的机构投资者作为 LP 的个性化诉求，同时又实现了各方利益的总体平衡和收益的合理分配，使得项目投资顺利推进，推动了地方区域城镇化发展。

四、结语

创新是促进金融发展的动力，而各类资产管理产品是金融创新的重要途径，但创新必须以合法合规为前提，以服务实体经济为使命。因此，各类金融机构应当优化产品类型与结构，避免通过各类变相方式抬高实体经济融资成本。此外，金融机构在推出资管产品时还须牢牢把握监管要求、严格在合格投资范围内进行资产管理产品的投资。

为了更好地服务实体经济，金融机构应加快转变经营模式，做优主业，做精专业，在服务经济社会发展中创造价值和利润。金融业要审慎创新、稳健发展，努力实现经济价值和社会价值的统一。

第五部分

金融创新驱动力：市场发展与技术革命

非银行金融机构动员金融资源有效性研究

文/曹和平，唐丽莎[1]

过去几年间，我国出现了一系列新型的非银行金融机构（Nonbanking Financial Intermediaries），在金融资源动员方面较银行系金融机构更为有效。独立且新型的非银行金融机构对现有以银行类金融机构为主导的金融体系提出了挑战。本文在给出广义资源动员的有效性及非银行金融机构释义的基础上，选取 ROSCAs（轮流储蓄与信贷协会）模型作为非银行金融机构动员金融资源的讨论框架，通过对个体"储蓄—消费—效用"行为机理的解构，得出非银行金融机构动员金融资源的概率高于银行系金融机构的概率的原因在于制度贸易优势。我国实现新一轮经济增长转型和动力机制的形成，需要鼓励独立新型金融机构创生和培育的系列政策出台。

近年来，非银行金融机构在动员流动性资源方面做得比银行系金融机构更为有效，甚至在似乎不可能被替代的支付领域，因区块链（Block Chain）技术在流程上的超严格特质，也出现了去杰文斯[2]支付

---

① 曹和平，北京大学经济学院教授、数字中国研究院副院长；唐丽莎，北京大学数字中国研究院科研部主任。

② 杰文斯（W. S. Jevons，1835—1882），英国经济学家，总结关于杰文斯支付化，即现存"中央银行–商业银行"多级铸币支付系统，提出了交易受双重耦合限制需要一般等价物机制（铸币系统）的思想，启发奥地利学派对货币生成机制进行了近乎形而上学意义上的阐释。

的趋势。这些内含时代变革意义的观察性事实为一般意义上的"非银行金融机构动员资源方面的有效性"讨论提出了理论挑战。本研究共分为四个方面，第一部分是观察事实：资源动员的有效性及非银行金融机构释义；第二部分是非银行金融机构成长追踪及运行机理；第三部分是模型构造：非银行金融机构资源动员机理及有效性分析；第四部分是总结。

一、资源动员的有效性及非银行金融机构释义

（一）典型性观察事实

2017 年上半年，余额宝资产为 1.43 万亿元[①]，超过招商银行2016 年末可比栏目数字的个人活期存款余额（约 0.95 万亿元）。同一组对比，工商银行相应余额为 1.09 万亿元，中国银行相应余额为1.63 万亿元。一个因阿里电商贸易带来的"支付—交易"平台机制，起源于 2004 年的支付宝余额，2013 年以余额宝方式在货币二级市场的银行间市场运营，为何在短短十多年间就比肩五大银行甚至有超越之势呢？余额宝资产是除现金之外的高流动性资产，其功能与银行系金融机构中的狭义货币相当。但更令人深思的是，号称我国最具创新能力的招商银行，为什么其两类货币产品余额加总，即个人活期存款余额（9516 亿元）与个人定期存款余额（3329 亿元）之和（1.28 万亿元），也不如同一个货币二级市场上的余额宝资产总额（1.43 万亿元）呢？是不是银行的这两类产品，对应的动员储蓄资源（Savings

---

① 每日经济新闻. 1.43 万亿，余额宝超越第五大行招行！银行这项暴利业务终结［EB/OL］.（2017-07-02）［2017-07-02］. http://www.nbd.com.cn/articles/2017-07-02/1123278.html.

Mobilization）的牌照执业机构（机制）在动员资源的有效性上不如平台型机制呢？

事实上，不仅仅是互联网线上金融机构或中介在金融资源的动员（一级市场业务特征）和金融产品交易（二级市场业务特征）的某些环节比商业银行效率高，就是在线下实体金融资本市场当中，我们也发现PE（私募股权投资）基金在获取报酬方面比商业银行的信贷同等规模资本金要有效得多。类似地，商业银行长期不肯涉足的基础设施保理、信托票据兑换、租赁过程融资等，是不是在给定机制条件下，都需要非银行金融机构的创新来弥补其市场缺失和拓展其市场边界呢？在这一思维方向上，我们回想起了20世纪60年代在经济学文献中经常出现的资源动员概念。

（二）重新思考（金融）资源动员概念

20世纪60年代，储蓄动员（Savings Mobilization）概念开始进入经济学家的研究视野。经济学家们发现，发展中经济农村部门信贷市场储蓄资源动员水平的高低并非和勤俭或懒惰相关，而是和经济制度长期积累相关。寻找经济制度原因启发20世纪60年代的经济学家超越自己的前辈，他们发现，散落在民间的储蓄资源与自然资源的采掘与炼化不同，后者依赖的是自然科学和工程技术，前者需要制度顶层设计，需要寻找替代手持现金带来的交易成本节约的制度平台——制度动员——才能完成。"储蓄动员"概念的提出，大大改变了人们对发展中经济信贷市场制度变革重要性的认识。在20世纪70年代，储蓄动员的概念延伸到工商企业信用资源的动员；在80年代延伸到中长期资本资源的动员；而在过去15年，金融资源的动员已经超越短、中、长期，延伸到更为广义的范畴。

（三）非银行金融机构释义

我们将两个受到广泛谈论，但教科书和经济学文献中尚未形成统一认知的重要概念做一工具性的阐释。工具性是指从操作层面来指称对象的概念边界，但又对该边界留有一定的功能延伸的弹性的定义方法。银行系金融机构（银行系）和非银行金融机构就属于这种类型的两个概念。本文从不同货币和资本的类别、机构分类和业务差异的角度来括定银行系金融机构和非银行金融机构的概念。银行系金融机构是指：第一，现存的五大类商业银行，即大中型国家银行、城市和地方银行、行业专业化银行、合作式储蓄贷款银行、信用社等；第二，不属银行系统但业务上和银行密切关联的"三大类"机构——证券、期货及保险类机构；第三，派生于商业银行或与之业务密切相关的评估公司、授信公司、增级公司以及投行公司、资管公司、信托公司、租赁公司和保理公司等机构或中介。这些金融机构直接就是银行业务的延伸，或者在持牌上可以合法合规地"交叉"业务，它们都是货币一级市场（储蓄动员和信贷市场）和货币二级市场（银行间市场）的做市主体（Market Players）。非银行金融机构是指除上述银行系统三大类金融机构之外的独立第三方金融机构。概括地说，它指的是"非银行系统＋非银行类业务"的机构：第一，"财－税"系金融机构，比如地方政府金融控股系统下的各类投融资实体；第二，"互联网＋"类的金融中介以及更新技术支持下的替代支付系统的货币中介。这样一来，从金融市场角度，非银行金融机构的业务是现在银行系金融机构业务边界之外的市场行为，这是中国货币和资本市场多年来期盼的所谓"改革"或者市场边界延伸的内容，如表8所示。

表8　银行系金融机构和非银行金融机构释义

银行系（银行系统）金融机构	非银行金融机构
银行业金融机构； "老三样"机构：证、期、保； "互联网＋"类的金融中介以及更新技术支持下的替代支付系统的货币中介	非银行系统＋非银行类业务的机构； "财－税"系金融机构； 派生于商业银行或与之业务密切相关的评估公司、授信公司、增级公司以及投行公司、资管公司、信托公司、租赁公司和保理公司等机构或中介

二、非银行金融机构成长追踪及运行机理

（一）非银行金融机构成长追踪

"成熟、短期和有限"是现行主流金融系统的三个核心方面，其服务既主流又传统，亟需创新性的金融工程来突破和示范。

1. 金融资源动员权限呈倒三角现象

根据初步的研究，我国动员金融资源的业态形式不仅集中在工商企业流动性信贷融资环节，而且配套动员资源授权构成也不均衡：国家一级动员金融资源的权重约为95%，省一级的为3%，地市一级的为1.50%，县一级的为0.50%，从储蓄信贷额度看，呈倒三角结构。这种自上而下的结构倒挂现象严重制约了地方省市在动员金融资源方面的创新积极性，影响整个国家整体动员金融资源的制度效益。

面对这种融资授权倒挂现象，经济中出现了三类方式解决这一问题。第一种方式是省市一级地方在财税制度上寻求突破来克服这种限制：近五年来各类产业园区竞争国家"制度授权"，其实质是动员金融

资源授权不足后的行为扭曲。开发区特殊的财税安排和"三减一免"只不过是运用非金融类的制度平台动员金融资源的制度"矫正"。"扭曲"后的逼迫"矫正"，一是将降低动员效益，二是会衍生寻租。第二种方式是资本金开发区通过制度授权获得第一批发展后，迅速建设区内的融资平台，成立了一大批投资公司、信托公司、小额担保和基金公司等金融机构。但通过这种形式建立起来的金融机构很难摆脱园区的"制度被窝"。第三种方式是影子银行系的传统信贷等业务满天飞，但因科学认识不足，长期不给动员金融资源的创新性革命行为正名和正身，出现问题后才随机性地整顿和周期性地爆发。当前金融业仍是我国经济发展的短板，区域经济龙头——省会及其他核心城市，在动员金融资源方面授权不足和动员能力相对弱小的制度导向的累积，引发金融资源动员结构倒挂表象。

2. 我国现行的金融体系格局严重失衡

发展中国家与高收入国家的金融结构有较大差异。2016 年末，银行业金融机构（境内）总资产规模约达 226.26 万亿元，商业银行占据了绝大部分份额，其总资产占比达 77.80%[1]，比例很高，一定程度反映了我国金融体系的格局严重失衡（2016 年底中国银行业的总资产达到 33 万亿美元，而欧元区为 31 万亿美元，美国为 16 万亿美元）。这种由银行为主体的单一的间接融资机制长期支配着我国的金融体系。虽然证券业、基金业及保险业已有一定规模的发展，但从数据来看，其占比仍较小。如 2016 年底，我国 129 家证券公司总资产为 5.79 万亿元[2]；

---

[1] 审慎规制局 . 银行业监管统计指标月度情况表（2016 年）［EB/OL］. (2016-10-10)［2017-10-06］. http：//www. cbrc. gov. cn/chinese/home/docvView/CFOEA3690966458394E9C7E44CDC 6205. html.

[2] 中国证券业协会，证券公司 2016 年经营数据［EB/OL］. (2017-01-25)［2017-10-06］. http：// www. sac. net. cn/hysj/zqgsjys/201701/t20170125_ 130277. html.

2015 年底保险业资产管理规模为 12.36 万亿元。这种跛足的金融体系格局严重制约着中国经济的发展。

一个典型现象是：2013 年 11 月以后，我国经济放缓，银根收缩和企业贷款难。银行信用配给行为是恶化经济周期的一个重要因素，长期以来，这种稳定又可重复观察的现象一直存在。宏观经济一旦出现下行迹象，银行迅速收紧银根，企业忍痛断腕，地方产业结构调整屡屡止步于"鲤鱼跳龙门"关节点门槛。面对经济的上述周期性特征，后果往往偏向于淘汰创新因子，常规经营和技术在同一水平上的复制成为增长的主力军。我国在经济增长过程中常常出现物质产品份额增长快速、价值实现能力过小的大分流现象，在国际市场缺乏定价话语权，造成上述恼人局面有众多原因，但最重要的原因是，我们明明知道银行乐于"锦上添花"、羞于"雪中送炭"的行为——信用配给（Credit Rationing）行为的典型观察特征——在恶化经济周期的负面影响，却找不到替代办法。

另一个典型现象是：地方产业的中长期信用资本资源无法与广域资本市场对接"并网"的问题。由于存量金融尚处于工商企业信贷金融阶段，地方产业的中长期信用资本资源无法与广域资本市场对接"并网"尚无有效的解决途径。在银行系统，超越商业信贷业务之上的中长期资本需求旺盛，但由于地方资本市场做市主体结构严重缺失，系统内希望通过生成投资银行、私人银行及资产管理机构来解决这个问题。但是，这种生成将中长期融资变成了银行主营业务的配角，银根政策宽松时做一把，银根收紧时，这些中长期融资往往变成烂尾融资。很多情况下，银行系统在中长期方面的行为反而放大了增长周期的伤害。上述的种种观察性现象呼吁建设更完善的金融系统。

（二）非银行金融机构运行机理分析

观察我国在过去 15 年间出现的一系列非银行金融机构及创新金融中介群，它们包括：第一，动员地方"块块"资本资源的金融机构，比如，金融控股集团、金融发展控股集团，国民经济体系升级基金、产业投资基金，园区投资实体（基金或公司）及政治经济学授权中介等。第二，与国家"条条"金融对接的金融中介，比如、评估公司、授信公司、质押公司、抵押公司及信息服务公司等。第三，第三方市场独立中介，涉及业务众多，比如租赁（独立中介融资）、托管（委托融资）、置换（流动舒缓）、卖方回购（卖方增信式担保）、保理（贸易信用融资）、增级（流动性担保）、第三方担保（信用再动员），多方协议（流程信用动员）、票据整合（产品创新）、账户搜索（互动增信）、进入退出（市场便捷拓展）、网上金融（流程金融）以及法律会计关联等。探索非银行金融机构资源动员机理时，可总结出其核心特征，包括：第一，这种新型的非银行金融机构作为第三方资本市场做市主体实现企业（超越货币流动的）中长期资产流动性经营；第二，这些做市主体从事资产权益界定（评估）、要素资产归属确权（政治经济学授权），不同类所有权过户（投资）、各类资产资本品量钢化变形交易（融资）、风险因子定价（评估）、卖方回购（资本品质量增信）、第三方担保（流动性增益）等方面的经营活动，有效地将产业链各环节上的企业资产（股权）当作同类单位对象来兑价；第三，在前两个特征的结合下，实现了厂商所有项目的投融资价值在边际报酬率意义上趋向于资本品瞬时兑价——制度投融资机会成本均等。当上述特征都得以实现时，任何投资主体，包括厂商和资本市场中介在项目选取的机会成本意义上将不会挑肥拣瘦。结果是，国民经济体系中的行业板块中的产业链诸群的成长，将是动态均衡的和存量结构均衡的。当一个地区的国民经济体系在宏观躯体上不会倚轻倚重的时候，也正是其按照最优成长路径发展之时。

三、模型构造：非银行金融机构资源动员机理及有效性分析

（一）模型关联文献叙述

本文选取 ROSCAs 作为非银行金融机构金融资源动员的一个制度举例，ROSCAs 在过去（相当长的时间和相当广的领域里）已经被人们广泛接受并运用，其创新的制度安排为金融领域在推行改革创新时提供实践上的参照案例。阿吉翁（Aghion）和默多克（Morduch）的文章《微观金融经济》（*the Economics of Microfinance*）对 ROSCAs 和信用合作社进行了描述——虽然早期没有小额信贷的金融产品，但缺乏抵押品的贫困家庭（个体）仍能获得多种信贷资源，包括高利贷、熟人间的借贷等。而 ROSCAs 就是小额信贷金融产品中的一种信贷方式，它被认为是信贷市场上一种典型的补充方式，解决了银行面临的一个问题——贷款给贫穷且没有抵押物的借款者。ROSCAs 通过创造一种新型的金融机构来解决没有抵押物的低收入家庭的贷款问题，这种制度创新通过重新动员和安排群体中每个个体的储蓄资本或闲置资本来改变个体的消费时间，进而实现帕累托改进。

1. **非银行金融机构条件下金融资源动员制度举例**

根据 Aghion 和 Morduch 在研究中的描述，ROSCAs 提供一种通过聚集一群邻居和朋友间的资源的信贷方式，其中一种操作形式是：一些个体约定定期存放一笔资金在一个共同的资产池，每期组成一笔大额资

金，这笔每期汇集的资金将分配给该群体中的其中一名成员。当每个人轮流获得一次该笔资金后，这个"资产池"就解散了。那么，什么样的人会参与这个"资产池"？研究指出，一些个体想购买一个较贵的物品或有一大笔的资金需求，且该物品或资金是不可切分的，必须存足够的钱才能实现，他们越早获得该物品或资金，其福利就越早实现，个体的福利因此得到改善。因为每个个体在获得该物品后将会产生一份额外的收入。

这个极其简单的"资产池"，其运行机理关键在于通过集中一群个体手中的闲余的储蓄资本，改变个体的"储蓄—消费—效用"路径的一种制度安排，这种制度安排相当于"资产池"为个体提供一个提前动员资源的机会，使参与的人有机会将小份额的资金动员起来汇成大份额的资金，更早动用这笔资金的个体实现购买可带来新增效用的物品（因为越早获得商品就能越早创造出新的资金，因此个体更早实现效用）。如果不存在这种金融制度创新，每个人依然按照自身储蓄路径，所有个体只能在储蓄足够后才有机会将这笔储蓄资本转化为流动性资源而实现自身的效用。

2. 基本及拓展模型思路：经济中的企业加入 ROSCAs 的制度平台

贝斯利（Besley）等的文章《互助会的经济学》对一个简单的 ROSCAs 模型做出了描述：通过建立"个体—消费（储蓄）—效用"模式，刻画个体在没有加入 ROSCAs 及加入 ROSCAs 后的两种不同效用变化，对比加入 ROSCAs 时对应的事前期望效用（Exante Expected Utility）与自给自足时对应的效用，进而得出 ROSCAs 这种制度创新通过动员一群个体间的闲置资本或储蓄资本，重新安排每个参与者的消费路径，使得这些参与者（除了最后一人）提早享受获得商品的效用，进而实现整个经济的帕累托改进。

（二）基本模型的构造

本文通过模仿这一简单的 ROSCAs 模型，通过构建"企业—生产—效用"经济模式，刻画经济中的代表性企业不加入 ROSCAs 与加入 ROSCAs 后的效用的变化，即将企业加入 ROSCAs 时所对应的事前的期望效用与企业自给自足时对应的效用进行比较，进而在简单模型中找到金融创新的核心机理——通过创新一种新的资源动员方式，这里指的就是建立"资产池"，动员社会闲置资本或储蓄资本，重新分配给有资金需求的企业，使得这些企业能更快地投入生产或扩大生产，以提早享受生产产品后实现的效用，进而实现整个经济的帕累托改进，同时对模型进行拓展。我们发现，无论在"个体—消费（储蓄）—效用"经济模式还是在"企业—生产—效用"经济模式中，个体或企业都是通过提早获得资金实现效用提高，其传导思路可描述为："经济中出现金融制度创新——个体或企业更早享受效用或获益——效用更早提高"。也就是说，经济中出现金融制度创新成功的概率越大，个体或企业将越有可能享受金融服务，获益的概率越高，进而福利改进率越大。

1. 定义经济

假设存在一种具有金融制度创新的经济（financial institutional innovation economy），金融制度创新一般是通过制度创新，本文中它是指在设定的经济中出现 N 种不同形式的具有信用动员能力的非银行金融机构，通过金融创新使得原来不被银行系金融机构动员的资源被动员起来。在这一经济中，存在着 L 个代表性中小企业，即难以从银行系金融机构获取信贷资源的代表性企业（但同时具有很好的发展前景），$L = 1, \ldots, n$；M 个银行系金融机构，$M = 1, \ldots, n$；以及 N 个非银行金融机构，$N = 1, \ldots, n$。现代表性企业希望得到一笔投资成本为 B 资金来支付其扩大生产（投资）的初期成本，同时这个初期成本是不可分割的，必须大于或等于 B，企业才可进行扩大生产，当投入 B 资金后，每期将会产生 θ 收入（假设扩大生产后立马产生收益，忽略时间间隔问题）。同时定义：

T：企业的经济周期 $t = 1$，…，t，…，T；

C：企业每期维持运营的成本；

$\underline{C}$：企业最低的约束成本，即每期维持运营的最低成本；

Y：企业每期总收入。

2. 定义企业效用

对一个代表性企业来说，它的效用是通过投入生产实现的。其偏好（效用）可以定义为 $V(C)$，$V(C)$ 是扩大生产前的效用，而 $V(C)+\theta$ 是扩大生产后的效用，企业的运作需满足 $C \geqslant \underline{C}$，$\underline{C}$ 是维持企业运营生产的最低投入成本，当 $C < \underline{C}$ 时，企业的效用表示为：$V(C) = -\infty$。

3. 经济中存在金融创新与不存在金融创新的情况

银行系金融机构进行创新将面临的成本包括两个部分，制度成本（工业化特征下成长的制度背景）和创新成本（其他如组织结构等的创新），而非银行金融机构进行创新面临的成本中，只有创新成本而无制度成本。基于上述分析，引进概率—成本函数，表示为 $P = P[C(.)]$。其中 $P(.)$ 是反函数，其表示当成本越小，创新的概率越大。因此可得出，PB 代表银行系金融机构创新的概率（即创新激励，更有可能去创新的概率），PN 指的是非银行金融机构创新的概率，当 $PB < PN$，银行创新成本极高时，银行创新激励极低，则非银行金融机构更有可能去创新。

第一，经济中不存在金融创新的情况。

当经济中不存在金融创新（或者说经济中没有新型的非银行金融

机构动员金融资源的创新服务），代表性企业满足银行发放贷款的机会趋近无穷小，无法获得贷款的企业需要解决的问题是，通过积累自身自有资金和留存收益来实现生产规模的扩张，假设每期的净利润为 $Y - C$，即直到累积到大于或等于 B 时才投入扩大生产。企业的最大化效用为：

$$\max_{t} tV(C) + (T - t)(Y + \theta)$$

$$S.\, t.\, C \geqslant \underline{C}$$

$$t(Y - C) \geqslant B \tag{1}$$

其中，t 是代表性企业累积到大于或等于 B 的资金并投入扩大生产的日期（假设扩大生产后立马产生收益，忽略时间间隔问题）。C 表示企业在累积阶段的成本现金流，成本通过价值函数反映企业的效用。在式（1）中，代表性企业的效用分为两期：第一期代表企业在未扩大生产时的效用；第二期的效用是企业扩大生产后产生的。$C \geqslant \underline{C}$ 意味着维持企业运营所需要的最低成本。$t\ (Y - C)\ \geqslant B$ 这一公式提醒我们，如果企业依靠自身资金的累积，只有到达 t 这个时间点，即累积到足够的资金才能扩大生产。

现代企业存在一个最优问题，即最小化生产成本使得企业能最快地扩大生产，因此令生产成本为 $C = \underline{C}$，则每期累积为 $Y - \underline{C}$，在 t^{*}（最短时间）之后，企业能享受扩大生产之后带来的那份效用。则对应的代表性企业自给自足时的效用（即没有享受到金融创新或不获得非银行类机构所提供的服务）为：

$$Ua = (T - t^{*})(Y + \theta) + t^{*}V(\underline{C}) = \left(T - \frac{B}{Y - \underline{C}}\right)(Y + \theta) + \frac{B}{Y - \underline{C}}V(\underline{C}) \tag{2}$$

第二，经济中存在 ROSCAs 这种制度创新对企业效用的影响。

根据前面的分析，现模仿经济中存在这一类 ROSCAs，企业可以通过加入"资产池"来获得资金，分析这种金融制度创新对企业效用的影响。现有代表性的 L 个企业（无法从银行获得贷款）寻求非银行金融机构的金融服务，同时有一类动员金融资源的创新型金融机构 ROSCAs。假设这些企业参与这类金融机构，组成一个"资产池"，按照一定的安排，每个企业一定时期投放一定的资金到"资产池"中，同时其中的一个企业获得资金时间将为 $(i/n)t$，我们依然按照 Besley 模型中假设的等概率事件，其中每个企业获得资金的概率为 $1/n$。代表性企业在整个经济周期 T 的效用 U_i 表示为：

$$U_i = \frac{i}{n}tV(C) + \left(t - \frac{i}{n}t\right)[V(C) + \theta] + (T - t)(Y + \theta) \qquad (3)$$

式（3）中第一段效用为企业未扩大生产时的效用，第二段效用是企业成功获得"资产池"提供的资金并投入生产，同时实现了生产效用，但这个时候，企业开始进入一个偿付期，依然需要将其部分收入用来偿还资金。第三段效用是指企业偿付完毕后享受的所有效用。企业之所以愿意加入，是因为整个经济中存在 L 个企业，对每个企业来说，存在一个事前期望效用它们一开始并不知道获得这个"资产池"资金的具体时间，但每个企业拥有一个概率让它们有机会更早地获得资金并投入生产，即这个时间小于或等于通过自身累积资金所付出的时间。所以企业愿意去寻求这个"资产池"提供的服务。假设这 L 个代表性企业获得这种金融制度创新后，其效用 U_R 表示为：

$$U_R = \frac{1}{L}\sum_{i=1}^{L} Ui$$

$$s.t.\ t(Y - C) = B \qquad (4)$$

这里的时间 t 的长短是由企业累积到足够的资金能去支付扩大生产所需要的资金来决定。当代表性企业获得这笔"资产池"的资金时，其最大化经济周期效用函数U_R为（数学运算省略）：

$$U_R = \frac{B}{Y-C}V(C) + \left(1 - \frac{L+1}{2L}\right)\frac{B}{Y-C}\theta + \left(T - \frac{B}{Y-C}\right)(Y+\theta) \quad (5)$$

比较式（2）和式（5），可以看出，$U_R > Ua$。由于经济中存在这类非银行金融机构提供的金融创新服务，使得经济中的这些原本无法获得贷款的企业更早获得资金从而实现更高效用。理由是这种金融制度创新的方式核心在于银行系金融机构无法动员的金融资源，通过一定的制度创新，这里指建立起"资产池"，重新安排代表性企业间的自身资本的积累路径和生产投入路径，从而让经济中的原本只能依靠自身资本积累来完成扩大生产的企业都多了一个机会更早地得到这笔投资资金，更早投入生产同时更早地享受到这份效用。

（三）模型扩展：非银行金融机构导入后金融资源动员机理分析

实践中，已经出现（除了ROSCAs外）许多其他不同类型的新型的非银行金融机构为企业提供金融创新服务。基于上面的分析，Besley等的基本模型中的关键问题在于，这种金融创新，通过改变资源动员的方式，进一步调动社会储蓄或闲置资金，并按照一种特定传导机制使得企业更快获得所需资源，缩短投入生产的时间，更快享受投入或扩大生产所带来的效用。

1. **传导机制**

在模型拓展之前，我们先描述传导机制。经济中企业扩大生产需要投入资金，一般通过自身资本积累或外部融资的方式获得资金。当企业自身缺乏资金时，主流的融资方式是寻求银行系金融机构借贷，但该企业难以满足银行的信贷条件，如缺乏抵押物，因此银行提供创新服务的概率趋近于零。此时，企业将寻求非银行金融机构及其他方式筹集资金，上述模型通过分析得出经济中的非银行金融机构出现金融服务创新的概率更大，企业成功获得资金的概率更大。

2. 银行系金融机构和非银行金融机构的制度创新概率的证明

基于上述传导机制的分析，非银行金融机构通过金融制度创新实现资源动员，帮助有资金需求的企业更快获取资金投入生产，因此更快实现企业的效用。那么经济中非银行金融机构金融制度创新成功的概率越大，则通过上述传导机制企业就会越快地实现其效用。银行系金融机构在动员金融资源时由于制度、创新成本、自身治理结构等局限无法动员一些金融资源，其通过金融创新成功地动员资源的概率极其微小，导致长期以来经济中很多金融资源无法被动员起来。当经济中出现一群非银行金融机构，其金融创新的成本越低，则越有动力去创新，由于它们通过制度创新或资源动员方式的创新来提高经济中动员资源成功的概率，使得个体或者企业在既定资源形势下，改变如储蓄结构或生产路径等方式，将长期被银行系金融机构忽略的或无法动员的金融资源动员起来，而非银行金融机构更大概率地实现金融资源动员时，整个经济中更快使用到这份资源的企业能更快地获得创新收益，实现社会效用的提高，如果经济中越来越多非银行金融机构通过创新改变企业的生产投入和效应实现方式，则整个社会金融资源的动员将更为有效。

四、结论

从上文分析得出，一些新崛起的创新因子，在实践中已显示能更有效地解决长期以来的发展困境，在这个基础上，活跃的非银行金融机构将作为一股强大的力量推动国民经济新一轮的增长，主要体现在以下三个方面：

（一）促进产业链闭合、价值经济和区域经济发展

培育非银行金融机构有助于产业结构的调整，产业结构的调整是资源按照边际投资报酬率向最优产业结构转化的过程，不但能使资源在现有产业间实现优化配置，还可引导资金投向具有发展潜力的企业，实现产业结构的全面升级。我国高速经济发展中产业结构失衡造成整体经济价值难以实现，根据研究，经济价值的实现需要一个升级模式的产业结构，其背后的秘密在于，工艺性产业尤其制造业的链条在 20 世纪 80 年代后期已经趋于上限。同时，国外金融产业的发展使得技术和融资过程更多地进入项目投资中，加上 1990 年后美国信息高速公路的带动，整个经济的产品供给对象变得非常广泛，在这些大的变化下，链条中价值实现的部分已经越来越少来自产品本身。原来的"车间—批发市场—消费者"这种原始的制度安排，已经无法适应市场的新格局，需要加入物流、调度、供应链管理以及整合信息技术等这些价值实现的关键环节，实现"车间—金融信息中介—零售商铺—消费者"的安排。这时便需要"银、证、期、保"类及衍生品等现代泛金融产品配套①，金融业自身以生产如股权产品、信托产品等组成生产产品的一部分，不再是过往附在车间制造经济物理实体上的服务环节。金融业与产业实体配套成长才能实现工艺水平的技术积聚变为市场价值实现的技术积聚。

（二）促进长链市场和长链金融的建设

国民经济体系的健康成长需要长链市场群的诱导，发展和培育非银行金融机构，使其成为资本市场的做市主体，带动长链市场从"能源

① 曹和平.产业链闭合、商业集聚与区域经济发动机［J］.经济学动态，2005（7）.

基础原材料市场—大宗商品市场—厂商中间品市场—特种细分商品市场及终端零售市场第三方化"的方向升级，各类市场成熟发展将带动产业链的成长。同时，培育非银行金融机构将推动长链金融往最高阶段延伸，我国金融业态可分为五个阶段：第一阶段为传统的工商企业信贷金融，目前已经有了长足的发展；第二阶段为产业链金融，仅限于政府为主导；第三阶段为中介金融，虽然几十年来获得快速发展，但仍未培育成为让资产流动起来的中介实体群；第四阶段为交易所金融，缺乏培育中介商，行业未形成最优的发展路径；第五阶段是定价金融，但仍未成形。在这种情况下，建设和培育非银行金融机构将推进长链金融往更高阶段迈进。长链金融的完善将带动长链市场的成长，带动长链产业的结构优化升级①。

(三) 有利于完善资本市场环流机制

发展和培育非银行金融机构，将动员产业成长存量金融资源和整合金融机构成长存量资源，此时，省会经济"块块"金融被动员起来，对接上国家"条条"金融资源，资本市场形成环流互动，最终形成国民经济体系"顶层资产池—中层资本市场—基层实体厂商"双向并网的环流机制。结果是，区域经济获得新的发展，与此同时国家层面的增长更是巨大的。

改革开放以来，以市场经济为资源配置方式在经济活动中发挥着越来越大的作用，我国的经济制度和运行机制也出现了新的变化，我国进入后工业化时期和经济增长新常态阶段，经济结构不断演变，金融长链在产业竞争力形成中起到关键作用，但长期以来以银行为主体动员和配

① 曹和平. 中国私募股权市场发展报告[M]. 北京：社会科学文献出版社，2012年1月.

置金融资源的这种金融系统严重制约着经济的发展。因此，随着市场结构和经济结构的变迁，必然会发生金融制度演变，在市场经济背景下通过方式创新或制度创新来实现资源有效配置，本文探讨了我国非银行金融机构动员资源的运行机理，通过现有研究理论体系下的一个制度举例理论模型的拓展研究和分析可发现，非银行金融机构在金融系统中显示出其重要性，构建和培育完善及系统的金融体系有助于我国经济新一轮的有潜力的经济增长，我们必须从中国国情出发，从中国未来总体经济发展、可持续快速经济增长的角度解析非银行金融机构培育和发展的紧迫性问题，真正实现国家经济的可持续健康发展，实现中国由经济大国转变为经济强国。

要素市场未来发展趋势与监管方向研究

文/高佳卿①

　　要素又称生产要素，是人类在生产经营活动中利用的各种经济资源的统称，包括产权、土地、劳动力、资本、技术和信息等。要素要进行交易，就需要有为其服务的媒介和场所，市场经济要求生产要素商品化，以商品的形式通过市场交易实现流动和配置，从而形成各种生产要素市场。近年来，我国要素市场在要素价格发现、资本集散、产业集聚以及促进区域转型发展方面的作用日益凸显，引起了各地政府的高度关注以及实业界的浓厚兴趣，各类要素市场纷纷设立，规模迅速扩大，交易品种日益丰富。

　　本文所讨论的要素市场并非全要素市场，指的是由各省级人民政府管理的交易场所，主要分为两大类：一是商品类交易市场，交易品种包括石油石化、铁矿石、煤炭等大宗商品，以及邮票钱币、茶叶、书画等现货商品和艺术品；二是权益类交易市场，交易品种包括国有产权、知识产权、技术权益、碳排放权、林权、矿业权等。

　　人类社会经济从传统的商品现货市场发展到今天的金融资本市场，实际上就是一个不断创造要素组合集聚、不断促进要素交易流动、不断

---

① 高佳卿，首都要素市场协会会长，北京产权交易所副总裁。

放大交易杠杆、不断出现交易风险、不断优化交易监管、完善交易制度的过程。在这个过程中，投资人的贪婪与恐惧、市场的创新与调整、法律规制的滞后就像既定的剧本一样不断上演，而市场与监管的关系更是在矛盾与相互促进间不断转换。本文结合要素市场的发展、监管的历史沿革及国家方针政策等，对要素市场的未来发展趋势及监管方向进行探讨。

一、我国要素市场的发展历程

我国要素市场是伴随我国社会主义市场经济体系的建立和完善而产生，伴随我国经济体制改革特别是国企改革持续深入推进而发展壮大的。在此过程中，要素市场的交易品种、交易方式、制度规则、监管手段也在逐步发展和完善。

下面笔者将结合要素市场交易品种和交易方式的发展演变过程来回顾近20年我国要素市场的发展历程。

（一）技术产权交易市场初步形成阶段（1999—2003年）

1999年10月，上海技术产权交易所成立，2003年初，北京的中关村技术产权交易所挂牌成立，到2003年底，全国各地的技术产权交易所数量达到40家左右。技术产权交易业务旨在通过"抓股权、带产权、促成果"的工作方式，走"成果产权化、产权股权化、股权资本化"的技术产权交易发展道路。当时的技术产权交易市场，成为以技术转让和中小型科技企业股（产）权转让为主的非公开权益资本市场。它既是技术市场与资本市场相结合的场所，也是国家科技创新体系和资本市场发展到一定程度的必然产物。

自技术产权交易市场出现以来，交易业务规模迅猛增长，并显现出强烈的市场发展需求。据统计，截至 2002 年初，在全国各技术产权交易市场登记的高新技术项目或企业达到了将近 10 万个，在技术产权交易市场上挂牌参与交易的项目或企业有近 2 万个，交易规模也出现快速增长势头，交易涉及资产额达到 2000 多亿元，充分体现了技术产权交易市场作为技术资源配置主要渠道的作用。技术产权交易市场的出现与发展，就像一场及时雨，给当时发展低迷的产权交易市场注入了新的发展动力。

主要交易方式：这一时期，正是我国产权交易市场的起始阶段和初步发展期，一些地方的产权交易机构已经逐渐开始采用项目招投标、现场拍卖转让等竞价交易方式，这为 2003 年发布的《企业国有产权转让管理暂行办法》（国务院国资委、财政部令第 3 号，以下简称"3 号令"）关于交易方式及交易规则的具体制定提供了一定的实践经验支撑。

（二）产权交易业务快速发展阶段（2003—2013 年）

2003 年底 3 号令的发布，使得产权交易市场自此进入快速、规范发展的新时期。2003—2008 年，我国产权交易市场在企业国有产（股）权转让领域的良好实践，得到了各类市场主体、各级政府部门的认可，除传统的经营性企业国有产（股）权之外，金融企业国有产权、国有企业实物资产、行政事业单位资产、海关罚没资产、纪委抄没资产、法院涉民事执行资产等国有资产或者与公权力相关的资产，都陆续进入产权交易市场公开、阳光处置，并使得市场交易规模得到明显提升，产权交易市场的影响力进一步扩大。

2008—2013 年，国内各主要产权交易机构加快向各类要素领域全面拓展交易业务，以北京产权交易所、上海联合产权交易所、武汉光谷联合产权交易所等为代表的大型产权交易机构先后投资设立了技术产权交易所、林权交易所、环境交易所、金融资产交易所、矿业权交易所、石油交易所、贵金属交易所等。其目的就是通过市场化方式，提高各类要素资产交易效率、降低交易服务成本，以实现全社会各类市场要素资源的最优配置。在此期间，随着《国务院关于清理整顿各类交易场所切实防范金融风险的决定》（国发〔2011〕38 号）的出台，在全国范围内开始了交易场所清理整顿工作，至 2013 年底，包括北京在内的多省（市）通过了清理整顿各类交易场所部际联席会议（以下简称"部际联席会议"）的检查验收。

这一阶段，我国要素交易市场的交易品种和服务内容不断创新，各地交易市场的业务不仅有交易型业务还有投融资型业务，其中交易型业务内容包括实物资产、金融资产、涉诉资产、农村产权、技术产权、经营权、股权、债权、林权、矿权、文化产权、排污权和知识产权（专利、版权）等；投融资型业务内容则包括企业增资扩股、股权质押融资、私募融资、并购重组贷款、企业股改等。

主要交易方式：在 3 号令出台后起初一两年里，交易市场的主要竞价方式仍是传统的拍卖和招投标，这些竞价方式固有的围标串标、交易成本高、不能异地参与等问题日益突出，逐渐不能满足交易市场发展的需要。与此同时，现代互联网通信技术在我国各领域及各层面得到快速发展和持续深入推广应用。在这种背景下，产权交易市场将解决的思路聚焦在了网络技术的应用上，我国交易市场的电子竞价交易方式发展之路可分为基于局域网技术应用的局域网竞价方式和基于互联网技术应用的网络竞价方式两个阶段。2009 年 12 月，北京产权交易所在全国率先创新研发出了动态报价电子竞价方式，动态报价方式不仅取得很好的交易效果，也从多个方面表现出这种竞价模式的优越性。

（三）要素市场发展鱼龙混杂阶段（2014 年至今）

这一阶段，我国要素市场的发展呈现出好坏背离的趋势。第一，原有重要平台的影响力越来越强，具体表现在交易品类广，重点交易场所支持实体经济发展作用显著，如北京金融资产交易所、北京产权交易所、北京铁矿石交易中心等交易场所在金融资产交易、国有产权交易、非金融企业债务融资、引导铁矿石合理定价等方面发挥了较好的市场化资源配置作用；全国 7 个试点城市的碳排放权交易场所积极服务绿色经济和新发展理念，用市场化手段推动节能减排和绿色金融产业发展成效显著。第二，顺应全面深化改革等国家战略，原来由政府定价的石油、天然气、电力、医药等关系国计民生的垄断性资源，逐步放开由市场定价，中国水权交易所、上海石油天然气交易中心等国家级平台相继成立。第三，在"互联网＋"、金融自由化等背景下，部分交易场所过度创新，加上监管缺乏导致投机氛围浓厚，出现了一系列风险隐患和社会问题。

主要交易方式：在合规交易场所的交易方式延续之前，进行金融创新的交易方式包括场外交易市场（类期货）交易、现货发售（类证券）、现货连续（延期）交易、融资融货交易、权益变相拆分交易、微盘交易等，但经实践证明，上述交易方式均存在违规问题。

二、我国要素市场的政策要求及发展过程中出现的问题

从我国要素交易市场发展历史来看，主要的发展动力之一在于政策的扶持和推动。要素交易市场曾因监管政策调整而出现市场发展停

顿，也因政策支持而迎来重大历史性发展机遇，并迅速发展壮大。鉴于在3号令出台之前，对于要素市场的发展并未有明确的政策规定，以政策（包括监管和行业发展相关政策）为主线分析近年来要素市场的发展进程，大体可分为以下三个阶段：

第一阶段：3号令出台到党的十八届三中全会。

3号令的出台及配套的一系列文件，逐步形成了规范国有产权交易的政策体系，奠定了规范国有产权转让的政策基础。可以说，3号令的出台对以产权行业为代表的要素交易市场影响重大。

然而，在要素交易市场体量不断增大，要素品种由国有产权、实物资产向文化、商品等领域不断发展的同时，各种因创新引发的问题也逐渐暴露。2011年，天津文交所上市发售的《黄河咆哮》画作，以份额化拆细方式面向投资者开展交易，其单价从3月份最高峰18.7元滑落至10月份的2元多，很多投资者愤慨财富缩水八成，导致投资者集体控告天津文交所。随后泰山文交所、郑州文交所、深圳文交所、北京汉唐等金融风险也全面爆发。以天津文交所份额化事件为标志，全国要素市场行业进入第一轮清理整顿。

2011年11月，《国务院关于清理整顿各类交易场所切实防范金融风险的决定》（以下简称"国发〔2011〕38号文"）正式下发，由证监会牵头、有关部门参加的部际联席会议制度的建立，拉开了全国范围内的交易场所的清理整顿大幕。国发〔2011〕38号文重点是纠正违法证券期货交易活动，并在交易模式、金融产品类交易等方面做出了一系列禁止性规定。

2012年7月，为了贯彻落实国发〔2011〕38号文，国务院办公厅发布了《国务院办公厅关于清理整顿各类交易场所的实施意见》（国办发〔2012〕37号），对国发〔2011〕38号文的各项要求进行进一步细化。

在这一阶段，相关的部门规章也相继出台，如2013年8月商务部、人民银行、证监会联合发布《商品现货市场交易特别规定（试行）》（商务部令2013年第3号），指出商品现货市场应当坚持服务实体经济的宗旨，鼓励商品现货市场创新流通方式，降低交易成本，建设节能环保、绿色低碳市场。值得注意的是，该规定对于交易模式和交易品种的创新给出了一定的空间，指出商品现货市场交易可以采用协议交易、单项竞价交易以及省级人民政府依法规定的其他方式交易。商品现货市场交易对象包括实物商品、以实物商品为标的的仓单、可转让提单等提货凭证以及省级人民政府依法规定的其他交易对象。

在该阶段，除了天津、云南等少数几个省（市）外，大部分省（市）均通过了部际联席会议的检查验收。

第二阶段：从党的十八届三中全会到2016年底。

2013年底，党的十八届三中全会拉开了全面深化改革的大幕，我国经济步入新常态，国有企业积极推进供给侧结构性改革、产业结构战略布局调整、混合所有制经济发展，以及"互联网＋"行动计划的深入贯彻、"一带一路"建设和长江经济带等区域协同发展战略的稳步实施，一系列国家战略部署都给要素交易市场带来难得的外部发展机遇。在此期间，中国水权交易所、北京电力交易中心、上海石油天然气交易中心等一批承担价格市场化改革的国家级平台相继成立，并已初步发挥重要作用；北京产权交易所、北京金融资产交易所、全国棉花交易市场等原国家级平台继续发挥重要影响力，取得重要成效；在金融领域，在"一行三会"的统筹指导下，中证报价系统、信托资产流转平台等国家级平台也进行了全面部署。《中共中央 国务院关于进一步深化电力体制改革的若干意见》《中共中央 国务院关于推进价格机制改革的若干意见》等国家层面的政策文件出台，对要素市场行业的发展给予了重要指导。

在此阶段，传统交易场所在快速发展的同时也加大了创新的力度，以南京文交所为代表的邮币卡平台发售模式和以天津贵金属交易所为代表的场外交易市场模式异常火爆，引得全国各交易场所竞相模仿，一时间全国要素市场形成了海水和火焰并存的局面。由于发售模式和场外交易市场模式投机性质较强，存在操控价格、对赌等严重违规问题，背离了服务实体经济发展的本质要求；且均为涉众业务，部分交易场所及其会员单位发展了很多不具备相应风险承受能力的投资人，且普遍伴有虚假宣传、赢利承诺、代客理财等违规行为，致使部分投资人在短时间内亏损严重，并已形成群体上访事件，给整个要素市场的声誉和政府公信力带来不良影响。云南泛亚有色金属交易所出现了兑付危机，造成了恶劣的社会影响。

在此期间，国家层面没有新的监管政策出台，监管的滞后性是风险不断累积和爆发的主要原因之一。北京、深圳等地对于风险的防范和处置在全国范围内领先，但由于缺乏国家层面的统一指导和行政处罚等手段，监管有效性大打折扣，交易场所违规问题依然突出。

第三阶段：2017 年初至今。

2017 年 1 月 9 日由证监会主席刘士余主持召开的部际联席会议第三次会议是一个重要事件，标志着要素市场由全面创新转向违规处理与风险处置，此次会议全面部署了清理整顿各类交易场所"回头看"工作，并由清理整顿各类交易场所部际联席会议办公室（以下简称"清整联办"）相继下发了《清理整顿各类交易场所部级联席会议第三次会议纪要》（清整联办〔2017〕30 号）、《关于做好清理整顿各类交易场所"回头看"前期阶段有关工作的通知》（清整联办〔2017〕31 号）和《邮币卡类交易场所清理整顿工作专题会议纪要》　（清整联办

〔2017〕49 号）等系列文件，明确了违规交易场所的主要问题，清理整顿"回头看"工作的规范措施、长效措施、工作安排等内容，对规范要素市场行业有着重要意义。但由于上述文件的法律层级普遍较低，且对"T+5"等监管要求做了扩大性解释，对于验收标准、投资者损失赔偿等事宜未给出明确规定，导致各地方政府在政策执行时存在对政策理解不一致、监管尺度不统一等问题，要素市场行业的风险得以缓释，但远未最终化解，潜在风险依然较为突出。

2017 年 8 月 9 日最高院出台了《关于进一步加强金融审判工作的若干意见》，规范整治地方交易场所的违法交易行为，防范和化解区域性金融风险；指出对地方交易场所未经许可或者超越经营许可范围开展的违法违规交易行为，要严格依照相关法律和行政法规的禁止性规定，否定其法律效力，明确交易场所的民事责任；切实加强地方交易场所案件的行政处置工作与司法审判工作的衔接，有效防范区域性金融风险。近期，跟要素市场相关的民事诉讼案件将会逐步审判，审判结果将对要素市场的风险处置工作予以进一步的指导。

在该阶段，在对违规交易市场进行清理整顿的同时，要素市场在国家层面的改革持续推进，如全国碳排放权市场的统一建设，以及上海票据交易所和中国旅游资源交易中心相继筹建，相应的行业政策也陆续出台。伴随着国家供给侧改革的不断深入，铁矿石、石油石化、煤炭等交易平台的市场定价、资源优化配置功能将进一步显现。

三、制约我国要素市场发展的原因分析

近年来，我国要素交易市场在创新—违规—整顿中循环往复，究其原因，主要有以下几个方面：

（一）监管层面

缺乏顶层设计。首先，中央（含派出机构）和地方金融监管部门存在重复监管、监管套利和监管空白并存的制约行业发展的问题；其次，未能实现全国一盘棋，清整联办的政策在执行时各地方的尺度不统一，标准不统一，寻租套利空间较大。

监管经验和监管能力不足。各省市金融办普遍存在专业人才缺乏、专业能力不足、监管经验缺乏等问题；同时，鉴于地方政府需要平衡发展与金融风险的关系，使得地方金融监管部门陷入左右为难的境地，摇摆于发展和维稳之间，普遍存在重审批、轻监管的问题，且对要素市场的长期发展规划、行业指导目录、系统性防范风险体系建设等的能力存在不足。

监管制度不健全。目前，国家证监会监管的 7 家证券、期货交易场所，配套的法律、行政法规、司法解释有 120 余件。而在国家层面，对于要素市场的配套政策仅有国发〔2011〕38 号文和《国务院办公厅关于清理整顿各类交易场所的实施意见》，监管制度不完善，尚未形成完善的监管体系，这与交易场所的快速发展形势不相适应。

行业管理和交易业务监管需进一步加强配合。国发〔2011〕38 号文要求"建立由证监会牵头，有关部门参加的清理整顿各类交易场所部际联席会议"，"商务部要在联席会议工作机制下，负责对大宗商品中远期交易市场清理整顿工作的监督、检查和指导"；《关于做好商品现货市场非法期货交易活动认定有关工作的通知》（证监办发〔2013〕111 号）及《商品现货市场交易特别规定（试行）》（商务部令〔2013〕3 号）规定"商品现货市场非法期货交易活动由证监部门认定"；《关于贯彻落实国务院决定加强文化产权交易和艺术品交易管理的意见》（中宣发〔2011〕49 号）要求"对从事违法证券期货交易活动的文化产权交易所，严禁以任何方式扩大业务范围，严禁新增交易品种，严禁新增投资者，并限期取消或结束交易活动。对逾期不取消、继续或变相违法从事证券期货交易的各类文化产权交易所，文化、广电、新闻出版部门要积极协助证监会做出认定，依照有关规定从严惩处"。而各地的交易场所管理办法通常规定金融办为交易场所的统筹管理部门。

从上述政策可以看出，由于证监会、文化部、商务部等部门多头监管，行业管理部门和交易业务监管部门对交易场所的监管衔接不够，难免出现监管漏洞。加之上位法监管授权不充分、行政处罚手段缺失、监管力量单薄、相关制度和机制不健全等问题，使得监管的有效性大打折扣。

（二）市场主体层面

经营压力和发展动力导致部分交易场所盲目进行业务创新，风险敞口较大。自 2011 年清理整顿工作开展以来，根据政策要求，大部分交易场所的业务处于停滞阶段。检查验收通过后，由于业务长期停滞，使得部分交易场所面临较大的经营压力，无法进行"大踏步"式的创新发展，如前文已述的违规交易场所并未对创新业务的风险点进行充分研判，导致部分创新业务风险敞口较大。

违规交易场所漠视监管现象较为普遍。部分交易场所在经营理念上存在较大问题，对政策理解不充分，认为取得交易场所的资质后，交易品种无须审批就可以上线，并且在未进行充分的风险研判的情况下盲目开展交易业务，使得违规问题不断，风险快速累积。同时，漠视监管现象较为普遍，表现在收到监管函后依然未进行实质性整改，甚至抱有"大而不倒"的侥幸心理迅速发展违规业务，风险意识淡薄，风控制度不健全，对会员单位缺乏有效监管，对会员单位存在的违规行为未能及时发现和制止。产品设计投机性强，价格泡沫明显，背离了服务实体经济发展的本质要求。

部分会员单位非法逐利。在国家现行法律法规下，交易场所的会员、代理商等机构不在直接监管范围之内；同时，违规交易场所的交易机制设计普遍采取"交易场所—经纪会员—投资人"的三层架构，这就造成部分违规会员、代理商等机构通过虚假宣传、代客理财等方式诱导大量个人投资者在不了解风险的情况下参与交易，致使部分投资人损失严重。

（三）投资人层面

部分投资人不理性，逐利心切，主要表现在：第一，被虚假宣传所蒙蔽，轻信在短时间内就能有高额收益，在不了解风险的情况下盲目参与投资；第二，部分投资人热衷于追涨杀跌，炒买炒卖，如判断失误将会在短期内发生较大亏损。这种频繁交易的行为对于现货市场和实体经济的利益没有任何增进，当亏损的投资人累积到一定数量，将可能引发群体性事件。

四、目前仍存在的主要问题

（一）风险化解存在难题

以邮币卡类交易场所的清理整顿为例，在开展清理整顿"回头看"工作之前，国家层面一直未对邮币卡类交易场所的发展问题有明确定性。自开展清理整顿"回头看"工作以来，地方政府面临大量信访人投诉交易场所不作为的质问，以及行政复议、行政诉讼的风险，给"回头看"工作带来难题，也给地方金融安全与社会稳定造成不良影响。

（二）分类撤并和"僵尸"类交易场所的处置标准不清晰

首先，在对交易场所开展分类撤并的工作中，实际的具体操作难度较大，依法决策依据不足；其次，在对长期未开展交易业务的交易场所进行处置的过程中，监管部门面临着认定难、退出难等问题。交易场所退出机制不完善，将会导致市场良莠不齐，对交易场所行业结构优化、长期良性发展造成不利影响。

（三）已经进行风险处置的交易场所存在遗留问题

虽然违规业务已全部下线，但仍有少部分索赔诉求未得到满足的投资人通过信访、行政复议、到法院诉讼等方式进行维权，并已形成专门的维权组织，存在涉案投资人相互串联、集体上访的风险。风险由行政系统向司法体系不断传递，给国家的金融秩序和司法秩序造成冲击。

五、我国要素市场未来发展趋势与发展模式探讨

（一）要素市场发展新趋势

在新的监管要求和市场环境下，要素市场的发展进入新阶段，处在重大调整期和重要战略机遇期，这主要是指发展模式从原先的盲目追求交易量的粗放型增长转向质量效率型集约增长；发展结构从以"跑马

圈地"式的增量扩能为主转向整合存量、做优增量并存的深度调整；发展动力从低门槛的涉众型交易业务转向厚植产业优势，打造切实服务实体经济的综合服务平台。要素市场正向形态更高级、结构更优化、布局更合理的方向演进。北京产权交易所、北京金融资产交易所、中国水权交易所、北京电力交易中心、上海票据交易所、上海石油天然气交易中心等一批国家级交易平台将发挥日益重要的影响力，引领整个行业向着形态更高级、结构更优化、服务更完善的方向不断迈进。

在新形势下，我们应以新的有力作为找准要素市场建设的新方位，在稳定中求发展、调整中谋突破，坚持强化监管和增强活力相结合的原则，这是优化要素市场体系结构必须把握的重要原则。

1. 商品类交易市场的发展新趋势

近十年来，中国几乎成为所有大宗商品的最大进口国，此外，邮票钱币、红木、书画等现货商品也有着广大的群众基础和发展空间。如今我国经济增长面临着产业结构不合理、债务高压、人口老龄化等一系列挑战。从商品交易市场的发展来看，我国的期货市场商业套保参与太少，投机者众多，商品期货市场过度金融化，从而造成价格巨幅波动；而在前些年监管不严的背景下，打着商品现货市场旗号的伪创新项目更是投机色彩浓厚，给投资人造成严重损失。总之，目前我国的商品交易市场泥沙俱下，但这也为规范发展带来良机。

从整体上看，商品交易市场的参与者可以分为三层架构：第一层是生产商和消费者，他们是商品市场参与主体，是价格形成的基础。第二层是服务生产商和消费者的交易场所，或贸易、仓储、物流、金融等服务的提供商，他们一方面提供服务，另一方面通过对冲、套保等方式进行风险管理或套利。第三层是金融投资者或投机者，包括金融机构和散户投资人，他们参与交易的目的主要是获取价差，但他们是流动性的重要提供者。基于目前我国商品现货市场的发展现状,第一层和第二层是发展的重中之重,加强仓储认证环节、打造信用体系、着力破解流通领域融资难问题是要点。在价值创造的全过程,几乎所有行业90%以上的环节都是不创造价值的。比如,原材料储存在库房、半成品待加工,成品未消费前,商品待促销等,鉴于此,笔者认为,从交易端发力,构建集"交易平台+投融资平台+产业平台"的全产业链业务模式,实现信息撮合、交易服务、产品设计、质量保证、检查认证、物流仓储、金融服务等功能,是破局点所在。

从长期来看,商品类交易市场的发展致力于实现价值的快速运转和品质升级,也就是说,对某类产品从原材料到最终递交客户的所有环节的优化与增值,以期产生一系列真正具有全球影响力和代表性的"中国价格"基准,而这些基准也将为实体经济发展提供坚实的基础与持续的动力。

2. 权益类交易市场的发展新趋势

我们通过探讨商品类交易市场的价值实现来分析其发展趋势,对于权益类交易市场,我们换种思路,通过行业的本质要求来探讨其发展趋势。与商品相比,权益是无形的,更难把握和界定,然而无论是以公平公正、保值增值为基础的国有产权交易,以专利价值分析体系为基础的技术权益交易,还是以绿色金融产品、绿色发展理念为核心的碳排放权交易,"合规、定价公允性和与资本市场有机结合"都是本质要求,在这三个方面做到更优化、更合理,即为权益类交易市场的发展新趋势。

笔者认为,未来权益类交易市场的新赢利模式应为协议手续费逐步下降,竞价增值费逐步提高(通过拓宽平台入口和做大平台流量来实现),并加上融资服务费(依赖于平台场景和服务能力),顾问服务费

（享受单独或合作的投顾）以及参与项目投资的收益共享。

（二）要素市场发展新模式

笔者结合在资本市场、互联网与信息科技（IT）、要素市场等领域的多年工作经验，认为在新形势下，商品类交易市场的发展模式为"以互联网技术为基石、以价值优化为根本途径、以期现对接实现升级发展"；权益类交易市场的发展模式为"以互联网技术为基石、以与金融市场充分对接为根本途径、以综合性（投行化）服务打造核心竞争力"。

1. 商品类交易市场发展模式探讨

具体来看，以互联网技术为基石是指通过互联网 IT 技术实现生产数据、库存数据与销售数据的全链条互通互联，从而加速价值流动、变现。比如商品类交易市场的物流系统应积极向产业链的上下游延伸，与制造业和贸易企业的信息系统融合，做到在业务环节上共享信息，从而减少重复录入、重复搭建系统的浪费，用现代化的信息系统贯穿生产加工、包装、仓储保管、物流配送、货运代理及质押融资等全流程，真正实现协同发展。

以价值优化为根本途径是指通过提供标准化的产品和服务，以及建立快速响应的反馈机制来捕捉市场需求，实现由用户来定义需求的机制，即以用户的实际需求统筹生产方进行生产，通过多频次、小批量连续生产等方式，节约库存成本，满足个性化需求。同时，通过与第三方服务机构合作、与产业基金合作等方式，构建完善的质量认证与仓储物流体系，从而实现商品保真、质量可靠、去中间化、产业链协同、促进行业转型升级等发展目标。

值得注意的是，价值优化不是一蹴而就的，需要进行充分的考量与设计，以配套交易服务开展的供应链金融为例，从大类看，分为应收账款融资、库存融资、预付款融资和战略关系融资等，其中应收账款融资又细分为保理、保理池、反向保理、票据池授信等；库存融资又细分为静态抵质押授信、动态抵质押授信、仓单质押授信等；预付款融资又细分为先票/款后授信、担保提货授信、未来货权质押授信、附保贴函的商业承兑汇票等。而每一种细化的融资方式又涉及多个环节，所以每一个环节的法律关系如何明晰，环节与环节之间如何衔接到位，成本怎样控制，风控体系如何建立，各个银行和金融机构目前都开展了哪些业务，如何把这些资源有效统筹起来，都对商品类交易市场的发展提出了更高的要求。

以期现对接实现升级发展是指如何统筹商品所有权转移、价格发现、套期保值之间的关系，笔者认为，其实现路径是：基于现货（以有质量保证的商品所有权转移为目的）、服务现货（围绕现货交易业务构建集信息服务、信用评价、质量鉴定、质量溯源、仓储物流、金融服务为一体的综合服务平台，有效带动生产、销售、科研、推广、培训等各个环节的紧密协作）、提升现货（以现货交易为基础，逐步开展仓单交易、可转让提单交易、产品指数交易、期权交易、掉期交易、点价交易与基差交易等业务，实现中远期价格发现和风险管理）和期货对接。

2. 权益类交易市场发展模式探讨（以产权市场为例进行分析）

产权市场承载了股权和债权融资，与证券市场功能相近。然而，当前的产权市场在信息披露、市场有效性、流动性、定价机制、价格发现等方面，与证券市场仍有较大的距离。

未来的产权市场，面临着收费标准不断降低、来自互联网金融市场的竞争，以及未来国有产权交易政策可能变化等一系列挑战。对此，产权市场发展的重点是扩大参与群体、做大平台流量，而想做好这两点的重要基础是提供标准化的产品和服务，所以关键点在于谁提供产品和服务，以及相应的费用标准如何确定。具体来看：

以互联网为基石是指通过大数据、云计算、区块链、人工智能等技术的应用，提高产权市场的有效性、融合性和便利性，主要包括：一是将大数据、区块链等技术应用在产权市场，提升精细化管理水平；二是应用前景前置，即通过移动端完成相应服务；三是通过智能化服务提高人工审核、财务管理、用户行为分析等工作的效率和效用；四是通过数据分析来引导业务发展。

以与金融市场充分对接为根本途径是指产权市场进一步发展的必要条件是做大流量，没有足够的流量就无法实现有效匹配和价格发现。具体的对接工作包括：一是与各大政府引导基金、投资平台、股权管理平台建立实质性对接关系，形成投资人的批量进驻；二是构建有效的、低成本的资金融通渠道，并考虑设计可以满足不同期限融资的基金；三是打破投资端与融资端的信息不对称性；四是以交易平台的场景为依托，通过持续性的服务（包括金融产品设计、费率灵活定价和风险监控等内容）提高投资人和融资人的用户黏性。

以综合性（投行化）服务打造核心竞争力是指基于交易平台的传统业务，开展与股权融资并购相关的投行服务，主要包括：第一，要深度参与融资方的融资方案、股权架构设计、债权融资等各个方面。第二，为投资人提供更多、更好的项目，以及帮助他们设计更优化的投资方案（包括投资模式、资金融通、投后管理和退出机制等）。这两点的核心在于线下的充分沟通和交流，通过充分满足投资方或融资方的需求来取得信任，帮其提升价值，这就对交易平台服务的前置化、专业化和精细化提出了更高的要求。第三，与专业的投资机构建立合作关系，优势互补，借助传统投行与券商的力量开展行业研究、结构设计、项目估值等综合服务。第四，通过专业化的投行服务扩展非国有交易业务，并配合投资人资源共享等优势进一步拓展非国有业务规模。第五，利用国外部分项目的估值洼地，探索开展国际化业务，贯彻国家"一带一路"倡议，通过参股共建、标准输出等方式与"一带一路"倡议沿线国家的产权机构进行合作，共谋发展。第六，探索开展基金份额转让等其他增值服务。

因此，在新形势下，交易场所的发展要深深地根植于产业，在商业模式上实现创新，并通过区块链、大数据等技术，实现平台的协同和聚合效应。交易场所的发展旨在对原来线性产业链的不同环节进行重构，打造全新的、对比电子商务企业有着明显信用优势的消费和服务场景，进而实现产业升级和消费升级。

3. 综合模式研究，统筹设计好三层结构

我们已从实现路径分别分析了商品类和权益类交易市场的发展模式，下面我们换一个角度，从结构设计方面来研究交易市场（商品类与权益类）的发展模式。在新形势下，笔者认为，交易市场核心竞争力的打造应重点考虑以下三个方面的关系：一是平台对产业链企业的价值；二是产业链企业对消费群体（企业＋个人）的效用；三是平台对消费群体（企业＋个人）的作用。为了方便，我们假设参与交易平台业务的产业链企业注册成了平台的会员，所以以下将产业链企业统称为会员，将消费群体（企业＋个人）统称为消费者。

（1）交易平台对会员的价值。

笔者认为，交易平台对会员的价值主要表现在以下几个方面：一是整合，交易平台通过整合产业链上的众多中小企业，使其不再是各自为战，从而发挥出聚合效用，产生交易平台与会员的协同效应，共同服务

消费者；同时，可以挤出行业非必要资源，节约行业运行成本。二是标准化产品和服务，即交易平台为会员提供标准化的产品和服务，并在此基础上，通过培训、咨询等方式培养会员进一步创造和优化服务的能力，突显交易平台与会员的合作价值，促使行业的整体服务质量得到提升和飞跃。三是渠道和资质等资源共享，即通过交易平台，促使会员获得更多以前无法获得的资源，从而使会员的服务能力得到升级，以提高利润和影响力。以商品类交易市场为例，可以通过产品创意设计平台交流、共享产品设计理念；通过生产商联盟、专家团队指导以及交易平台对产品质量的严格要求提升生产工艺水平；通过交易平台共享经销商联盟体系，使得产品共同面对消费者的检验；通过融资平台和集中采购机制降低原材料采购成本，同时助力解决会员流动性资金不足问题；通过共享维保体系，解决维保后顾之忧；通过大数据分析和定制功能为生产提供排查计划，有效节约生产资源。四是建立健全评估分析体系，交易平台对会员为消费者提供的产品和服务进行评估和评价，在消费者端保障平台的公信力，即一方面对最终的消费者而言，可以充分享受交易平台和会员的双重服务，另一方面对交易平台和会员而言，可以产生品牌叠加效用。五是会员对消费者的服务数据是可以沉淀并积累下来的，那么在数据积累的过程中，交易平台既可以为会员提供智能化分析和决策支持；也可以通过编制行业指数等方式，进一步发挥价格发现和引导功能。

（2）会员对消费者的效用。

考虑会员对消费者的效用时，需要重点分析所处行业的集中度如何，如果行业松散，那么行业竞争激烈，会员的品牌较弱，相对消费者的议价能力较弱，此时交易平台的意义重大，标准化的服务和数据挖掘将对行业价值提升起到重要作用。如果行业集中度较高，如煤炭、石油石化等大宗商品行业，那么交易平台要想发挥重要的影响力，就需要与掌握资源的各大央企保持良好的合作关系，加大资源导入和整合力度，并通过提升行业周转率、布局供应链金融等方式提供服务。

（3）平台对消费者的作用。

平台在通过会员服务消费者的基础上，对于消费者的作用表现在：通过专业知识的权威性对消费者进行引导；充当专业消费顾问，对消费场景进行设计和展示；建立专业服务体系，解决消费者后顾之忧；建立定制服务平台，满足消费者个性化需求；提供消费者互动平台，增加消费者对平台的依赖性和黏性，创造行业流动性，提供便捷的进入与退出机制等。

六、我国要素市场未来监管相关建议

在第五次全国金融工作会议之后，金融安全被摆在更加突出、更加重要的位置上，在开展清理整顿各类交易场所"回头看"工作后，笔者建议从监管层面设计要素市场体系，统筹考虑发展和监管、国家级平台和地方交易市场的关系。对于要素市场的未来监管，我们建议如下：

第一，建议以开展清理整顿"回头看"工作为契机，在全国范围内推动要素市场行业立法。鉴于非法集资和融资性担保领域，国家层面已出台监管条例，我们建议以本次开展清理整顿"回头看"工作为契机，在国家层面研究出台交易市场监管条例，统筹结合要素市场的监管政策与行业管理政策，进一步明确对交易市场的监管措施和处置手段。在立法推出前，建议证监会协调最高人民法院加强对清理整顿"回头看"工作的司法指导，统筹协调涉及交易市场投资纠纷、专业维权类案件等工作，有序化解相关风险；同时，呼吁各地方参考山东实践，加快地方金融立法工作，从源头上防范和处置风险。

第二，建议在要素市场违规处理和风险处置过程中，加大联合执法力度。建议全国一盘棋，统筹开展交易市场风险化解工作；由证监会牵头汇总各省市有关问题和经验，拟定清理整顿"回头看"工作的验收标准，指导各省市统一工作步调和监管尺度，避免因各地政策进度不统一而出现风险。

第三，建议赋予要素市场一定的创新空间。在开展清理整顿"回头看"工作之后，建议赋予地方交易市场一定的金融属性，可通过开展试点的方式，支持合规交易市场探索开展具有期权、掉期、中远期、衍生品等属性的相关业务。

各类要素交易市场的发展离不开市场的监管和规制。资本逐利的本性使得其不断寻找套利缺口和规则漏洞，在这种情况下，我们更需要具有前瞻性和系统性设计的监管。很多交易市场的痼疾，是从市场设计开始就留有隐患，而溯本求源，这些问题根本上是因为市场监管和市场运行体系缺乏良好的上位法顶层体系支撑，尤其缺乏一些跨领域、跨市场、跨监管的支撑。开放的交易市场与积极的政策监管，是一枚硬币的两面。尽管当前越来越多的专家呼吁对创新业务的市场监管可以用沙箱测试，但人生无法在沙箱内轮回，交易市场的信用不能建立在投资人前仆后继不断试错的基础上。客观上，交易市场的功能判别与参与者的行为监管需要分类覆盖，规制与监管需要明晰、可持续。在当前环境下，国内场内场外交易市场在市场创新、产品创新过程中，切切实实需要有一批熟悉法律监管、理解金融资本、懂互联网应用的专家，一起来策划和推动法律体系架构、交易市场监管、交易功能创新，形成市场共识与政策建议。未来的法律规制与市场监管，很大程度上应该把互联网、大数据以及人工智能作为重要手段，基于交易账户，通过对交易功能数据与交易行为数据的监测分析，实现对法律条例与监管细则的不断迭代更新和完善。

第四，笔者期待有关创新研究者能够前瞻地感知互联网，在法律规制与市场机制设计方面能有头顶的公正与心中的善良，使其能符合产业、资本、交易和金融的真正方向。

引导基金井喷背后的监管思维和市场空间

文/唐雪峰①

2017 年 7 月 14 日至 15 日全国金融工作会议在北京召开，会议强调，金融是国家重要的核心竞争力，金融安全是国家安全的重要组成部分。政府引导基金的产生和发展与国家政策息息相关。政府引导基金以少量财政资金撬动社会资本投向国家战略新兴产业与中小型创业企业，实现金融资本服务实体经济的目的，这与此次会议"金融服务实体经济、防控金融风险、深化金融改革"主题相契合。政府引导基金的发展有助于"三位一体"金融工作任务的高效落实。金融是实体经济的血脉，为实体经济服务是金融的宗旨，也是防范金融风险的根本举措。本文通过梳理政策沿革，在思考引导基金井喷现状的基础上，分析引导基金在监管常态下的发展趋势。

一、引导基金背后的监管思维

我国政府引导基金的发展与政策制定息息相关。伴随政府引导基金

---

① 唐雪峰，北京亦庄国际产业投资管理有限公司总经理，屹唐资本（北京）投资管理有限公司总经理。

规模的不断扩大、影响不断加深，政策与监管内容逐步细化。政府引导基金的不同发展阶段，体现了不同程度的政策与监管力度。根据引导基金的发展规模与政府对引导基金的监管力度，可以将我国引导基金的发展分为三个阶段。2002—2006 年为引导基金的萌芽期，政府开始出台相关监管政策，对基金的设立和基本运作进行规范。2007—2013 年引导基金进入快速发展期，这一阶段监管政策开始细化，对基金的设立、运营、管理以及资金的投向做出了较为明确的规定，2013 年通过中央编办发布《关于私募股权基金管理职责分工的通知》，明确了私募股权基金的监督管理主体和各自主管的方向。2014 年至今引导基金进入深化发展期，尤其是《国务院关于清理规范税收等优惠政策的通知》发布后，政府引导基金实现爆发式增长，更为细化的监管政策不断出台，这一阶段政策对政府出资相关基金进行全方位监管，力度大大加强，对政府出资引导基金募、投、管、退的全方位监管和建立完善的绩效评价及信用体系成为政策新的着力点。

（一）2002—2006 年：引导基金萌芽期，开始纳入监管范围

1999 年 8 月，上海市政府批准成立上海创业投资有限公司，次年上海创业投资有限公司投资设立了具有基金性质的机构，这是我国政府出资引导创业投资的首次尝试。2002 年 1 月，中关村管委会出资设立了中关村创业引导资金，这是我国第一只由政府出资设立的创业投资引导基金，运作主体为北京中关村创业投资发展中心，资金来源于中关村管委会，总规模为 5 亿元。2006 年 3 月，由国家开发银行和中新创投共同组建的"苏州工业园区创业投资引导基金"正式设立，总规模为 10 亿元。之后，政府引导基金开始逐步发展壮大。根据清科私募通统计，截至 2006 年底，全国共设立引导基金 6 只，基金总规模接近 40 亿元。

随着政府引导基金和各类私募基金的发展，政府开始出台相关监管政策。2005 年，中央十部委联合发布《创业投资企业管理暂行办法》，明确中央和地方政府可以设立创业投资引导基金，对创业投资企业的设立与备案、投资运作、政策扶持与监管做出了规定，创业投资企业开始纳入监管范围。

（二）2007—2013 年：引导基金快速发展期，明确监管主体

引导基金进入快速发展阶段，基金总规模迅速扩张，据清科私募通统计，2013 年新增引导基金 52 只，新增基金规模达 235 亿元。面对迅速增加的基金数量和不断扩大的基金规模，这一阶段政府针对不同主体和行业出台了有针对性的更细化的监管政策，对基金的设立、运营、管理以及资金的投向做出了规定，明确了各监管主体的职责范围，具体包括：

2007 年，财政部、科技部联合制定了《科技型中小企业创业投资引导基金管理暂行办法》，规定科技型中小企业创业投资引导基金专项用于引导创业投资机构向初创期科技型中小企业投资，首次提出备案管理模式。

2008 年 10 月，国家发改委联合财政部、商务部共同出台了《关于创业投资引导基金规范设立与运作的指导意见》，明确引导基金是由政府设立并按市场化方式运作的政策性基金，主要通过扶持创业投资企业发展，引导社会资金进入创业投资领域，本身不直接从事创业投资业务，并对创业投资引导基金的性质、设立、资金来源、运作原则、管理、风险控制等进行了规范。

2011 年 8 月，为了加快新兴产业创投计划的实施，加强资金管理，财政部、国家发改委联合制定了《新兴产业创投计划参股创业投资基金管理暂行办法》，对中央财政参股基金投资方向做出明确划定，即应

集中投资节能环保、信息、生物与新医药、新能源、新材料、航空航天、海洋、先进设备制造、新能源汽车、高技术服务业等战略性新兴产业和高新技术改造提升传统产业领域。该办法对引导基金的投资范围进行了划定，有利于推动地方战略性新兴产业的发展以及中小型创业企业的发展，有利于发挥政府资金的杠杆作用。2013 年中央编办印发《关于私募股权基金管理职责分工的通知》，明确指出，证监会负责私募股权基金的监督管理，实行适度监管，保护投资者权益；国家发改委负责组织拟订促进私募股权基金发展的政策措施，会同有关部门研究制定政府对私募股权基金出资的标准和规范；两部门要建立协调配合机制，实现信息共享。2015 年 12 月财政部发布《政府投资基金暂行管理办法》，对政府投资基金的设立、运作和风险控制、预算管理等工作进行了规范。由此可见，现阶段政府引导基金的监督管理机构主要是证监会、发改委和财政部，但三者在监管上各有侧重。证监会的主要监管方向是信息披露与保护投资者，目的在于防范金融市场风险，对违法违规行为进行处置；发改委的主要监管方向在于宏观方面的把控和规范制定，关注资金是否流向国家重点支持的行业等；财政部的监管主要包括财政预算管理、财政收益管理、资产的会计核算等。

（三）2014—2017 年：引导基金深化发展期，监管力度不断加强

2014 年后，引导基金进入深化发展阶段。根据清科私募通统计，截至 2016 年底，国内成立的政府引导基金达到 900 余只，新设 300 余只，目标规模超 3 万亿元。这一阶段政策引发了引导基金规模的爆发式增长，对政府出资相关基金的募、投、管、退进行全方位监管，监管要求更为明确、细致和具体，对政府出资引导基金的信息披露监管和建立完善的绩效评价及信用体系成为政策新的着力点，大大提高了对引导基金投后管理的重视程度。

2014 年 12 月，《国务院关于清理规范税收等优惠政策的通知》（国发〔2014〕62 号）发布，要求全面清理各地方针对企业的税收、财政补贴等相关优惠政策，并明确时间点，要求各省级人民政府和有关部门于 2015 年 3 月底前，向财政部报送本省（区、市）和本部门对税收等优惠政策的专项清理情况。这直接导致了各地政府引导基金的爆发式增长。虽然 2015 年 5 月，《国务院关于税收等优惠政策相关事项的通知》（国发〔2015〕25 号）发布，该通知对地方优惠政策设置了过渡期，不实行一刀切，但从长远规划来看，通过政府引导基金等间接投资方式支持企业发展是大势所趋，政府引导基金的数量与规模将继续增长。

随着政府引导基金的持续增长，对政府出资引导基金的监管不断细化，力度不断加强，对基金的募、投、管、退进行全方位监管，信用评价和绩效评价体系开始建立，对基金的管理运营提出了更高的要求。

2015 年 11 月，财政部发布《政府投资基金暂行管理办法》，要求政府投资基金的募资、投资、投后管理、清算、退出等都要实现市场化运作。各级财政部门应建立政府投资基金绩效评价制度，按年度对基金政策目标实现程度、投资运营情况等开展评价，有效应用绩效评价结果。政府投资基金应当接受财政、审计部门对基金运行情况的审计、监督。

2017 年 1 月，国家发改委发布《政府出资产业投资基金管理暂行办法》，对政府出资产业投资基金的募集、投资、管理、退出等环节的操作机制进行了规范，并明确了建立信用评价和绩效评价体系的具体细则。各地方政府也纷纷关注政府引导基金投后管理，对引导基金投资绩效进行评价，如山东、北京、广东佛山等地，已尝试对政府引导基金及子基金进行绩效考评，以加强引导基金投后管理。同年4月，国家发改委出台《政府出资产业投资基金信用信息登记指引》，从信息披露角度对管理机构等提出要求，对政府出资产业投资基金的登记对象、登记主体、登记信息、登记流程等内容做出了具体规定。

由此可见，随着引导基金的运营管理进入中后期，监管重点转向投后管理、信息披露和基金的绩效评价等方面，对引导基金管理机构的限制和要求也日趋具体、明确。截至2017年9月，有关政府引导基金的重要法规政策如表9所示。

表9　政府引导基金重要法规政策一览

法规名称	发布时间	发布部门	主要内容
《创业投资企业管理暂行办法》	2005年11月15日	国家发改委牵头，十部委联合	国家与地方政府可以设立创业投资引导基金，通过参股和提供融资担保等方式扶持创业投资企业的设立与发展
《关于创业投资引导基金规范设立与运作指导意见的通知》	2008年10月18日	国家发改委、财政部、商务部	对创业投资引导基金的性质、设立、资金来源、运作原则、管理、风险控制等进行了规范，促进创业投资引导基金的规范设立与运作，扶持创业投资企业发展
《关于私募股权基金管理职责分工的通知》	2013年6月	中央编办	明确私募股权基金监管权的归属：证监会将负责对私募股权基金的监管，实行适度监管，保护投资者权益；发改委负责组织拟订促进私募股权基金发展的政策措施，会同有关部门研究制定政府对私募股权基金出资的标准和规范

（续表）

法规名称	发布时间	发布部门	主要内容
《私募投资基金监督管理暂行办法》	2014 年 8 月 21 日	证监会	将私募证券投资基金以及包括创业投资基金在内的私募股权投资基金等各类私募基金纳入统一调整范围
《政府投资基金暂行管理办法》	2015 年 11 月 12 日	财政部	规范政府投资基金的设立、运作和风险控制、预算管理等工作；并明确政府投资基金在运作过程中不得发行信托或集合理财产品募集资金
《关于财政资金注资政府投资基金支持产业发展的指导意见》	2015 年 12 月 25 日	财政部	对基金运作流程中的重要方面，包括对出资人、基金设立、基金运营管理、退出机制、绩效评价等，做出了指导性说明
《政府出资产业投资基金管理暂行办法》	2017 年 1 月 13 日	国家发改委	对政府出资产业投资基金的设立登记、投资运作、绩效评价、监督管理等方面进行了具体的规定
《政府出资产业投资基金信用信息登记指引（试行）》	2017 年 4 月 10 日	国家发改委	对政府出资产业投资基金的登记对象、登记主体、登记信息、登记流程等内容做出了更具体规定

二、引导基金发展现状

2015—2016 年，我国引导基金经历了井喷式的发展。根据清科私募通统计，截至 2016 年底，全国存续期内的政府引导基金总数量达到 900 余只，资金体量超过 3 万亿元。在规模增加的同时，新设立的引导基金吸取过去几年的经验教训，在区域分布、投资方向、管理制度等方面呈现出了一些新特征。

（一）基金区域全面扩展，基金主体层级下沉

从上海创业投资有限公司到中关村创业投资引导基金，引导基金发展初期的尝试集中在一线城市，随后逐渐扩展至经济发达的其他区域。目前，整体已形成长三角地区、珠三角地区、环渤海地区等聚集区域，北京、上海、广东、浙江、江苏等地的引导基金发展势头尤为强劲。根据清科私募通统计，长三角地区的浙江、江苏是全国设立政府引导基金最密集的省份，分别为103只、81只，珠三角地区的广东设立政府引导基金81只，与江苏并列全国第三。环渤海地区中，北京、天津、山东等地引导基金设立较多。

近年来，得益于中央及地方政策的支持，中西部地区也开始大力发展引导基金，成为新的沃土。中部湖北、河南两省最为活跃。湖北设立的长江产业基金，总规模超过2000亿元，涵盖了新一代信息技术、高端装备制造、生物医药、新能源汽车、新材料等各大战略性新兴产业，并形成了以省级基金为核心，向所辖区域地级市渗透，结合当地产业基础，搭建多层级、多主题的基金组合，对湖北省经济发展起到了良好的指导、促进作用。河南在2016年先后设立了两只政府引导基金，规模均达千亿元。西部偏远地区由于市场经济欠发达，对政府的引导调控需求更为强烈，近年来也开始积极设立政府引导基金。例如，西藏于2012年成立了西藏自治区创业投资引导基金，新疆成立了自治区科技风险投资基金和乌鲁木齐市科技型中小企业创业投资引导资金，广西成立了南宁北部湾引导基金，宁夏于2014年成立了宁夏政府引导基金。

早期设立的引导基金发起单位以国家部委和省级政府为主。基金主

题围绕国家战略，体现了中央对未来经济发展的顶层设计。经过一段时间的发展，一方面，引导基金的发展模式被验证有效；另一方面，顶层设计也需要结合各地具体情况层层落地。因此，中央明确指导思想，出台相应政策，鼓励各地各级政府设立引导基金。

在此背景下，各省（区、市）乃至县区级政府纷纷开始设立引导基金，促进当地产业发展。根据清科研究中心统计，截至 2016 年底，地市级及县区级基金分别达到 362 只、280 只，占总数量的 70% 以上。经济越发达的地区，行政级别下沉越彻底，江浙两省的地市级和区县级引导基金数量占到总数量的 80% 以上，东南沿海一带甚至出现了由街道设立的引导基金。

但从基金募集规模上看，国家级及省级引导基金仍占据绝对优势。2016 年新设立的四大国家级政府引导基金：中医药发展基金、中国国有资本风险投资基金、中国高校双创产业投资基金和国新国同（浙江）投资基金，规模均超过千亿元。根据清科研究中心统计，省级引导基金的平均募资规模超过 30 亿元，总规模达 1.5 万亿元，占全国引导基金总规模的 46%。

（二）服务国家战略，行业指向明确

政府引导基金，顾名思义，是以政府意志为主导，扶持特定产业及区域经济发展的基金。因此，引导基金的投资方向也体现了国家在不同时期的战略部署。自 2009 年以来，国务院多次召开关于发展战略性新兴产业的会议，故而大量省市级引导基金被冠以战略性新兴产业的名号，投资方向涵盖高端制造业、现代服务业、绿色环保、农业现代化、新材料、新能源、文化创意等重点行业。随着"一带一路"倡议、"产业升级""军民融合"等新发展理念的提出，相关地区也及时设立了引导基金予以支持。例如，2015 年设立的江苏一带一路投资基金规模达到 3 亿元，2016 年设立的河北军民融合产业基金规模达到 10 亿元。2015 年，国家大力提倡创业创新，各地以双创为主题的引导基金也在近两年如雨后春笋般涌现，仅浙江一省以创业为名的引导基金就有 15 只，且主要由地市级政府和区县级政府设立。一方面，无论是战略性新兴产业还是创业创新项目，都处于早期发展阶段，具有高风险、高投入的特点，引导基金的支持有利于缓解市场调节失灵及资本短期逐利的问题；另一方面，引导基金大多有让利机制，也能带动更多的社会资本进入需要支持的行业和企业。

随着引导基金模式的成熟和各地政府思路的明确，近年来设立的引导基金有了更强的针对性和指向性。国家层面的基金，以国家集成电路产业基金、中医药发展基金为例，不再笼统地投向涉及众多领域的战略性新兴产业，而是重点支持某一特定行业。地方政府层面，则结合当地产业基础及优势资源，因地制宜地设立相关产业基金。例如，云南于 2016 年 7—8 月成立了 3 只旅游主题基金，分别为红河旅游基金、云南省文化旅游基金和曲靖市旅游基金。其中，云南省文化旅游基金规模最大，达 110 亿元。湖北潜江成立了小龙虾基金，重点投向水产养殖业。福建厦门则成立了台商转型基金，主要服务两岸台商的转型升级。

（三）引入社会资本，制度逐步完善

政府引导基金经过了早期的探索阶段，已经逐步脱离财政补贴的影子，逐步走向市场化运作。已设立的引导基金管理机构主要分为三类：一是发起地区的下属国资投融资平台，二是为基金单独设立的法人主体，三是市场化基金管理机构。早期设立的基金以前两者为主，主要体现了政府对基金的直接控制。经过市场的磨炼，一批优秀的国资或混合制基金管理机构得以成长壮大。近两年，尤其是金融产业发达的地区则越来越多地引入市场化运作机制，比如引入跨地域的机构来管理引导基金。

企业对引导基金的参与不仅体现在管理方面，更体现在出资方面。早期的引导基金以财政出资为主，如今更多的企业不仅成了基金的 LP，还成了基金的发起人。例如，2016 年设立的国新国同（浙江）投资基金，目标规模为 1500 亿元人民币，首期规模为 700 亿元人民币，由招银国际资本管理（深圳）有限公司、深圳红树林创业投资有限公司、中银创新发展（天津）投资中心（有限合伙）、三峡资本控股有限责任公司、国新国控（杭州）投资管理有限公司、中国五矿股份有限公司、国新国控投资有限公司、浙江富浙投资有限公司、申万宏源证券有限公司、航天投资控股有限公司、中国广核集团有限公司、招商局资本控股有限责任公司、中国航空工业集团公司、中国交通建设集团有限公司、中信证券股份有限公司及华润深国投资有限公司共同发起设立，由国新国际投资有限公司负责管理，基金坚持市场化运作，为中国企业参与"一带一路"建设、促进国际产能和装备制造合作及开展国际投资并购等提供资金（人民币）和专业支持，追求长期稳定的投资回报。

随着管理经验的积累和社会资本的参与，引导基金的专业化程度和市场化程度进一步加深。这一点首先体现在管理制度的改进上。2015年，财政部出台的《政府投资基金暂行管理办法》针对基金绩效的评价制度提出了具体可行的参考标准，要求各级政府按年度考察基金的政策目标实现程度、投资运营情况等。《山东省省级股权投资引导基金绩效评价管理暂行办法》率先出台，设定了明确可量化的绩效指标，并对应用方式和结果进行了详细的说明。

总的来说，在经历了早期探索和近几年的井喷后，我国政府引导基金已经进入较为平稳的发展阶段，增速上虽有所放缓，但触角仍在逐步伸向更广阔的疆域、更具体的行业。同时，管理制度朝着专业化、精细化的方向发展，政府和市场的意志也在不断的碰撞冲突中逐渐找到了平衡点——利用市场化的运作和政府让利等机制，有效调动了专业机构和社会资本的积极性，撬动资本杠杆为国家战略的实施和重点产业的发展添砖加瓦，保驾护航。

案例：

亦庄国投母基金开创新模式

现阶段，我国引导基金已具备一定规模，基金的设立普遍遵循政府引导、市场化运作的原则。但随着监管部门对政府出资引导基金监管的不断加强，实际运营中如何平衡监管和市场的关系成为各地引导基金共同面临的问题。亦庄国投母基金经过多年探索，在运营及管理的各个环节形成了一套有效的创新模式，可以帮助各地政府更好地管理引导基金。

（一）运营模式上，需要进一步加强区域合作和过程管控

政府引导基金的运营要满足以下三个方面的要求：

第一，招商引资：确保资金投向特定区域、特定产业、特定阶段的企业；

第二，财务回报：力求投向优质基金及优质企业，实现国有资产的保值增值；

第三，风险防控：突出政府参股基金在风险控制方面的高要求。

满足这三个要求在运营层面有一定的难度，具体可以通过跨区域、市场化的合作及灵活完善的管理机制来解决。

1. 通过区域合作，实现资源协同

当前大部分政府引导基金对投资地域、投资行业等有明确的要求与限制，一些引导基金要求子基金返投比例达到 70% ~ 80%，但地区优势产业和投资标的有限，导致引导基金在选择子基金以及子基金在开展投资时存在一定困难，这已成为实现引导基金政策性目标的难点。为克服这一难点，部分地方政府引导基金正在积极尝试建立区域间信息共享和协同发展机制，结合区域内企业的特点和发展诉求，在区域间进行合作。

相对成熟的引导基金管理机构可以通过经验引入，帮助产业上有关联的区域实现产业升级。由于不同地区在设立引导基金时点、经济禀赋等现实条件方面存在一定差异，相对成熟的引导基金管理机构可以通过管理经验输出的方式，协助刚刚起步的地方引导基金，从募、投、管、退等基金运营的各方面予以协助，建立标准化投资流程和风险把控机制，发挥管理优势，实现互利共赢。该模式下参与各方通过不断接触实现初步合作，为后续深度合作创造条件。亦庄国投母基金作为较为成熟的政府投资平台，也在积极探索区域合作，目前已与多地省、市级政府平台建立战略合作关系，未来还将会继续扩大合作范围，实现多地引导基金目标的共同实现。

此外，一股不容忽视的力量在兴起，基于不同的诉求，各地纷纷涌现了联盟组织。通过整合资源，为政府引导基金搭建业务往来的平台。亦庄国投母基金连同信中利等投资机构共同发起成立北京创业投资创新服务联盟，该联盟通过北京市民政局正式核准，目前联盟已经聚集 130

家一流投资机构。通过行业研究分享、投资机构和企业走访以及项目路演等活动，增加投资机构之间，以及其与企业的交流，为政府平台资源共享、资本合作提供服务。

2. 甄选投资机构，兼顾财务回报诉求

政府有关部门设立引导基金后，担负着监督管理的重任，但往往缺乏专业的管理人员和甄选子基金的经验。而市场上大量的投资机构鱼龙混杂，其中只有小部分机构真正具有赢利能力，分辨起来有一定难度。在运营层面，管理机构需要设立专门的投资部门负责引导基金的投前投后工作，从初筛到退出的每一个环节，引导基金都对专业性有着较高的要求。

一些起步较早的专业机构经过数年积累，已拥有成熟的团队和丰富的经验，有能力甄选出优质的投资机构。地方政府可与专业机构共同出资成立母基金，采取共建GP（普通合伙人）或双GP的形式，设立基金管理机构。专业机构负责运营服务，设立专门的投资部门负责引导基金对子基金的投前投后工作，包括投资决策前的前期调研、项目立项、尽职调查、项目预审以及投资决策后的资金交割、投后管理等工作。

3. 通过直接参与基金运营和投资决策，严控风险

发起设立引导基金的政府部门或其下属国资平台，可以通过委派人员参与共建GP的运营，或在双GP的模式下作为投资决策GP，直接参与基金运营和投资决策。

共建GP中，政府委派人员加入投资决策委员会，在子基金的投资决策委员会上对备投项目进行投票表决。双GP模式下，政府作为投资决策GP，参与部分基金运营，并负责最终的投资决策。通过直接参与基金运营和投资决策，政府可以管控投资方向与投资风险。

例如，亦庄国投母基金代表开发区管委会对子基金有 1∶2 反投比例限制及被投项目落地新区的政策诉求。因此，在投资决策委员会上，亦庄国投母基金会代表开发区政府实现政策诉求，严格监控子基金的反投比例、督促区域产业支持完成情况。

（二）募、投、管、退各环节需要方法和工作模板

现阶段，引导基金发展已渐趋成熟，监管不断细化，同时伴随市场化机构在机制、人才等方面的带动，势必深刻影响引导基金在各个环节的管理。管理的标准化、精细化成为应对未来变化的核心要素。

第一，募资方面。引导基金通过募集社会资本，共同投资，有利于进一步放大财政资金的杠杆作用。2016 年 4 月 21 日，北京中关村国家自主创新示范区等 5 个地区及国家开发银行等 10 家银行成为首批试点地区和试点银行，由政府主导设立投贷联动引导基金的新型运作模式逐渐启动。随着资本在引导基金中的不断介入，选择什么样的资本进行合作，将成为引导基金发起机构及管理机构需要思考的问题。募资阶段涉及基金架构的搭建、管理公司股权的安排、资金安排等多方面复杂的工作，需要一整套科学的、具有战略性的方法进行管理。

亦庄国投母基金在募资方面通过屹唐产业基金投融资模型的搭建，明晰投融资计划。综合考虑资金成本、杠杆撬动比例、期限及融资结构等因素选择适合的融资机构。目前亦庄国投母基金已与多家银行、保险公司、资产管理平台、机构达成战略合作。

第二，投资方面。引导基金规模的迅速扩张、叠加优质项目稀缺等因素，导致引导基金投资标的的筛选成为非常关键的环节。通过标准化的筛选方法，利用信息化的手段进行智能筛选，已经开始引起市场的关

注。亦庄国投母基金总结自身管理经验，自主开发了一整套 GP 评价管理系统（http：//fund. etownfund. com：8081/home/index. html），通过开放账户，引导投资标的输入相关信息，根据科学合理的评价标准得出筛选结果，辅助决策。随着该套系统的广泛应用，尤其是相关监管部门的应用，将有利于监管的执行，从而促进行业规范、健康发展。目前，亦庄国投母基金对该套系统拥有著作权，已免费开放给合作机构。

此外，更加专业、系统的尽职调查对于深入了解、判断子基金具有至关重要的作用。系统的尽职调查，从投资流程维度包括募、投、管、退四个部分，从基金构成维度包括团队情况、所拥有的资源、投资策略、各类制度规范与完备性等方面内容，最终对基金的募资能力与多元性、投资策略内在逻辑的合理性与执行程度、投后管理能力和可以调动资源的广泛性、项目退出渠道和机制、管理团队的专业性与稳定性、基金内部管理的规范性等方面进行判断。亦庄国投母基金采取一套完整、有体系的尽职调查方法。尽职调查流程在基金投资立项之后开始，历经资料收集、现场访谈、后续补充过程，持续进行到基金投资决策之前，最终形成尽职调查策略、文件清单、访谈提纲、访谈纪要、尽职调查报告与结论等书面文件，为基金投资决策、投资风险的防范与控制，以及合同条款的磋商与谈判提供参考。

引导基金通过标准化的投资标的筛选和专业的尽职调查，有助于实现对优质标的的投资。在募、投、管、退四个环节中，对优质标的的投资不但有利于减轻投后管理和项目退出阶段的工作难度，更有利于满足市场化资金方与政府的共同诉求。

第三，管理方面。2017 年 1 月 13 日，发改委出台《关于印发〈政府出资产业投资基金管理暂行办法〉的通知》，对政府出资产业投资基金的募集、投资、管理、退出等环节的操作机制进行了规范，并明确了建立信用评价和绩效评价体系的具体细则，引导基金的投后管理和绩效评价将是下一步的重点工作。因此，制定一整套科学合理的管理制度与方法是各地引导基金的重要工作。管理制度涵盖的内容非常广泛，其中，风控方面包括合同的谈判、签订、变更、解除等，投资方面包括投决制度、尽职调查制度，投后管理方面包括项目交接、信息披露、应急处理、业绩评价、估值等，此外，还有激励与考核制度、文档管理制度等。管理的精细化不仅有利于业务的开展，更有利于人才的吸引与风险的控制。

亦庄国投母基金在投后管理方面采取项目的模拟投决会制度、基金定期数据维护及管理制度以及项目增值服务，旨在为被投子基金创造价值。亦庄国投母基金通过组建一支专业的模拟投决会专家评审团队，帮助子基金从法律、财务、产品、行业、合规性方面多角度审核投资标的，并提出专业投资意见，为项目质量把关。对于子基金运营数据及投资数据的维护与管理，亦庄国投母基金借助数据库机制，实时监控投资风险、同步子基金经营状况、及时了解子基金需求，也为提供增值服务提供数据支持。在增值服务方面，亦庄国投母基金会定期进行基金、投资项目的走访工作，为优质投资项目提供 FA（财务顾问）服务，并帮助其维护与政府的关系、对接相应资源等。

第四，退出方面。引导基金的使命在于产业方向的引领，在引导基金实现政策目标后，通过基金份额的转让，让利于市场化机构，能够加快政府资金的流转速度。目前，这一趋势已基本达成共识，但同时面临如何定价的问题。管理的精细化是定价的前提，通过科学的估值方法对基金或项目进行持续跟踪，有利于发现项目的实际价值，为基金退出做好准备。

亦庄国投母基金采用了一套完整的估值体系，按年度对子基金进行公允价值评估，预估基金退出收益。对于市场不存在可观察的公允价值的项目，通过成本法、市场法、收益法等多种估值方法，对项目进行跟踪估值，定期监控母基金公允价值变化情况，为基金退出做好准备工作。

总的来看，监管常态下引导基金的发展将回归理性，行业自律、管理提升是未来应对市场变化的必由之路。

大数据为金融带来新发展趋势

文/邓庆旭[①]

互联网和移动终端的快速发展，使大数据产业呈现井喷式增长。据Wikibon[②]数据显示，2016 年，全球大数据硬件、软件和服务整体市场增长22%，达到281 亿美元。市场对于大数据产业的挖掘越发深入，数据提取、分析乃至运用都逐渐成为一个产业链，有研究数据预测，大数据产业在未来十年会成为千亿美元级的大市场。

市场对大数据领域的不断挖掘，也逐渐成为金融创新驱动力之一。随着智能硬件和设备的普及，互联网企业积累了大量用户的出行、娱乐、消费、支付等数据，这些类金融数据的集合、挖掘可从多个维度刻画出经济主体的行为特征。具体到应用场景上，在征信、风控、消费金融及财富管理方面，金融数据成为不可或缺的部分。

本文将从大数据的发展趋势谈起，探讨细分领域金融大数据产业发展及其具体应用场景，再加以案例分析，详细阐释大数据为金融行业带来的新活力、新趋势。

---

① 邓庆旭，新浪网副总裁。
② Wikibon 是一个通过开源咨询知识解决技术和商业问题的专业社区。

269

一、大数据产业链与发展趋势

（一）大数据的概念

大数据是个比较宽泛的概念，业界缺乏统一定义。这个词最早缘起于未来学家托夫勒在 20 世纪 80 年代出版的《第三次浪潮》。

2015 年，《国务院关于积极推进"互联网＋"行动的指导意见》和《国务院关于印发促进大数据发展行动纲要的通知》接连发布，大数据产业开始为大众所熟知。

一般来说，大数据意味着多个来源、多种格式的大量结构化和非结构化数据。根据维基百科的定义，大数据是指无法在可承受的时间范围内用常规软件工具进行捕捉、管理和处理的数据集合。

麦肯锡将大数据定义为，它是一种规模大到在获取、存储、管理、分析方面大大超出了传统数据库软件工具能力范围的数据集合，具有数据规模海量、数据流转快速、数据类型多样和价值密度低四大特征。

从这里可以看出，传统数据一般都是结构化数据，而大数据往往包含大量非结构化数据，包括图片、视频、语音、地理位置等，并且数据都在实时更新中，云平台、云计算、机器学习等技术的突破使得对大数据的分析成为可能。所以，在谈及大数据时，人们通常用4V来描述其特征，即数量（Volume）、速度（Velocity）、种类（Variety）和价值（Value）。还有机构追加了真实性（Veracity），包括数据可信性、真伪、来源和信誉、有效性和可审计性等特性。

《大数据时代》则从通俗意义上强调了大数据对传统统计学产生的冲击。此书着重强调了大数据的"三个不是，三个而是"：不是随机样本，而是全体数据；不是精确性，而是混杂性；不是因果关系，而是相关关系。[①]

之所以出现大数据，其核心原因在于，现代科技发展的速度已经足够存储、处理、分析传统意义上无法承载的数据规模。

（二）大数据产业链

全世界已经形成一个大数据的产业链。大数据产业链的上游机构负责完成大数据的汇集和生产，形成大量基础数据资源。这些机构所拥有的大数据，本身就是一种资产。有些机构如彭博已经在通过出售数据获利。

大数据产业链的中游机构，是那些负责提供大数据挖掘分析的软件工具和硬件平台的公司，美国的 IBM（国际商业机器公司）和 Teradata（天睿公司）都属于这类公司，国内在这方面近年来也有很大进步。

大数据产业链的下游机构是那些借助大数据的基础平台和分析工具来展开分析应用的各种组织，如大数据分析服务商帮助第三方机构开展大数据分析，提升第三方机构的竞争力。

（三）大数据的发展趋势

从研究数据看，大数据产业在未来 10 年将成为千亿美元级的大市场。各行各业的应用解决方案也在不断成熟。据 Wikibon 模型预测，2017—2027 年，在大数据硬件、软件和服务上的整体开支的复合年增长率为 12%，到 2027 年大数据市场规模将达到大约 970 亿美元。

[①]　［英］维克托·迈尔－舍恩伯格，肯尼思·库克耶. 大数据时代［M］. 盛杨燕，周涛，译. 杭州：浙江人民出版社，2013 年 1 月.

但是，大数据市场还存在一些挑战和问题。整体来看，在通信、金融、教育等各个领域，随着互联网和信息行业的进步，大数据进入了快速发展阶段。尤其是自 2013 年以来，互联网金融在中国崛起之后，大数据和金融领域产生了显著的化学反应。

二、金融大数据及应用场景分析

（一）金融大数据

近年来，随着智能硬件和设备的普及，移动金融、消费金融等新金融业态发展迅猛，互联网企业累积了大量用户的出行、娱乐、消费、支付等数据。这些数据呈现出爆发式增长的趋势，能够从多个维度刻画出经济主体的行为特征，成为构建金融大数据体系的基石。

这种数据量有多"大"？以银行业为例，2016 年，银联卡全球发行累计超过 60 亿张，银联卡全球受理网络已延伸到 160 个国家或地区，覆盖 4000 万家商户和超 220 万台 ATM（自动柜员机）。网络转接交易金额达 72.9 万亿元，核心交易数据早已超过了 TB 级[①]。

除了基数足够大之外，金融大数据还体现在其他几个方面。第一，数据维度复杂。从单纯依托金融体系数据向跨领域、跨行业融合数据演进。第二，参与机构多元。从原来的金融机构一家独大，到现在第三方数据机构、民营征信机构、智能风控公司等各类补充机构一起参与。第三，应用场景丰富。

从应用场景看，大数据也很"小"。具体来说，金融大数据的应用

---

① TB 级数据库是指存储数据量为 1 万亿字节以上的数据库。

场景和模式变得越来越小，越来越细。有人这样说："金融大数据就像是一个显微镜，一个分析企业中细小但是非常重要的特征的伟大工具，只要你知道你自己在找什么。"

互联网技术的产生、发展以及大数据的应用，促进整个社会以更高效的方式，更低廉的成本实现金融服务。而面对传统金融机构要应对的风险挑战，大数据在提升风控能力方面，能够有更大的作为。正如麦肯锡的研究报告显示，金融业的大数据价值潜力最高。

（二）金融大数据应用场景分析

目前来看，国内金融大数据的场景应用主要集中在以下四个方向：大数据征信、大数据风控、大数据消费金融、大数据财富管理。通过在场景中的具体应用，大数据为金融行业带来的作用非常显著，比如可以帮助金融机构进行精准营销、风险控制、改善经营、服务创新和产品创新等。

1. 大数据征信

根据央行定义，征信是指依法收集、整理、保存、加工自然人、法人及其他组织的信用信息，并对外提供信用报告、信用评估、信用信息咨询等服务，帮助客户判断、控制信用风险，进行信用管理的活动。从事征信活动的机构，就是征信机构。

征信最为重要的作用显然是为了防范在非即付经济交往中受到损失，但如何判断一个信用主体是否有履约偿还能力呢？这就涉及有关借款人的多种信息，包括最为重要的以往借贷履约信息及其他信息。

但值得注意的是，在个人征信领域，基于用户在互联网上的消费行为、社交行为、搜索行为等产生的海量数据，其价值并未被充分挖掘，个人征信在大数据的采集和信息挖掘层面仍有很大的利用空间。

而大数据征信是指通过对海量、多样化、实时、有价值的数据进行采集、整理、分析和挖掘，并运用大数据技术重新设计征信评价模型，多维度刻画信用主体的行为特征，向信息使用者呈现信用主体的违约率和信用状况。

与传统征信相比，大数据征信具有以下几个特点：

第一，数据来源广泛。一般来讲，传统征信所纳入的数据包括从银行、持牌消费金融公司、持牌小贷公司收集而来的借贷信息，仅为信用主体的经济信用状况。而大数据征信下的数据来源非常广泛，在借贷信息之外，还接入运营商信息、消费信息、电商数据以及日常出行等生活信息，类型多样，信息翔实丰富。

第二，数据更具完整性。互联网金融迅速发展的同时，网络借贷开始繁荣，若仅依靠传统金融机构提交的个人信用信息，可能不足以反映个人信用状况，而大数据征信会将用户在新兴网贷机构的借贷信息包括进来，使数据更加完整。

第三，覆盖人群广。传统征信下，央行所收取的信息仅包括经济信用信息，若信用主体未曾在持牌金融机构进行借贷，那么其信用信息为空白状态，也就难以评估其信用状况；但大数据征信下，个人经济信用状况、社会信用信息都会被抓取、采用并分析，可以弥补用户信用信息空白的窘境，并将个人信用情况运用于其他更多的应用场景。

第四，权威性不足。大数据征信的权威性低于传统征信，个人社会信用的纳入使征信不局限于借贷信息，但征信机构所收集到的消费信息、电商数据以及日常出行等信息是不具有公信力和绝对可靠性的，征信数据会在权威性上大打折扣。

近年来，互联网金融迅速发展，大量借贷数据沉淀在非传统金融机构手中，再叠加用户产生的大量移动支付、消费数据，这都给征信机构带来了很多机会。

在大数据时代，互联网巨头纷纷进入征信市场。拥有海量支付数据的蚂蚁金服，建立了第三方征信机构芝麻信用；拥有大量活跃用户的腾讯，建立互联网信用管理平台腾讯征信。当然，还有许多老牌征信机构积极引入大数据技术，对获得的多渠道数据，包括身份、教育、职业、通信、消费、信贷、司法等信息，进行全方位信息处理，从而提供个人信用信息报告。

以阿里旗下芝麻信用为例，芝麻信用对用户进行的信用评估结果是以芝麻信用分（简称芝麻分）来体现的。芝麻信用根据所采集的个人用户信息，进行加工、整理、计算得到信用评分，范围为 350 分至 950 分，芝麻分越高意味着信用越好。

在信用评估中，芝麻信用几乎打通了用户的所有特质，信用历史、行为偏好、履约能力、身份特质、人脉关系等信息都在一定程度上决定芝麻分，这恰恰是因为芝麻信用接入了阿里集团旗下电商、支付、社交等各类数据。

海量的数据是支撑信用评估结果有效性的基础，因此我们可以看到，芝麻信用鼓励用户完善个人信息，包括进行学历认证、上传资产证明；但也要注意的是，从未在阿里旗下公司有过任何消费及活动的用户，其信用分会比较低，这也是征信机构未收集到有效数据的原因。

2. 大数据风控

大数据风控即大数据风险控制，是指通过运用大数据构建模型，对借款人进行风险控制和风险提示，多运用于借贷领域。

目前来看，大数据风控应该是前沿技术在金融领域的最成熟应用，相对于智能投顾、区块链等还处在初期的金融科技应用，大数据风控目前已经在业界逐步普及。不管是银行等传统金融机构还是新兴网贷机构，都尝试利用大数据进行风险控制，对客户进行全方位的数据分析、扫描，以降低逾期率与坏账率。

在国外，大数据风控的应用已经比较成熟。美国基本上都采用三大征信局的信息，数据库较为全面，包括个人银行信用、商业信用乃至保险等信息，而最传统的信用评分基本上通过 FICO（费埃哲）评分系统形成，客观性、快捷性程度较高。此外，各家平台会尝试使用机器学习、神经网络等大数据处理方法。

随着互联网金融的发展，国内市场对于大数据风控的尝试也更加积极。特别是一些大公司，可以将移动互联网的行为数据和贷款申请人联系到一起展开大数据风控，比如百度在风控层面上的进展比较突出，百度安全每天要处理数十亿网民搜索请求，保护数亿用户的终端安全，保护十万网站的安全，此过程中积累了大量的数据。

但这并不意味着大数据风控就局限于互联网公司及新兴网贷公司，大型金融机构如银行、保险公司、银行系消费金融公司也都在利用大数据进行风控。值得一提的是，在金融科技火热的今天，许多大型金融集团开始建立自己的金融科技平台，利用自身获取的大数据，计算、构建出大数据风控模型，并将此向外输出。

分析总结国内大数据风控的方式，通常有以下几种：（1）通过姓名、手机号、身份证、银行卡号、家庭地址、人脸识别、学历证明等，来验证客户身份；（2）分析异常和重复的客户数据；（3）分析客户线上操作行为，采取反作弊策略，比如批量作业，机器注册、异常的注册时间和异常的注册行为等；（4）黑名单、灰名单和白名单记录；（5）利用移动设备数据识别分析欺诈行为；（6）利用消费记录进行评分，判断用户还款意愿等；（7）参考社会关系和社会属性做评估，但这种操作争议比较多；（8）引入司法信息评估。

以在美国上市的宜人贷风控反欺诈产品模型——宜人贷蜂巢为例，此模型是通过抓取用户授权数据，再结合数据挖掘、机器学习、计算机视觉等技术，提供数据抓取解析、数据风控等服务。

在这个案例中，蜂巢就运用了大数据的概念，抓取覆盖社交、电商、金融、信用、社保等五大类十余种数据信息，并基于此对所抓取的海量数据进行交叉验证，从而对申请人进行身份信息核实、检验。通过申请人授权的运营商信息，可进行实名验证、通话行为以及社交关系网络等信息分析；基于电商信息抓取，分析申请人消费水平、消费频率、支付行为以及地理位置等信息，判断其消费能力、资产状况等；而通过对金融、信用、社保等强金融属性的数据进行抓取及解析，可对申请人的信用额度、消费及偿还行为、债务等资产状况，以及收入水平、工作信息等进行评估，从而掌握申请人的详细资料，便于进行风控反欺诈判断。

可以看到，在大数据风控实操中，被运用于风险控制的数据更加多样化，从基本的借贷数据到运营商数据、电商数据、社交数据以及个人隐私信息等各方面。其中，征信数据位于金字塔的顶端，往下走是消费数据、运营商数据、社交数据、行为数据以及其他数据。越是靠近金字塔的顶部，大数据在风控领域的应用就会越直接，获取数据的难度随之增加，覆盖率当然会降低；相反，越是靠近金字塔的底部，大数据在风控方面的应用难度就越大，但是数据的数量和覆盖率都会变大。

如今的大数据风控，更多地在关注用户的非借贷行为，希望抓取用户的消费记录、社交记录、社会行为和社会属性等数据，以弥补传统风控数据维度不足的问题，正如《大数据时代》一书作者所说，现在的大数据之间并非因果关系，而是相关关系。当然，风险控制是一件比较严肃的事情，如果一家机构缺乏自身直接获取的海量数据，而只靠不可靠的第三方售卖的数据来做大数据风控业务下，实践的价值不大，但这也并不能否认大数据在风险控制中所起的不可替代的作用。

3. 大数据消费金融

消费金融对大数据的依赖是天然形成的。比如消费贷、工薪贷、学生贷这些消费型的金融贷款很依赖对用户的了解。因此，金融机构必须对用户数据进行提炼、分析，通过相关模型开展风险评估，并根据模型及数据从多维度为用户勾画立体画像。

目前，我国消费金融仍处于早期发展阶段，信用消费市场逐年高速增长，市场潜力十分巨大。在消费金融蓝海中，银行系消费金融、互联网系消费金融不断崛起，在竞争中要取得优势地位，以大数据为基础的应用场景、精准营销就显得至关重要。

在大数据消费金融领域，大型互联网公司在渠道上有较大优势，一方面可以降低风险，另一方面也能提升金融的安全度。阿里以电商—支付—信用为三级跳板，针对性很强，支付宝接入消费金融产品之后会有较强的渠道作用。而腾讯的"微粒贷"已经接入微信支付，其上线两年多累计发放贷款超 3600 亿元。百度金融则通过基于大数据和人工智能技术为基础的合作商户管理平台，为合作商户提供涵盖营销和金融服务的全面管理方案，降低了获客成本，解决了细分行业的微小需求。

上述数据并非个例，大量互联网企业从搜集到的数据中，可以挖掘出很多此前并未关注到的额外信息和关联逻辑，这种关联逻辑也是传统数据库软件工具远不能及的。传统的数据集合往往是基于特定目的收集的，随着新兴信息技术的发展，各种移动 APP（应用软件）逐渐融入日常生活和经济行为之中。举一个具体的例子，通过海量互联网行为数据，金融机构可以监测相关设备账号在哪些借贷网站上进行注册、同一设备是否下载多个借贷 APP，以此来发现多头贷款的征兆，把风险控制到最低。

互联网科技企业同盾科技倡导的"跨行业联防联控"风控理念，可以从网上收集银行客户的年龄、收入、职业、学历、资产、负债等强相关数据，以及一些弱相关数据，如用户在互联网上的搜索数据，在办事平台上的行为数据，或是在社交平台上的留言、兴趣等数据。

通过对周全的数据（数据的广度）、强相关数据（数据的深度）、实效性数据（数据的鲜活度）进行整合分析，客观地评价用户风险程度，进而鉴定是否可以向用户授信。

4. 大数据财富管理

财富管理是近年来在我国金融服务业中出现的一类新业务，主要为中高端客户提供长期的投顾服务，实现客户资产的优化配置。

在传统财富管理服务中，客户往往对自身风险偏好识别不准，很容易造成持有产品与自身风险承受能力不匹配的情况。但在运用大数据技术情况下，金融机构可以针对用户风险偏好、未来收入、资产状况等信息进行分析，为用户提供符合其风险承受能力和个人偏好的资产配置服务。这也逐渐成为金融机构精准营销与服务创新的一种方式，业内将其统称为"智能投顾"。

比如平安集团旗下面向高端客户的线上私人财富管理平台平安财富宝推出的"智能财富管理"服务，是利用自身积累的数据和第三方数据，通过先进的大数据技术，配合 KYC（充分了解你的客户）和营销模型，开发智能货架及远程分销系统，精准识别客户的风险偏好；同时，平台通过建模分析，充分挖掘数据价值，建立推荐模型、产品相似度模型、客户投资能力及偏好模型等，扩充客户预测标签，精确感知客户需求，为客户提供定制资产配置服务。

当然，财富管理在互联网公司的业务中也非常流行。蚂蚁金服一开始提供的最为简单的财富管理方式是余额宝，后来逐渐演化成经过大数据计算智能推荐给用户的各种标准化的"宝宝"理财产品。百度金融相对来说更进一步，它依托"百度大脑"并通过互联网人工智能、大数据分析等手段，精准识别用户，提供专业的"千人千面"的定制化财富管理服务。

在居民财富越来越多的趋势下，大数据能给财富管理行业带来新的活力。对于财富拥有者来说，定制化的财富管理服务、合适的资产配置产品可使其找到收益和风险的平衡点；运用大数据技术的财富管理者，可凭借高质量的产品、高端的服务在竞争中取得优势地位，从而获取更多市场份额。

三、大数据金融的挑战

（一）数据收集、整合困难

海量数据的获得是进行大数据技术分析、将数据运用于金融领域的基础，但要注意的是，机构收集数据要把握监管的尺度，注意保护客户隐私，反过来这又给数据收集带来困难。

用户的个人信息、消费信息及借贷信息涉及个人隐私，是受到法律保护的。在这种情况下，客户的哪些数据可以收集？可以通过什么样的方式收集？个人数据是不是可以全部收集？机构如何正确地收集海量数据？这些问题都需要考虑和重视。

此外，全球各行业数据量的增长速度非常惊人。在我国互联网终端发展迅速、移动支付非常发达的今天，大量数据尤其是集中在金融、消费、支付和社交等重要领域的数据在不断增加。随着互联网的不断发展，信息化的不断深入，用户量的不断升级，新的海量数据正在被进一步催生。机构如何对海量数据进行整合、去除糟粕，这都需要进行深度探索。

（二）金融数据安全性

安全与隐私问题是大数据发展过程中的一个关键问题，当今社会人们对隐私的保护越来越重视，大数据安全问题值得关注。收集的用户数据越多，意味着其隐私暴露的可能性越大。在实际生活中，我们经常接到各种营销电话，可能是为了银行理财、保险产品推广，抑或是为了卖房推销，但你可能从未接触过该公司。那么，他们是如何得到你的通信方式的呢？这就涉及用户数据隐私和安全问题。

与其他数据不同，金融数据对安全性要求更高，因此对数据使用的合规性要求也更高。各家机构收集到用户数据之后，是否可以保证不外泄，而且人们面临的威胁并不仅限于个人隐私泄露，还包含因大数据分析可能导致的信息泄露。

但不可否认，金融数据在存储、处理、传输等过程中都面临着安全性风险，这包括数据管理风险和数据运营风险。这需要相关法律法规的严格监管，也需要机构本身提高自律意识。

（三）金融大数据割裂

据国家工商行政管理总局资料显示，目前全国已注册登记的企业中，企业名称或业务范围中含"征信"字样的公司，有50多万家，其中大约20万家想从事个人征信业务。如果每一家征信机构所获得的数据皆仅供自己使用，即出现金融大数据割裂局面，那么最终各家得出的信用评估结果显然不会一致。

首先，金融大数据割裂现象体现在各家企业之间数据不能共享。比如支付宝所获取的包括电商数据、支付数据、社交数据难以与其他机构共享，腾讯所获得的社交数据、支付数据也仅供内部使用，在这种情况下，用户偏好决定了用户信用评估状况。也正如央行征信局局长万存知所说，各家为了追求依托互联网的所谓业务闭环，市场信息链被分割，信息覆盖范围受限，产品有效性不足，不利于信息共享；此外，在没有以信用登记为基础且数据极为有限的情况下，根据各自掌握的有限信息进行不同形式的信用评分并对外开放，存在明显的信息误采误用问题。

其次，金融大数据割裂还体现在金融机构内部，比如各个部门间数据不能得到共享。以银行为例，一家银行所拥有的数据包括用户借贷数据、资产状况、消费状况以及衍生出的电商数据等多种数据，但同时银行不同部门之间是有数据壁垒的，各业务条线、职能部门、渠道部门、风险部门等分支机构往往是数据的真正拥有者，因为缺乏顺畅的共享机制，很可能导致海量数据处于分散和"睡眠"状态。

再者，从行业角度来看，大数据缺乏统一标准规范。目前，各个行业皆有储存的相关数据，但行业之间存在较高的壁垒，行业规范也不尽相同。以金融行业为例，银行、保险公司、证券公司、基金以及互联网金融公司都拥有内部数据，但各行业之间都有自己的评判标准，对数据的质量要求、安全保密要求等存在着差异性。在大数据的应用中，如何尽快建立具有共性的行业标准，实现数据有益传输、交换及安全保护等还是难题。

（四）人才缺口仍存

技术分析、提取并构建模型，对目标用户特性进行勾勒，是大数据技术在应用场景中的核心。因此，金融大数据的运用对人才要求极高。

与其他技术人才要求不同，大数据发展对人才的复合型能力要求更高，专业计算机软件技术、数理统计知识是基础，而在金融场景运用中，还要考虑与行业相关的有效数据挖掘、占比及管理。

因此，金融行业需要金融人才和信息科技人才的结合。但在实践中可以看到，目前金融行业在可承担分析和挖掘的复合型人才、高端数据科学家以及管理人才方面有很大缺口。

四、结论

综合来看，大数据技术已经融入金融行业发展之中。运用大数据不仅有助于根治金融行业不良贷款、金融风险等各类旧疾，也可以提供给金融行业更多的互联网契机，帮助金融机构，在多个领域确保金融活动的有效性以及可靠性，并且信贷评估时能够更为精准，避免成本浪费以及坏账难题等。

而随着互联网和智能设备终端的进一步发展，呈几何式增长的金融大数据将愈来愈多，并逐步应用到多重场景之中。目前金融大数据的应用还仅仅处于初期阶段，大数据征信、大数据风控、大数据消费金融及大数据财富管理只是冰山一角，庞大的数据背后，还有许多潜力有待市场挖掘。

但必须引起重视的是，金融大数据不能滥用，在分析运用过程中，机构如何把握安全的边界，如何保障数据安全、保护用户隐私是非常重要的问题。此外，在大数据行业标准不够规范的情况下，针对不同的行业和领域，如何进行数据收集和整合，皆需引起关注。可以预见的是，大数据产业链已经形成，金融市场的创新与发展也越来越离不开大数据技术的应用，我们应持开放、包容与学习的态度，取其精华、去其糟粕。

附　录

第五次全国金融工作
会议通稿①

新时代下的中国金融使命

① 习近平在全国金融工作会议上强调服务实体经济防控金融风险深化金融改革促进经济和金融良性循环健康发展李克强讲话俞正声、王岐山、张高丽出席［N］.人民日报，2017-07-16.

全国金融工作会议于 2017 年 7 月 14 日至 15 日在北京召开。中共中央总书记、国家主席、中央军委主席习近平出席会议并发表重要讲话。他强调，金融是国家重要的核心竞争力，金融安全是国家安全的重要组成部分，金融制度是经济社会发展中重要的基础性制度。必须加强党对金融工作的领导，坚持稳中求进工作总基调，遵循金融发展规律，紧紧围绕服务实体经济、防控金融风险、深化金融改革三项任务，创新和完善金融调控，健全现代金融企业制度，完善金融市场体系，推进构建现代金融监管框架，加快转变金融发展方式，健全金融法治，保障国家金融安全，促进经济和金融良性循环、健康发展。

中共中央政治局常委、国务院总理李克强在会上讲话。中共中央政治局常委俞正声、王岐山、张高丽出席会议。

习近平在讲话中强调，党的十八大以来，我国金融改革发展取得新的重大成就，金融业保持快速发展，金融产品日益丰富，金融服务普惠性增强，金融改革有序推进，金融体系不断完善，人民币国际化和金融双向开放取得新进展，金融监管得到改进，守住不发生系统性金融风险底线的能力增强。

习近平指出，做好金融工作要把握好以下重要原则：第一，回归本源，服从服务于经济社会发展。金融要把为实体经济服务作为出发点和落脚点，全面提升服务效率和水平，把更多金融资源配置到经济社会发展的重点领域和薄弱环节，更好满足人民群众和实体经济多样化的金融需求。第二，优化结构，完善金融市场、金融机构、金融产品体系。要坚持质量优先，引导金融业发展同经济社会发展相协调，促进融资便利化、降低实体经济成本、提高资源配置效率、保障风险可控。第三，强化监管，提高防范化解金融风险能力。要以强化金融监管为重点，以防范系统性金融风险为底线，加快相关法律法规建设，完善金融机构法人治理结构，加强宏观审慎管理制度建设，加强功能监管，更加重视行为监管。第四，市场导向，发挥市场在金融资源配置中的决定性作用。坚持社会主义市场经济改革方向，处理好政府和市场关系，完善市场约束机制，提高金融资源配置效率。加强和改善政府宏观调控，健全市场规则，强化纪律性。

习近平强调，金融是实体经济的血脉，为实体经济服务是金融的天职，是金融的宗旨，也是防范金融风险的根本举措。要贯彻新发展理念，树立质量优先、效率至上的理念，更加注重供给侧的存量重组、增量优化、动能转换。要把发展直接融资放在重要位置，形成融资功能完备、基础制度扎实、市场监管有效、投资者合法权益得到有效保护的多层次资本市场体系。要改善间接融资结构，推动国有大银行战略转型，发展中小银行和民营金融机构。要促进保险业发挥长期稳健风险管理和保障的功能。要建设普惠金融体系，加强对小微企业、"三农"和偏远地区的金融服务，推进金融精准扶贫，鼓励发展绿色金融。要促进金融机构降低经营成本，清理规范中间业务环节，避免变相抬高实体经济融资成本。

习近平指出，防止发生系统性金融风险是金融工作的永恒主题。要把主动防范化解系统性金融风险放在更加重要的位置，科学防范，早识别、早预警、早发现、早处置，着力防范化解重点领域风险，着力完善金融安全防线和风险应急处置机制。要推动经济去杠杆，坚定执行稳健的货币政策，处理好稳增长、调结构、控总量的关系。要把国有企业降杠杆作为重中之重，抓好处置"僵尸企业"工作。各级地方党委和政府要树立正确政绩观，严控地方政府债务增量，终身问责，倒查责任。要坚决整治严重干扰金融市场秩序的行为，严格规范金融市场交易行为，规范金融综合经营和产融结合，加强互联网金融监管，强化金融机构防范风险主体责任。要加强社会信用体系建设，健全符合我国国情的金融法治体系。

习近平强调，要坚定深化金融改革。要优化金融机构体系，完善国有金融资本管理，完善外汇市场体制机制。要完善现代金融企业制度，完善公司法人治理结构，优化股权结构，建立有效的激励约束机制，强化风险内控机制建设，加强外部市场约束。要加强金融监管协调、补齐监管短板。设立国务院金融稳定发展委员会，强化人民银行宏观审慎管理和系统性风险防范职责。地方政府要在坚持金融管理主要是中央事权的前提下，按照中央统一规则，强化属地风险处置责任。金融管理部门要努力培育恪尽职守、敢于监管、精于监管、严格问责的监管精神，形成有风险没有及时发现就是失职、发现风险没有及时提示和处置就是渎职的严肃监管氛围。要健全风险监测预警和早期干预机制，加强金融基础设施的统筹监管和互联互通，推进金融业综合统计和监管信息共享。

习近平指出，要扩大金融对外开放。要深化人民币汇率形成机制改革，稳步推进人民币国际化，稳步实现资本项目可兑换。要积极稳妥推动金融业对外开放，合理安排开放顺序，加快建立完善有利于保护金融消费者权益、有利于增强金融有序竞争、有利于防范金融风险的机制。要推进"一带一路"建设金融创新，搞好相关制度设计。

习近平强调，做好新形势下金融工作，要坚持党中央对金融工作集中统一领导，确保金融改革发展正确方向，确保国家金融安全。要落实全面从严治党要求，建好金融系统领导班子，强化对关键岗位、重要人员特别是一把手的监督。要扎扎实实抓好企业党的建设，加强理想信念教育，加强党性教育，加强纪律教育，加强党风廉政建设。要大力培养、选拔、使用政治过硬、作风优良、业务精通的金融人才，特别是要注意培养金融高端人才，努力建设一支宏大的德才兼备的高素质金融人才队伍。

李克强在讲话中指出，要认真学习领会和贯彻落实习近平总书记在这次会上的重要讲话精神。金融是国之重器，是国民经济的血脉。要把服务实体经济作为根本目的，把防范化解系统性风险作为核心目标，把深化金融改革作为根本动力，促进经济与金融良性循环。要创新金融调控思路和方式，继续实施稳健的货币政策，保持货币信贷适度增长和流动性基本稳定，不断改善对实体经济的金融服务。要积极发展普惠金融，大力支持小微企业、"三农"和精准脱贫等经济社会发展薄弱环节，着力解决融资难融资贵问题。要加强对创新驱动发展、新旧动能转换、促进"双创"支撑就业等的金融支持，做好对国家重大发展战略、重大改革举措、重大工程建设的金融服务。要增强资本市场服务实体经济功能，积极有序发展股权融资，提高直接融资比重。要拓展保险市场的风险保障功能。要优化金融资源空间配置和金融机构布局，大力发展中小金融机构，不断增强金融服务实体经济的可持续性，着力强实抑虚。要筑牢市场准入、早期干预和处置退出三道防线，把好风险防控的一道关，健全金融风险责任担当机制，保障金融市场稳健运行，积极稳妥推进去杠杆，深化国企改革，把降低国企杠杆率作为重中之重，有效处置金融风险点，防范道德风险，坚决守住不发生系统性风险的底线。要坚持从我国国情出发推进金融监管体制改革，增强金融监管协调的权威性有效性，强化金融监管的专业性统一性穿透性，所有金融业务都要纳入监管，及时有效识别和化解风险。要坚持中央统一规则，压实地方监管责任，加强金融监管问责。要坚持自主、有序、平等、安全的方针，稳步扩大金融业双向开放。要加强对金融改革发展稳定的法治、信用、人才保障，创造优良金融生态环境，以优质高效的金融服务推动经济保持中高速增长、迈向中高端水平。

中共中央政治局委员、国务院副总理马凯在总结讲话中要求，各地区各部门特别是金融系统要切实把思想统一到习近平总书记重要讲话精神上来，统一到党中央对金融工作的决策部署上来，增强做好金融工作的责任感和使命感，紧紧围绕服务实体经济、防控金融风险、深化金融改革三项任务，结合各地区各部门实际，确定工作重点，明确责任主体，强化制度建设，提高队伍素质，促进我国金融业健康发展，确保党的路线方针政策在金融领域切实得到落实。

北京市、福建省、中国人民银行、中国银监会、中国证监会、中国保监会、中国工商银行主要负责同志做大会发言。

中共中央政治局委员、中央书记处书记，全国人大常委会有关领导同志，国务委员，最高人民法院院长，最高人民检察院检察长，全国政协有关领导同志出席会议。

各省、自治区、直辖市和计划单列市、新疆生产建设兵团，中央和国家机关有关部门、有关人民团体，金融系统有关单位，中央军委机关有关部门、武警部队负责同志参加会议。

后 记

　　2017 年 10 月，党的十九大召开，在习近平总书记的带领下，中国全面建设小康社会的现代化进程步入了一个新的阶段。伴随着中国特色社会主义进入新时代，中国的经济发展处在一个全新的历史坐标点上，我国金融与资本市场也出现了历史性变革。在这个新的纪元，科学而理性地认识中国金融市场的立法与监管现状，就变得十分重要。这些认识与思考不仅能提高我们驾驭金融市场的能力，更能帮助我们从中透析中国经济发展的历程与客观规律。不仅如此，它还能让我们更好地顺应未来的金融走向。

　　为了使读者充分了解中国金融的立法与监管，本书从金融法律规制、金融监管关键、脱虚向实的原本使命和金融创新驱动力等几个方面进行探讨，用充满洞见的思想和高屋建瓴的视角，勾勒出了一幅中国金融业的全景图。无论是初涉金融圈的青年俊杰、资深的金融企业家，还是有志于为金融领域发展做出贡献的同行、金融领域的研究专家，本书对于他们了解当前中国金融的宏观脉络与微观动态，都具有重要的参考价值。

　　这本书云集了金融领域的诸多权威专家的论述，这些专家在税务、法律、保险、PPP、金融科技与互联网、要素市场、投资管理等领域耕耘多年，声誉卓著，是致力于金融研究、金融发展、金融创新的领军人物。在此，我们对为本书做出贡献的各位作者致以衷心的感谢。本书的字里行间，不仅蕴含着他们丰富的金融法律实践经验、广博的金融法律知识，更体现了他们极高的专业素养。正是长期以来在金融领域的辛勤耕耘，才能让他们以清晰的逻辑结构，深入浅出的表达方式，简练而流畅的语言，贴切的例证，满腔的热情，为读者奉献出一本具有高品质，丰富生命力和专业性的金融法律读本。可以说，正是对行业的热爱和专业的使命感，才让他们在当代中国金融领域留下坚实有力的足迹。

本书付梓之际，正值业界及民众期盼已久的资管新规《关于规范金融机构资产管理业务的指导意见》正式落地。资管新规的正式出台，是贯彻落实党的十九大精神和全国金融工作会议要求、防范和化解金融风险的重要举措，标志着我国资管行业将迎来统一强监管时代，是资管业乃至金融业发展的重要里程碑。资管新规不但推动资管业务开启新时代，还将重塑我国金融市场和金融文化，深刻改变金融业未来格局。

我们相信，未来伴随着更多新规的出台，我国金融业将逐渐回归本源，未来的中国金融也将迎来新的发展格局。我们欣喜地盼望着中国金融的璀璨未来，同时也将携手众同仁一起：致敬时休，大道行思；不忘初心，砥砺前行！